四川大学哲学社会科学出版基金资助

中国符号学丛书 ◎ 丛书主编 陆正兰 胡易容

符号与传媒
Semiotics & Media

堪舆文化作为中国古老而独特的文化形式
包含着中国古人对于自然与人关系的独到理解
本书以生态符号学的视角对堪舆文化进行研究
关注堪舆文化独有的中国古代思想模式

堪舆风水与当代生态主义的符号学研究

A Semiotic Study on Chinese Geomantics and Contemporary Ecologism

王雨馨 著

四川大学出版社
SICHUAN UNIVERSITY PRESS

图书在版编目（CIP）数据

堪舆风水与当代生态主义的符号学研究 / 王雨馨著
. — 成都：四川大学出版社，2022.9
（中国符号学丛书 / 陆正兰，胡易容主编）
ISBN 978-7-5690-5723-2

Ⅰ. ①堪… Ⅱ. ①王… Ⅲ. ①风水－研究－中国
Ⅳ. ① B992.4

中国版本图书馆CIP数据核字（2022）第 190323 号

书　　名：	堪舆风水与当代生态主义的符号学研究
	Kanyu Fengshui yu Dangdai Shengtai Zhuyi de Fuhaoxue Yanjiu
著　　者：	王雨馨
丛 书 名：	中国符号学丛书
丛书主编：	陆正兰　胡易容

丛书策划：	侯宏虹　徐　燕
选题策划：	徐　燕
责任编辑：	吴近宇
责任校对：	张伊伊
装帧设计：	墨创文化
责任印制：	王　炜

出版发行	四川大学出版社有限责任公司
地址：	成都市一环路南一段 24 号（610065）
电话：	（028）85408311（发行部）、85400276（总编室）
电子邮箱：	scupress@vip.163.com
网址：	https://press.scu.edu.cn

印前制作：	四川胜翔数码印务设计有限公司
印刷装订：	四川盛图彩色印刷有限公司

成品尺寸：	170mm×240mm
印　　张：	11.5
插　　页：	2
字　　数：	201 千字

版　　次：	2022 年 11 月 第 1 版
印　　次：	2022 年 11 月 第 1 次印刷
定　　价：	45.00 元

本社图书如有印装质量问题，请联系发行部调换

版权所有 ◆ 侵权必究

四川大学出版社
微信公众号

序

宗 争

预言的哲学：一种中国的考古符号学

有一个疑问始终困扰着我：为什么古代汉语的表达，总有一种不知所谓的朦胧感，一种似是而非的距离感？抛开现代汉语与古代汉语在语法、语汇上的明显区别，是不是还有什么因素决定了这种差异？也许我们能在作为一种亚文化/神秘文化的谶纬之术中找到答案。

索绪尔的语言学或许能够部分回答这个问题。众所周知，语言中的词汇本身其实也并不直接对应事物，因此索绪尔将"声音形象"称为"能指"，而将事物的"概念"称为"所指"。概念属于观念世界，它是事物的普遍性表达。皮尔斯的符号学也不会特别回答物理世界的问题，他所谓的符号指涉的是在"心灵上的对应物"。因此，在实存世界与观念世界之间，存在巨大的意义空间，也就是人类以某种观念去思考、定位和阐释这个世界的意义转圜之地，它标志着人类以符号的方式去体认和界定这个世界的不懈努力。

换言之，"世界"其实就是意义的世界，意义的荒漠也就无所谓"世界"。因此，这个世界的复杂程度取决于它被认知的方式，而它总是通过符号的方式被表达出来。现代汉语与古代汉语的差异，其实也不是一个简单的语言学问题，它还可以转化为另一个问题，那就是两种构建和阐释世界方式的差异问题。而阐明这种差异最好的方式，并不是在历史的典型中寻找对比项，而是寻找一个一息尚存的中介物，一个贯穿历史，最好是仍然拥有生命力的文化遗产。而谶纬叙述恰恰是其中最为复杂的案例之一。

遵循前面的思路，我们当然可以非常容易地将谶纬之术界定为不同类型的符号文本，甚至更进一步，它还可以被解释为一个具有鲜明内在逻辑的符号系统。而这个符号系统看起来与其他系统不同，它的传播途径也颇具特色，以致它往往无法持守自身的封闭性，而通常以碎片的方式流散在其他系统中，进而带给我们一种支离破碎的感觉，让我们再次强化了当初那种印象——这个符号系统独树一帜的性质。

如果我们能够抛开对神秘文化的成见，不罔顾一个明显的事实，即谶纬其实仍然以非常活跃的姿态，存在于我们生活世界的话语体系中，而不是一个可有可无的附属品，那么结论可能会非常不同。事实上，即使是在一些常见的历史文献材料中，我们也不难发现，术数在秦汉、相术在唐代，以及外来的星座之说在宋代，已经明显渗透了当时人们的日常生活，更不用说充斥在史书之中的，关于那些关键性历史人物（王侯将相）出身与相貌的内容中，神秘主义的描述不胜枚举。而在现代社会，尤其是在谶纬文化曾经被视为一种文化糟粕而遭到抑制和打击的背景下，这种话语体系非但没有消失，反而弥散在民间日常话语之中，大到对知名人物的神化，对国家时运的概括；小到对家庭重大事件的预测，对个人健康或事业的庇佑，对家具陈设的调整等。

因此，对谶纬叙述的研究，不同于面对其他研究对象，它的研究路径，恐怕并非一种机械式的单纯对应——即将其视为一种特殊的历史文化现象，并通过一种现代理论来拆解和阐释。反之，这种状况也并非全无益处，它或许能够帮助我们建立一种新的研究方法，一种新的体认方式，从而反哺谶纬叙述理论的自身发展。

谶纬五术

谶纬之术历史悠久，尽管到近现代逐渐没落，沦为存而不论的神秘文化，但其作为中国传统文化的重要组成部分，直接或间接地影响了中华文化的形成，亟须人们对其进行谱系化的梳理、释读，从而对其内在文化结构形成系统性的认识。

何为"谶纬"？《说文解字注》："谶，验也。有征验之书，河洛所出书曰谶。"纬，《释名·释典艺》称："纬，围也。反复围绕已成经也。"按《四库全书总目提要》："谶者，诡为隐语，预绝吉凶……纬者，经之支流，衍及旁义。"在此，"谶"即是预言，或具有预言性质的符号，故又分为谶言、图谶、符谶等;"纬"则是相对经书而言的纬书,是对经书的再阐释,故有"纬学"一说。因纬学本身涉及很多神秘的表述,亦有预测的意味,而谶言、图谶等亦需要经典"背书",所以"谶纬"常常连用为合成词。"谶纬"源自先秦,最初是中国古代对谶书和纬书的合称,后指对未来的预言,再后则泛指预决未来吉凶祸福的隐语和对经典文献的神秘解释。谶纬之学流行于汉朝,宋朝之后逐渐转向民间。

谶纬之学在汉朝蔚为大观,"纬学"亦被称为"内学",地位甚至超越了后来被奉为正统的"经学"。经历了千年的历史,它从官学体系中被剥离并逐渐没落。南朝宋大明(457—464)年间始禁图谶,隋炀帝也对其加以禁毁,但唐朝仍然继续流行。《唐书》和《新唐书》仍有"经纬"和"谶纬"之目,《九经正义》仍遵信谶纬。

纬学传统在宋朝彻底灭绝,其主要推动者是"唐宋八大家"之一的欧阳修,他在《论删去九经正义中谶纬札子》中建议将九经里面的谶纬之学全部去除,这道奏折得到了朝野上下的广泛赞同。后来,大儒魏了翁作《九经要义》,删去了经书中全部的谶纬之说。自此,纬书遭到毁禁,篇目散佚,仅在民间流传。然而,谶纬之最大宗,星相学或占星术,一直被宫廷内学所把持,从未失传。

谶纬之学本来与先秦阴阳家的学说有极大的关联,并杂糅了神话、巫术、仙术以及道家的诸多理论,随其在官学体系中的兴衰,民间对其开始有组织地吸纳、改造和传播,最终促成了道教的兴起。道教作为正式的宗教团体,始于东汉末年,即张(道)陵于公元142年创立的"正一盟威之道"。魏晋南北朝时期,玄学盛行,吸纳了儒家和佛教的思想,道教与玄学彼此兼容,相互融合。

谶纬五术,指具有预言功能或未来指向的五种相互联系又各自独立的文化实践活动,分为"山(仙)、医、命、相、卜"五类。因道家和玄学皆与其有关联,都将其作为具体实践活动的外化显现,民间亦称其为"玄学五术",道教则称之为"道家五术"(此处的"道家"即指道教,与先秦道家并无直接关联),具体涉及气功养生、中医、命理学、相术、占卜等多个门类。

所谓"山(仙)",就是通过食饵、筑基、玄典、拳法、符咒等方法修炼"肉体"与"精神",以改变身心,达到人格圆满的一门学问。而"医",也就是我们通常所说的"中医",是利用方剂、针灸、灵治等手段,以保持健康、治疗疾病的一种方法。所谓"命",就是通过易理命数的方式来推定人的命运,了解人生,以洞达自然法则,进而趋吉避凶,改变人"命"的一门学问。推命以人的出生时间和阴阳五行为理论基础,所用的主要方法有"紫微斗数""子平推命""星平会海"等。所谓"相",一般包括"印相、名相、人相、家相、墓相"等,是观察人或事物的形貌特征,并根据一定的原则判断其未来吉凶的一种方术。其中,人相就包含了民间比较流行的"面相""手相""痣相""体相"等。"家相"也就是阳宅风水,"墓相"则是阴宅风水。"卜"就是占卜,是以《周易》为理论基础,推算国家未来的政治命运或个人命运的一种术数之学,后来又随各个流派的发展,日趋复杂,形成"奇门遁甲""太乙神数""大六壬"三大术数绝学。

谶纬五术具有相同的理论来源和相似的"预测"特征,也就是从具体的现象出发,经由某种系统性意识和观念的阐释,指向另一对象,而该对象通常具有明显的未来性时间向度。而对谶纬五术的研究,也大致可以分为泾渭分明的两种:一种是纯然的内部研究,专注于对术数本身进行资料整理和方法探究。当然它必须像创立之初一样,具有实际操作的属性,并在与时俱进的语境下处理现实问题,比如占卜不得不处理电视机、汽车等新的电子或机械设备的五行属性问题,风水之术则需要面对现代住房的崭新格局,处理家居的陈设、布局问题等。另一种则是对术数进行综合性的或发散式的外部研究。它包括自古以来对《周易》义理在古典政治学维度上的阐释,以及在现代学术体系建立之后,从文化研究的角度对此种神秘文化的定位和阐释。由于迫切地希望将此类神秘文化纳入学术体系之内,所以它不得不忽略一些一时之间无法被有效解释的部分。

由于谶纬文化的特殊性,这两种研究其实也代表了两种几乎不可调和的学术流派,它们也可以通俗地称为:学院派和民间派。民间学者重视谶纬之术的实际作用和实践意义,甚至自己就是这门技术的从业人员或类从业人员;而学院派研究者限于学术体系要求的理性思维,不能也不愿从术数的操作层面去深度接触这种文化,只能从外部观察和研究。武术研究中也存在类似的状况,民间的武术传承与学校的武术教育存在巨大的分野和矛盾。也正因为如此,谶纬文化研究呈现出割裂的态势,虽然仅有"五术",但它们彼此之间的关联并没有得到深入探究。仅在相术之中，面相、手相就与风水术存在明显的映射关系，但其中的缘由却鲜有人说明。中医同样以阴阳五行为基础理论，但高校的中医学教育却对此浅尝辄止，比如，中医中对"阳明""阙阴"的定义就与其他术数有明显的区别，而这一点也没有得到很好的解释。

我们的立场已经非常明确，即希望能够出现一种统合式的研究，对谶纬五术进行系统性和总体性研究，如有可能，它最好还能够结合具体的术数推演实践活动，从而避免仅在义理的层面谈玄论道。但由于谶纬五术从阴阳家甚至更古老的源头上逐渐分离并发展，且内部又各自出现了不同的门派或流派，形成了相对独立又彼此关联的术语系统，可通约性与不可通约性兼而有之；因此这项工作变得极其繁难，我们首先能够做的，恐怕就是在对某一种术数的梳理中寻找线索。

堪舆与风水

当我们展开对风水术（或堪舆）的考察时，前面提到的困扰就变成现实了。

虽然我们大概都明白"风水（或堪舆）"到底指什么，但是想从现代学术体系中获得一个关于它的明确定义，仍然不是一件容易的事。并且，如果我们考虑到这门技术（或观念、理论）的历史沿革和发展，事情可能会变得更加困难。

风水是对现象世界意义的完备性解释，也可以说，中国的传统文化大都具有这种特质。风水首先显现为一套指导性的话语，它的重点并不在于建立一套解释世界的理论，而在于以实践作用于环境，即寻找合宜的地理位置，也兼有改造环境的功能。其次，它作为一整套复杂整体理论的一个部分而存在。我们甚至很难辨明，究竟是有一套理论观念先于实践产生，还是在实践中诞生了理论。这套理论并不完全以内在的逻辑自洽性作为理论设计的原则和宗旨，而是以完备性作为基础性原则，即不谋求针对某一事物给出具体的解释方案，而是试图构建一种能够全面解释所有自然和社会现象的理论。而风水的理论与实践，不过是这套理论的其中一个环节。第三，风水理论本身并不能保证它完全遵从这套整体理论，它的发展过程，就是根据具体经验不断调整自身的过程，不同流派的产生，就是这种经验认知出现差异的结果。如果我们也将其纳入这套"整体理论"之中，那么，就不得不接受它其实包含着先验理性、经验性认知和超验性的灵智体验这么至少三个层次的事实，而科学性的思考，充其量只能处理其经验认知的部分，并且不得不将"超验"部分视为一种神秘文化甚至迷信。

风水又有堪舆、卜宅、相宅、图宅、青乌、青囊、形法、地理、阴阳、山水之术等别名。这诸多别名各有来历，"卜宅、相宅、图宅"的命名，显然针对的是堪舆技术和宅地的关系；"形法、地理、阴阳、山水"等说法，则更专注堪舆技术本身的原理和规则；"青乌"之名来源于汉代术士青乌子；"青囊"本是盛装书籍和贵重器物的布袋，用在此处是借指术士，当然，它也指古代的医师和卜筮之术，这或许也可以被视为谶纬五术相互通约的佐证。

而流传最广泛的两个称谓，即堪舆与风水，则代表了两种认识。

根据文献研究，"风水"的说法，源于郭璞的《葬经》："葬者乘生气也。气乘风则散，界水则止，古人聚之使不散，行之使有止，故谓之风水。"而在另一种解释中，"风水"一词与文王八卦（也就是后天八卦）相关，在八卦中，巽卦的类像为风，方向上代表东南，坎卦的类像为水，方向上代表北方，而宅院（尤其是"四合院"）的结构，通常为坐北朝南，门开在东南方，被称为"巽门坎宅"，亦合"风""水"二字。这种事物之间相互映射，又总能回到某个关联点的关系，很难简单解释。

一般认为，堪舆，是对"风水"的一种比较文雅的说法，曾经被视为风水术的一个具体流派。许慎《说文解字》称："堪，天道；舆，地道。"因此，"堪舆"不仅关注山川地理，而且关注星移斗转、风云变幻的星相天象之理，因为天道与地道的源流相同，具有某种内在的通约性。然而，由于风水术流于民间，而星相术等一直由官方掌控，天文与地理两门学术又相对独立，很难由一人掌握；因此，在堪舆过程中，很难做到天文与地理的交叉参证。当然，天文仍然显现在风水的专用器具——罗盘上，八卦、干支、星宿等信息在罗盘的各个圈层中皆有显现，换言之，天文信息以一种比较机械的方式呈现在堪舆的具体过程中。

从现代汉语的表达来看，"风水"强调勘测的最终结果，即最终由风水师寻得的"藏风纳气"的地理格局。它重点在于给出一个合理的阐释，来适时地对风水师的选择做出解释。而由于"堪""舆"二字暗含的动词属性，这个词更多地强调主动寻找宜居之地的过程，或者是主动寻找天地人和谐关系的行为。也正因为如此，当我们将"风水""堪舆"并列的时候，其实也就是将风水的理论与实践、"实然"状态与"应然"状态等合并了。即便我们不去刻意将这两种状态分别以"堪舆"和"风水"命名，它们也必然存在。我们特别指出这一点，是因为对风水等谶纬之术的研究，往往流于文献学意义上的考察，并关注其文本意义，而缺少文化人类学意义上的思考，且兼顾其实践意义。

进一步讲，从符号泛指一种主客体之间的关联这个意义上，而非仅仅从符号展现为一种携带意义的可感知物的角度看，"风水"当然同样表达了主客体之间一种非常复杂的关联。我们之所以说这种关联"复杂"，是因为对风水等谶纬之术的既有研究，往往将其视为一种类似"专业术语"的"神秘话语"，一种像科学语言、医学语言、法律语言等那样，具有明确施用范围的特殊语言，它们都将对事物的认知转化为特殊的表达，从而与日常语言形成一种对立或映射关系（参见格雷马斯关于法律语言的研究），需要特殊的中介或解释系统来弥合二者之间的龃龉。然而，风水的话语并不完全独立于日常语言之外，这个研究框架极有可能是对谶纬文化的一种简化。

风水（堪舆）的实际形态至少存在如下几个不同的表达层次：

1. 一种借助文献典籍保存下来的完整的或残缺的观念或理论表述。

2. 一种在具体观测时，根据不同的环境条件所使用的交流用语（口语），目的是让委托人理解并信服，而古代这方面的资料几乎没有保存下来。

3. 一种以某类特殊方式（包含神秘化、想象、夸大其词、臆造和自圆其说等）记录下来的事件叙述文本，类似一种文学化之后的考察报告。它亦能够为弟子或传人提供经典案例作为参照。

4. 一套行为施事话语，将勘测的最终结果转化为具体的实践指导方案，提供给住宅或墓葬的施工人员参考。

对谶纬之术的学习，实际上也都必须经历这样的过程：学习者首先要掌握一系列看似与所学的内容并无直接关联的理论知识——以《周易》为代表的阴阳、五行、天文、地理等庞杂的理论体系，而由于这一整体理论的复杂性，且它可能并不能完全被定义为一种"知识"，仍然要依靠学习者的体悟能力，这种学习过程可能还要持续终身；其次，学习者还要掌握具体的技法，也就是面对其对象的分析与阐释方法，并通过大量的训练建立一套验证方法，而由于这种验证方法还要依托学习者的信仰和感应能力，甚至经常会出现某一细节推翻整体判断的情况，故而很难用现代科学去解释；最终，当学习者可以独当一面的时候，他会进一步丰富他的所学，并择取他从业经历中具有代表性的事件记录下来，而这种记录，其实仍然包含他对于最初理论学习的认知和记忆，因而存在着某些偏差（而它究竟是革新还是歪曲极难判断）。对风水堪舆之术的记述的阅读和研究，也因此落入繁难的境地，人们很难从文献的记录中，分辨它们的共同逻辑来源。在这种比对中，被誉为"群经之首"的《周易》，反而较为容易，抛开《周易》作为卜辞记录的属性和占卜的种种方式，它的确能够完美转化为一种哲学、政治学或思想向度的话语。

不要通俗符号学

我们之所以要不遗余力地阐明该研究对象的复杂属性，是为了避免它被简化对待。而那种简化的研究方法，通常会找到"符号学"来为其"背书"，这实际上对作为研究对象的风水堪舆和作为研究方法的符号学，都是不负责任的。由于符号学在"表层结构/深层结构"的分析中强而有力的作用和能力，它似乎非常适合用来解读这种神秘文化，从而发挥一种类似西方"肖像学""纹章学"之类的考古符号学的作用。

中国传统文化的因缘关系可能不允许这种简化。谶纬五术中的任何一种，都是一种符号或一个符号系统，实际上需要人们做出进一步的证明和解释：作为一种在中国本土生长的文化，它做好了在最宽泛的意义上被纳入一种带有明显倾向性的理论视野之中的准备，并且这种理论本身能够协助我们重新或更进一步认识研究对象。由于谶纬之术所带有的明显的五位一体的关联特征，以及它与中国传统身心观念的关系，又及它自身极其特殊的未来指向性，这种证明就显得非常必要。

或许我们能从风水中最为重要的术语"龙、水、砂、穴"上，看出一点端倪。

"龙"通常被视为一种修辞性的比喻，这种存在于人们想象中的动物，拥有蟒蛇一般的身躯，与蜿蜒曲折的山脉具有高度的相似性，"指山为龙兮，象形势之腾伏"(《管氏地理指蒙》)。但倘若就此认定它是一种可以被视觉观察事物的修辞,并不准确。实际上,山并不是龙,山脉才是龙,而独立的山无法成脉,连绵起伏的山才能构成"脉",这就需要辨明各个独立的山峦之间的关系,并非距离近就同属一脉。正如现代汉语中"山脉"一词,其实也是指山连绵不绝的趋势,对应着内在涌动的气息变化。古人在没有现代地质测量手段的情况下,单凭对植物、岩石、水流方向等的判断,甚至依靠"望气"来判断"来龙去脉"。"龙"即"龙脉",它同时也能够与中医所讲的人体脉络对应,取象于"人身脉络,气血之所由运行"(《地理人子须知》)。当然,由于二者并没有明显的先后,我们也可以反向认为,人体内的脉络,也映射着地理之"龙脉"。

"龙"是一个比较典型的符号,而后三者"砂、水、穴"似乎都能找到现实的对应物,它们更像是一些既有的词语。然而,"砂"并不是指砂粒,而是指"穴"周围的群山格局,又称案山或朝山。它通常与"龙"综合判断,"龙为君道,砂为臣道;君必位乎上,臣必位乎下"(《青囊海角经》),没有确定龙脉,也就无所谓对砂山的判断。而砂山的格局,又经常以"玄阴四象"同时也是"四方星宿"的"青龙、白虎、朱雀、玄武"来命名,如"青龙蜿蜒""白虎驯俯""朱雀翔午""玄武垂头"。不难发现,此处的"青龙"名曰"龙",却不能作为龙脉来理解。不同层次的理论可能共用一些术语,这也是风水理论以及谶纬五术的一个显著特点。同理,"水"和"穴"也有其特定的含义。"水"除了指江河湖海等可见之水,也指暗河、地下水等不可见之水,天干中有壬癸为水,亦有壬水、癸水之分,即指水的明暗之分。具体而言,"水"与"龙"相似,其实指的是水流动的趋势,而非水本身。而"穴"并不单单是"墓穴",而是吉地的代名词,是对"龙、砂、水"综合判定之后择取的结果。"觅龙、察砂、观水、点穴"的说法,说明"龙、砂、水、穴"并不能被视觉直观,它们必须经过思考和处理。从风水的原理来看,这四者皆是"气"的运化规律或结果,"穴"并不提前存在,而是一系列阐释的结果,风水中以人体之穴位类比,也从此意。

不过,我们也不能就此认为,"龙、砂、水、穴"只是一些观念中的"概念",它在某些层次的表述中,的确能够指涉不同的事物。经由风水理论的处理,具体的事物在意识中的重新"成像",实际上是观念处理的结果。正如普通人同样也能够观察自然地理环境,同样能够接收自然图景,却无法"寻龙点穴"；而在专业风水术士那里，"龙脉"可能是"清晰可见"的，甚至是可以被"指示"出来的，对"穴"的吉凶也可以给出判断和解释。

仅仅从这些"术语"中，我们不难发现其符号分析的多重性与复杂性。它们的纯符号属性，并不指涉现实对象，这促使我们更加接近符号学的秘密。符号学的确在研究此类对象时具有不可比拟的优势，但它不应也不能被简单对待，或仅仅被一种通俗的符号学草率处理。而真正意义上的符号学，至少可以从以下三个维度对这一课题提供辅助。

第一，谶纬五术实际上是一个具有内在统一性的系统，由于种种原因，其作为研究对象时，被割裂为几个彼此不相关的门类，符号学理论能够给予该对象以整体观照，对重新发现其内在关联能够发挥相应的作用。第二，风水堪舆既是思想和观念的呈现，又是具体的实践活动，传统的思想史研究方法既无法深入到具体的交互行为活动上，也无法脱离文献的桎梏，而风水堪舆的符号学研究则从具体的行为方式出发，不是将道术仅仅视为道法的衍生物，而是从符号学的维度建立对道术的整体认识。第三，关于道术的研究必然至少涉及人类学、历史学诸学科，这也恰恰是风水堪舆在历史上的特殊地位——作为一种从官学体系中逐渐剥离出的民间神秘文化——的体现，仅靠单一学科的研究范式很难窥测其中之谜。符号学作为人文学科的共同方法论，具有整合学科资源，构建交叉学科共同研究的作用。

一种特殊的人本主义

一般认为，风水术成型于东晋，人们往往将郭璞的《葬书》（亦称《葬经》）视为其理论源头。虽然该书是否由郭璞撰写还有待商榷，但这并不影响我们对该书的分析。

"葬书"，顾名思义，处理的是"阴宅"，也就是墓葬的选址问题。而它的目的，通俗地讲，就是给予逝去的先人一个妥善的墓葬位置，并借此获取先人对后世子孙的庇佑（这种庇佑并不仅仅是精神或宗教意义上的，还包含对财富和社会地位的保障）。《葬书》对于这种蒙荫庇佑的阐释相对朴素，"人受体与父母，本骸得气，遗体受荫"，也就是说，子女与父母，因血缘关系而获得了天然的联系（也在"气"论的意义上得到解释），妥善安置父母的遗体，就是妥善处理这种联系，因而能够从中受益，"气感而应，鬼福及人"。

选择墓地，是丧葬仪式的一部分，而丧葬仪式本身就是显示个人或家族社会地位与权力的一种方式。因此，即使不考虑它的神秘意义，它也首先具有明显的社会意义。对以帝王将相为主的贵族阶层，墓葬地址的选择具有双重意义，一方面，由于墓葬内通常伴有大量的陪葬品，他们不希望其墓穴和尸身受到盗墓者的损毁；另一方面，他们对死后世界仍然存留着宗教意义或非宗教意义上的幻想，希望通过妥善地安置尸身，获得在另一个世界的尊崇或安宁。而对于生者而言，妥善的丧葬仪式是礼制的一部分，遵守礼制意味着对社会秩序的认可；葬仪也是孝道文化的体现，让先人入土为安，是对道德规训的服从。传统社会对公序良俗的鼓励，保障了妥善安置逝者的生者能够获得所在社群的尊重，也就达成了最低限度的"积善之家，必有余庆"的效果。

据此，我们不难发现，风水堪舆的源头，其实并不是处理人类宜居，也就是人与自然和谐相处的问题，而是对逝者的安置问题。而后世风水堪舆领域对《葬书》的倚重，意味着"阳宅"与"阴宅"风水其实共用一套基本的勘测原则，而在伦理学意义上也就具有某种同源性。

古老的风水堪舆，因其"天人合一"的基本立场，似乎很容易和当代的生态主义产生一种殊途同归的映射关系。不过在此，我们可能要暂且武断地指出，二者尽管有诸多相似之处，但其差异也许更加明显。

风水堪舆的核心，和谶纬五术的核心一样，既不在于解释世界的特殊观念，也不在于"寻龙觅穴"的特殊勘测技术，而是始终将"感应"作为一种基础性的判断依据，而它甚至可以在某些特殊的境况下，颠覆原有的技术性判断。简言之，无论风水的技术话语多么复杂，其中存在多少可以被科学化约的部分，它始终诉诸"感应"的基础上建立宜居的判断依据。"人因宅而立，宅因人得存，人宅相扶，感通天地。"（《黄帝宅经》）人与住宅之间，会产生某种难以言喻的特殊感应关系，在这种关系里，住宅并不完全作为人的对象而存在，"万物不能越土而生，人亦万物中一物"。（《管氏地理指蒙》）作为万物中的一物，人的意志和理性也不是判断的唯一准绳，二者形成了某种相互的确证性。与此具有高度相似性的还有占卜（以"外应"为核心）、相术（以"望气"为最高手段）等。而当代的生态主义思潮，无论它如何宣称放弃人本主义的立场，它仍然是将"自然"作为一种对象物进行思考，虽然它给予了"自然"这一对象最充分的尊重和理解。

这种意识可能还与"圣王"思想或"道成肉身"的诉求有一种潜在的关联，只是这种关联被一种更为世俗化和庸俗化的表象蒙蔽了，风水成了某种趋利避害的手段，或是为城建或墓葬的合理性进行辩护的一种补充性注解。毕竟，我们在赞叹古代城市营建之精妙时，不能忘记它在自然资源的取用上的奢靡和浪费。

总而言之，作为一种研究对象，风水堪舆应该被谨慎对待，作为一种特殊的神秘文化，它的"神秘"必然有其因由。从理论方法的择取上，符号学自然是首选，因为笔者暂时想不到有哪种理论比它更适合作为剖解这个对象的手术刀。只是符号学理论应当被恰如其分地使用，而不是沦为一种单纯的纵横字谜游戏，因为关于风水堪舆的秘密，实在是一座错综复杂的庞大意义宫殿。

目 录

导 论 ……………………………………………………………（ 1 ）
    第一节　堪舆文化的概念阐释………………………………（ 1 ）
    第二节　堪舆发展史与本书的研究对象……………………（ 4 ）
    第三节　堪舆的研究现状……………………………………（ 18 ）
    第四节　本书的研究价值……………………………………（ 30 ）

第一章　堪舆符号的表意机制 ………………………………（ 36 ）
    第一节　堪舆符号的性质与符号表意问题…………………（ 36 ）
    第二节　堪舆符号的理据性与规约性………………………（ 44 ）
    第三节　堪舆符号文本与双轴关系…………………………（ 58 ）

第二章　生态主义与堪舆符号元语言 ………………………（ 73 ）
    第一节　堪舆符号元语言与生态批评………………………（ 73 ）
    第二节　卷入堪舆符号解释的元语言与解释漩涡…………（ 96 ）

第三章　生态批评视阈中的堪舆符号与文学作品分析………（103）
    第一节　堪舆文化在文学作品中的直接展现………………（105）
    第二节　堪舆作为文学作品中的文化背景…………………（116）

结 语 ……………………………………………………………（152）

参考文献 ………………………………………………………（155）

致 谢 ……………………………………………………………（168）

导　论

第一节　堪舆文化的概念阐释

一、"堪舆"与"风水"：术语解释

堪舆文化起源于中国，经历了漫长的发展历程，并辐射开去，对东亚、东南亚地区的文化产生了重要的影响，20世纪后，堪舆文化的影响力逐渐扩展到全世界。它有一个更通俗的名称就是"风水"，在当下的文化环境中，这两个名词是同义的，相比之下"风水"一词的口语化色彩更明显。

据考证，"堪舆"一词最早见于西汉时期淮南王刘安主持编纂的《淮南子》，其第三卷《天文训》中有"堪舆徐行"[1]四字。许慎在《说文解字》中对《淮南子》中这句话的注解是："堪，天道；舆，地道。"[2]这里"堪舆"指的是天地运行的规律[3]。余健博士在《堪舆考》一文中，经过考证指出"堪舆"最初指的是"用来窥测北斗指向的小孔穴"[4]，与星象占卜有关，后来引申为天与地运行的规律。《史记·日者列传》中，也提到了"堪舆家"，记载汉武帝"聚会占家问之，某日可取妇乎？五行家曰可，堪舆家曰不可"[5]，由此

---

[1] 刘安：《淮南子译注》，陈广忠译注，上海：上海古籍出版社，2017年版，第129—130页。
[2] 刘安：《淮南子译注》，陈广忠译注，上海：上海古籍出版社，2017年版，第129—130页。
[3] 参见史箴：《风水典故考略》，见王其亨《风水理论研究》，天津：天津大学出版社，1992年版，第11页。
[4] 余健：《堪舆考》，《建筑学报》，2000（9），第67页。
[5] 司马迁：《史记》，裴骃集解，司马贞索隐，张守节正义，北京：中华书局，1999年版，第2439页。

可见"堪舆家"属于当时的卜筮者群体，他们借助多种手段来为人们占卜吉凶。东汉班固在《汉书·艺文志》中记载了一部名为《堪舆金匮》的典籍，这部典籍虽然已经亡佚，但班固将其列入"五行家"这一类[①]，据此可推断当时"堪舆"含义和《史记》中提到的大致相同，都属于汉代占卜术的一个分支，由此可知"堪舆"一词的含义最初更倾向阴阳术数、星象占卜等方面。

现今发现的最早将"堪舆"一词与口语化的、使用者更多的"风水"一词相关联的记载，出自三国时期魏国人孟康。颜师古在注解《汉书·扬雄传》中扬雄所写的《甘泉赋》"属堪舆以壁垒兮，捎夔魖而抶獝狂"一句时，引用了孟康的注释："堪舆，神名，造《图宅书》者。"[②] 孟康认为"堪舆"是写《图宅书》的神仙，而孟康具体是在什么著作中做出过这样的注释，并不明确，原书也已经佚失。通过汉代思想家王充在《论衡·诘术》中对"图宅术"的描写可知，堪舆是汉代非常流行的一种根据屋主的姓氏与方位匹配程度来选择住所地址的占卜方术，也就是后世流传甚广，争议也很大的"五音相宅术"。这曾是堪舆文化发展历程中一种重要的实践方法，自此"堪舆"和俗称的"风水"正式建立了联系。随着堪舆文化的发展，堪舆和风水两个称谓的含义逐渐合并，到现代已经成了同义词。

今天人们更为熟知的"风水"一词，一般认为出自《葬书》，《葬书》著者署名为晋代人郭璞，许多学者对这部典籍的成书年代提出过质疑，学界对这个问题也多有争论，比较主流的观点是该书大致由宋代人托名所作。虽然"风水"一词具体出现的年代比较模糊，但它流传更广，经过在民间文化中的口口相传和长期发展演变，这个词本身也增添了些许神秘色彩。所以本书选择使用历史更久远、书面化程度更高的"堪舆"一词，此外，堪舆和风水还有诸多别称，如"青乌""青囊""地理""相宅"等，本书在材料搜集和选择时也将兼顾这些名称。

二、堪舆的定义

对堪舆进行定义历来是一个难题，中国古代的堪舆研究者和实践者们曾尝

[①] 参见班固：《汉书》，颜师古注，北京：中华书局，1962年版，第1768页。
[②] 班固：《汉书》，颜师古注，北京：中华书局，1962年版，第3523页。

试对其定义，比如《葬书》中对堪舆的定义就被后世引为经典——"葬者乘生气也。气乘风则散，界水则止，古人聚之使不散，行之使有止，故谓之风水"①，由此可知，堪舆的目的在于通过对风和水的利用与引导，从而将"气"聚集起来。

明代徐善继、徐善述兄弟所著的《地理人子须知》中，将前人对堪舆的论述进行了汇总："地理家以风水二字喝其名者，即郭氏所谓葬者乘生气也。而生气何以得察之？曰，气之来，有水以导之，气之止，有水以界之，气之聚，无风以散之。故曰要得水，要藏风。……总而言之，无风则气聚，得水则气融，此所以有风水之名。顾名思义，风水之法无余蕴矣。"②

由以上这些定义，我们能够发现中国古代堪舆研究者显然更注重堪舆的实践意义，众多堪舆著作论述的内容绝大部分是具体的实践方法和实践目标，而未能从宏观上对堪舆文化进行定义。19世纪西方学者最初接触堪舆时也注意到了这种现象，当时来华的德国传教士欧理德（Ernest John Eitel）在著作中就谈到自己曾就堪舆究竟是什么请教了当时的一些汉学家，得到的答复却让他越来越糊涂——他无法从旁人的描述中总结出堪舆的定义。19世纪末至20世纪初，弗雷泽（James George Frazer）等西方学者认为堪舆是一种巫术，比如在著作《金枝：巫术与宗教之研究》（*The Golden Bough: A Study in Magic and Religion*）中，弗雷泽就将堪舆视为一种"顺势或模拟巫术"来研究③，这种理解与中国古人只注重堪舆实践的现象是有关系的。这一时期欧理德、高延（Jan Jakob Maria de Groot）、李约瑟（Joseph Terence Montgomery Needham）等西方学者将堪舆定义为中国自然科学的雏形，西方学者们对于堪舆文化中科学因素的发掘引发了"堪舆究竟是科学还是非科学"的论争，这也是20世纪80年代国内堪舆研究热潮中最受瞩目的问题。

建筑学、地理学领域的学者们对堪舆文化做过可供我们借鉴的定义，比如冯建逵、王其亨在《关于风水理论的探索与研究》一文中提出："（堪舆是一

---

① 旧题郭璞：《葬经》，《四库提要著录丛书·子部术数类021》，北京：北京出版社，2010年版，第77页。

② 徐善继、徐善述：《绘图地理人子须知》，郑同点校，北京：华龄出版社，2012年版，第16页。

③ 参见詹姆斯·乔治·弗雷泽：《金枝：巫术与宗教之研究》，徐育新、汪培基、张泽石译，北京：大众文艺出版社，1998年版，第19—56页。

种）古老的学说，虽然充满迷信色彩，但是，它具有我国古代哲理、美学、心理、地质、地理、生态、景观诸方面丰富的内涵，并包含着人如何顺应自然的大量论述。"① 刘沛林在《风水——中国人的环境观》中指出："风水是一门独特的中国文化景观。在数千年的文明历程中，风水一直是中国人追求理想环境的代名词。"② 这些定义体现出堪舆文化实践性强的特性，又上升到宏观高度对其进行整体定义，还凸显了堪舆文化中应当受到重视的现代价值，也就是其中包含的生态主义思想。

在前辈学者定义的基础上，本书对堪舆的定义是：堪舆是我国独有的一种文化形式，是中国先民选择适宜环境的经验总结，其中凝聚着中国人对人与自然关系的独特理解。堪舆文化分为两个层面的内容：一是堪舆理论，它可以指导人们选择生者住所与逝者葬地，进一步说，堪舆的最初目的是选择出对人的身体和精神健康都有益处的自然环境，帮助人们获得更好的生存体验，因此堪舆理论中蕴含着丰富的生态价值；二是堪舆实践方法，这些方法与中国古代传统的术数占卜法有关，理论与实践形成了一个比较完整的堪舆文化体系。

第二节 堪舆发展史与本书的研究对象

一、堪舆文化发展史与理论典籍

堪舆不是一种单纯占卜吉凶的术法，它有两大基本组成部分：堪舆理论与堪舆操作方法，它们在历史进程中呈现交互发展的模式，堪舆理论的发展离不开具体实践经验的总结，操作方法同样也得益于理论的逐渐完善，二者相辅相成，共同构成了蔚为大观的堪舆文化。堪舆文化在中国古代经历了漫长的发展历程，随着历史发展逐渐壮大，既覆盖了社会各个阶层的日常生活，也深深影响了中国人的思维方式。古代学者们大多致力于丰富堪舆理论，推进堪舆文化发展，并留下了大量著述。

---

① 王其亨：《风水理论研究》，天津：天津大学出版社，1992年版，第1页。
② 刘沛林：《风水——中国人的环境观》，上海：上海三联书店，2001年版，第1页。

1. 先秦：萌芽时期

早在史前时期，人们选择定居地时便会对环境做出选择，综合考虑向阳、避风、靠近水源、安全等因素。新石器时代的聚落遗址大部分分布在背山面水的地方，比如仰韶村遗址，便位于一处缓坡台地，北面依山，三面环水。当时人类更多出于生存的本能做出环境选择，还没有发展出堪舆文化，但这种选择环境的意识，可说是后世堪舆文化发展的源头。

先秦时期是堪舆文化的萌芽阶段，《诗经》中《大雅·公刘》一诗就记载了周人先祖公刘考察地理形势选择氏族聚居地的事迹，"笃公刘，于胥斯原。既庶既繁，既顺乃宣，而无永叹。陟则在巘，复降在原。何以舟之？……笃公刘，逝彼百泉，瞻彼溥原，乃陟南冈，乃觏于京……笃公刘，既溥既长。既景乃冈，相其阴阳，观其流泉。其军三单，度其隰原。彻田为粮，度其夕阳。豳居允荒"①。由此可见公刘经过长途跋涉、反复观察地形，最终带领氏族选择在豳地居住，选择此地作为聚落是因为它位于高岗之上，气候相对干燥，同时又有流泉，取水比较便利。

战国晚期已经出现了比较系统的关于住宅吉凶的预言体系。1981年至1989年相继在湖北省江陵县出土的"九店楚简"《日书》中就有这方面的记载。《日书》是古代卜筮者用来预测吉凶祸福的实用书籍。迄今考古发现的《日书》已经有十余种，成书年代从战国中晚期一直到东汉末年，其中以1975年湖北省云梦县出土的睡虎地秦代简牍《日书》的内容最为完整。通过解读睡虎地秦简《日书》的内容，我们可知《日书》中主要记载了当时人做事择日的各项禁忌，这些禁忌涵盖日常生活的各个方面，其中便有住宅选址营建等与堪舆有关的内容。这部分内容被学者称为《相宅篇》，记录了当时人们在阳宅选择和日常居住时的时日禁忌、太岁禁忌、"西益宅"禁忌等习俗，展现了堪舆文化发展早期的具体形态。②

2. 汉代至魏晋：发展时期

《四库全书总目》中总结道："术数之兴多在秦汉以后。"③秦汉时期，堪

---

① 程俊英、蒋见元：《诗经注析》，北京：中华书局，2017年版，第626页。
② 参见张齐明：《亦术亦俗：汉魏六朝风水信仰研究》，北京：中国人民大学出版社，2011年版，第26—34页。
③ 永瑢等：《四库全书总目》，北京：中华书局，1965年版，第914页。

舆理论吸收了阴阳、五行、八卦等学说，并将这些学说用于指示地理方向，同时将这些学说的内在逻辑引入堪舆理论对人和自然关系的构建之中，为堪舆实践方法的发展打下了基础。比如本书在第一章第二节将详细论述的四灵符号和二十四山向等，都是在假借进入堪舆符号体系的各类符号基础上演变而来的，可以说这一时期堪舆理论取得了重大发展。

《汉书·艺文志》中记载了两部目前已经佚失的堪舆文献，分别是《宫宅地形》和《堪舆金匮》。《宫宅地形》被《汉书》的编纂者班固归为"形法类"典籍，班固对"形法"的解释是："大举九州之势以立城郭室舍形，人及六畜骨法之度数、器物之形容以求其声气贵贱吉凶。"① 由此可见《宫宅地形》一书应该介绍了根据地形地势和某地"气"的贵贱吉凶，来为城郭宫室选址的相关堪舆理论，这与后世形势派堪舆的理论路径一致，而《堪舆金匮》经过学者考证，其中介绍的理论是后世理气派堪舆的雏形，因此这两部著作被视为堪舆不同派别区分的滥觞。

另外值得一提的是，汉魏六朝时期，堪舆文化发展的重点发生了转变，由之前的以住宅择地为主转变为以墓葬择地为主。上古时期，人们既不在葬地垒坟丘，也不会植树作为墓葬标志；战国时期一改这种习俗，出现了坟丘的墓葬形式。这种形式在秦汉时期逐渐变得复杂，墓葬的布置变得与生者住宅的要求近似，也就是事死如事生。同时，父母葬地的好坏与子女命运相关这一被后世普遍信奉的观念也出现于这一时期，关于这种观念，最早的直接记录是司马迁在《史记·淮阴侯列传》中对韩信母亲墓葬环境与韩信命运之间关系的推测，"太史公曰：吾如淮阴，淮阴人为余言，韩信虽为布衣时，其志与众异。其母死，贫无以葬，然乃行营高敞地，令其旁可置万家。余视其母冢，良然"②。司马迁认为韩信本是平民出身，他之所以能够"发迹"，与他母亲葬地的周围环境有很大的关系。这一时期关于父母墓葬荫蔽子女的记载还可以参考《后汉书·袁安传》与《后汉书·郭躬传》。

魏晋时期出现了堪舆文化发展历程中举足轻重的两位"宗师"——管辂和郭璞，《三国志·魏书·管辂传》和《晋书·郭璞传》中分别记载了他们二人

---

① 班固：《汉书》，颜师古注，北京：中华书局，1962年版，第1775页。
② 司马迁：《史记》，裴骃集解，司马贞索隐，张守节正义，北京：中华书局，1999年版，第2038页。

参与堪舆实践的诸多事迹。比如《晋书·郭璞传》记载："璞好经术，博学有高才，而讷于言论，词赋为中兴之冠。好古文奇字，妙于阴阳算历。有郭公者，客居河东，精于卜筮，璞从之受业。公以《青囊中书》九卷与之，由是遂洞五行、天文、卜筮之术，攘灾转祸，通致无方，虽京房、管辂不能过也。"①可见郭璞擅长堪舆理论；"璞以母忧去职，卜葬地于暨阳，去水百步许。人以近水为言，璞曰：'当即为陆矣。'其后沙涨，去墓数十里皆为桑田"，"璞尝为人葬，帝微服往观之，因问主人何以葬龙角，此法当灭族。主人曰：'郭璞云此葬龙耳，不出三年当致天子也。'帝曰：'出天子邪？'答曰：'能致天子问耳'。帝甚异之"②。这两段记载可见郭璞的堪舆实践非常成功，能够反映他作为堪舆家在当时便很受推崇，后世更是被人尊为宗师，还有堪舆师将《葬书》这部著作假托于郭璞名下。与《葬书》托名郭璞类似的还有托名管辂的堪舆理论著作《管氏地理指蒙》。这两部著作中总结出的堪舆理论成为后来许多堪舆理论发展的基础，被广泛应用于堪舆实践，在堪舆文化发展历程中也占有相当重要的地位，尤其是《葬书》更是被后世奉为圭臬。

汉代直至六朝时期，堪舆文化总体取得了巨大发展，理论体系和实践方法因为五行八卦等学说的引入而得以扩充，覆盖到阳宅堪舆和阴宅堪舆这两个方面，出现了郭璞、管辂等堪舆名家，以及《堪舆金匮》《宫宅地形》这样的堪舆著作，堪舆文化也得到了知识分子的重视，比如王充、王符、嵇康、阮侃等人就围绕堪舆问题进行过论争。学者张齐明将风水视为一种社会信仰进行研究，他指出这一时期堪舆文化的发展脉络，"一是风水信仰阶层的逐渐上移，二是风水信仰官方地位的确立"③。

3. 唐宋：成熟与派别分化时期

唐宋时期堪舆文化进一步发展，堪舆理论逐渐走向成熟，堪舆理论著作大量涌现。《旧唐书·经籍志》的编纂者将堪舆典籍划归在"五行"门类中，列

---

① 房玄龄等：《晋书》，北京：中华书局，1974年版，第1908页。
② 房玄龄等：《晋书》，北京：中华书局，1974年版，第1908—1909页。
③ 张齐明：《亦术亦俗：汉魏六朝风水信仰研究》，北京：中国人民大学出版社，2011年版，第2页。

出约16部堪舆典籍①,如《堪舆历注》《黄帝四序堪舆》《五姓宅经》《葬经》《葬书地脉经》《葬书五阴》《杂墓图》《墓图立成》《青乌子》《五姓墓图要诀》等②。《新唐书·艺文志》的编纂者同样将堪舆典籍划归在"五行类"中,列出的典籍在《旧唐书》基础上增加了6种。③《宋史·艺文志》中也将堪舆典籍划归在"五行类"中,列出了近百种堪舆典籍④,包括《葬经》《黄帝宅经》《青囊经》《阴阳宅经》《阴阳葬经》《相宅经》《二宅赋》《五音地理经诀》《五音地理诗》《五音山冈诀》《五音三元宅经》《地理正经》等⑤。宋代两部著名的私家藏书目录著作《郡斋读书志》和《直斋书录解题》中,都有关于堪舆类典籍的记录。《郡斋读书志》中将堪舆类典籍归入"五行类",作者晁公武列出了私藏的12部堪舆典籍,并逐一撰写了提要,包括《八五经》《青囊补注》《拨沙经》《青囊本旨》《洞林别诀》《寻龙入式》《会元经》《金琐正要》《玄谈经》《锦囊遗录》《五行统例》《五音地理新书》。⑥《直斋书录解题》的作者陈振孙将私藏的26部与堪舆相关的典籍收入"形法类",包括《八五经》《狐首经》《续葬书》《地理全书洞林照胆》《地理口诀》《疑龙经》《辩龙经》《龙髓经》,等等。⑦

这一时期,堪舆相地的风气在民间社会十分盛行,比如唐代文人吕才在《叙葬书》中提到,当时民众通过堪舆术选择葬地的活动众多,从而滋生了一大批以此为生的堪舆术士,"遂使葬书一术乃百二十家,各说吉凶,拘而多忌"⑧。可见此时阴宅堪舆已经有了一些神秘化倾向,堪舆术士对于同一处葬

---

① 因堪舆典籍在流传过程中常有佚失、假托作者、秘传的情况出现,史书的经籍志或艺文志中记载的堪舆典籍往往与其他术数类文献混成一类,也只收录了典籍名目,没有对内容进行详细说明,所以较难通过名目统计出堪舆典籍的确切数字,不同研究者的统计结果也往往不同,此处数据统计参考余格格:《宋代风水文献研究》,浙江大学博士学位论文,2016年,第9页。
② 参见刘昫等:《旧唐书》,北京:中华书局,2011年版,第2023—2045页。
③ 数据统计参考余格格:《宋代风水文献研究》,浙江大学博士学位论文,2016年,第9页;具体典籍名目参见欧阳修、宋祁:《新唐书》,北京:中华书局,2011年版,第1509—1559页。
④ 此处数据统计参考余格格:《宋代风水文献研究》,浙江大学博士学位论文,2016年,第9页。
⑤ 参见脱脱等:《宋史》,北京:中华书局,2011年版,第5219—5264页。
⑥ 参见晁公武:《郡斋读书志校证》,孙猛校证,上海:上海古籍出版社,2011年版,第610—630页。
⑦ 参见陈振孙:《直斋书录解题》,徐小蛮、顾美华点校,上海:上海古籍出版社,1987年版,第377—381页。
⑧ 刘昫等:《旧唐书》,北京:中华书局,1975年版,第2723页。

地的说法往往各不相同，甚至使人困惑。阴宅堪舆之所以盛行，与《葬书》中提出的"人受体于父母，本骸得气，遗体受荫"①的说法有很大的联系，中国古人相信如果祖先父母的葬地风水好，子女后代便可以因此受到庇护。何晓昕和罗隽提出，唐代开始正式定型的科举制度与当时阴宅、阳宅堪舆盛行有密切关系，科举制度给了人们通过读书中举做官的途径，而对于中国古人而言，做官便是有福气的表现，所以为了提升做官的可能性，人们便纷纷借助为父母选择葬地来庇护自身。②普通百姓通过科举考试获得晋升的希望，成为堪舆文化在民间普及的动力，这种动力一直持续到晚清时期。

到了宋代，堪舆文化不仅受到普通百姓和士人阶层追捧，统治阶层也不例外，宋代皇陵所在地皆是依照自汉代起便盛行于世的"五音相墓法"来选择的。宋代大儒朱熹对于堪舆也有涉猎，他进行过堪舆实践，并曾向宋光宗上奏，就皇室选择葬地的问题表达过自己的见解。朱熹主张通过观察地形地貌，将宋孝宗遗体另择吉地改葬。同时朱熹从格物致知的角度出发，认为对于儒者而言，堪舆这样的地理学知识可以作为一种技艺来学习，堪舆和儒学并不相互排斥。朱熹及其门下弟子将堪舆的整套理论纳入儒家伦理的框架内，强调堪舆与孝道的关系，将当时流传的堪舆理论用儒家义理加以梳理和解读，使堪舆理论"不悖于道"③，朱熹等理学家对待堪舆的包容态度在《发微论》这部著作中有所体现。④

堪舆文化发展史上举足轻重的派别分化也在唐宋时期。此时，堪舆文化分为"形势派"和"理气派"两个流派，二者在理论、实践方法和用途上都有区别，同时它们之间也有联系，并非截然分立。

"形势派"的代表人物是唐代的堪舆名家杨筠松，后世的堪舆师普遍认为杨筠松是形势派的创始人，据传《疑龙经》《撼龙经》《葬法倒杖》是他的著作，但这种说法并不见于史传。四库馆臣等学者经过研究认为以上著作只是假托杨筠松之名。⑤"形势派"最先是在江西产生并传播，于是又名"江西派"。

---

① 旧题郭璞：《葬经》，《四库提要著录丛书·子部术数类021》，北京：北京出版社，2010年版，第82页。
② 参见何晓昕、罗隽：《风水史》，上海：上海文艺出版社，1995年版，第110页。
③ 永瑢等：《四库全书总目》，北京：中华书局，1965年版，第923页。
④ 参见肖美丰：《朱熹风水堪舆说初探》，《齐鲁学刊》，2010 (4)，第22—25页。
⑤ 参见永瑢等：《四库全书总目》，北京：中华书局，1965年版，第921页。

"形势派"的堪舆理论承自汉代著作《宫宅地形》，强调由勘察自然环境的地理形势入手，进行环境选择，探讨诸如"龙""砂""水""穴"等环境因素之间的配合。这一派的堪舆师对各类地形进行过比较详细的描绘和分类，比如《撼龙经》中就依据山脉，也就是"龙"的形状，结合中国古代天文学知识，将其分为"贪狼""巨门""禄存"等九种[①]，分类的目的在于方便甄别地形地势，选择出五大因素配合精当的适宜环境。

在"理气派"方面，后世堪舆师则推崇赖文俊为流派开创者，据传《催官篇》的作者就是赖文俊。但他的生平事迹在史书中少有记载，具体的著作情况也难以考证，所以《催官篇》也很有可能是后人托名的著作。[②] 这一派最先于福建地区流传，所以又名"福建派"。"理气派"的堪舆理论与汉代《堪舆金匮》有传承关系。与"形势派"相同的是"理气派"理论也依托于中国古代哲学中的"气论"，即认为天地万物都是由气生成的。不同的是，"形势派"认为气随着土地而运行，大地上气的动势表现为地势起伏，根据地形可以判断某地气的好坏；而"理气派"则重视方位理气，即认为不同方位的气有好坏之分，于是利用五行八卦等学说精细地分出不同的方向，再借助罗盘寻找环境中气比较好的方向。

通过对比我们能够发现，这两派堪舆目的一致，都是为人们营造良好的生存环境，只是二者的实践方法和适用范围不同。"形势派"堪舆更适合应用在自然环境当中，而"理气派"则更适合用于室内方位布置。除此而外"形势派"堪舆理论的神秘化色彩更少，"少有无稽拘忌，因而其学较盛"[③]，也更加贴近自然，更能凸显堪舆文化早期的朴素形态，包含了中国传统的地理学知识，更讲究人融入自然整体与之和谐相处的理念，也更有助于今人从堪舆文化中发掘当代价值。

4. 明清：兴盛时期

堪舆文化经过元代短暂的低潮期，到了明清迎来了又一个兴盛期。明清时期人们对于堪舆的追捧较之唐宋时期有增无减，从统治阶层到平民百姓，堪舆

---

① 参见旧题杨筠松：《撼龙经》，见《诸子集成续编十五》，成都：四川人民出版社，1998年版，第729页。
② 参见余嘉锡：《四库提要辩证》，北京：中华书局，1980年版，第736页。
③ 傅洪光：《中国风水史》，北京：九州出版社，2013年版，第62页。

文化贯穿他们的日常生活，统治阶层更是将堪舆实践推行到营建都城、皇陵等重要城市和建筑的过程中。比如朱元璋最初定都南京，就是利用南京"虎踞龙盘"的良好堪舆环境，对南京城进行规划建设；北京紫禁城的格局也是运用堪舆术的典范；明代十三陵的选址与营建同样是堪舆实践的成果。

另外，这一时期学者们注重在类书、丛书的编纂过程中搜集整理前代堪舆典籍，并对许多前代典籍重新进行了阐释。清康熙年间编纂的大型类书《古今图书集成》，在《博物汇编·艺术典·堪舆部》收录了22部堪舆典籍，包括《黄帝宅经》《元女青囊海角经》《青乌先生葬经》《管氏地理指蒙》、古本《葬经》《青囊奥旨》《十二杖法》《博山篇》《十六葬法》《至宝经》《神宝经》《天宝经》《乘生秘宝经》《璚林国宝经》《五星捉脉正变明图》《金刚钻本形法葬图诀》《堪舆漫典》《总索》《堪舆杂著》《葬经翼》《水龙经》《阳宅十书》等。① 清乾隆年间编纂的大型丛书《四库全书》，在《子部·术数类》中也收录了《宅经》《葬书》《撼龙经》《疑龙经》《葬法倒杖》《青囊奥语》《青囊序》《天玉经》《灵城精义》《催官篇》《发微论》共11部堪舆典籍，《四库全书总目》中还对这些典籍的作者和流传情况逐一进行了记述。② 这一时期还出现了一些整合前人堪舆理论，将堪舆实践经验和理论相结合，对理论进行详细阐释的著作，比如明代徐善继、徐善述兄弟编著的《地理人子须知》、明代谢廷柱的《堪舆管见》、清代丁芮朴的《风水祛惑》等。

堪舆文化在这一时期十分兴盛，其负面影响也十分突出，那就是堪舆的神秘化色彩愈加浓厚，到了晚清时期已经严重阻碍了社会发展。比如传教士何天爵（Chester Holcombe）就曾在《真正的中国佬》（The Real Chinaman）中记录了当时清廷为同治皇帝迁陵的事件，此事引发朝堂热议，持不同意见者僵持了大半年依旧商讨不出结论，而迁陵过程中劳民伤财无数。何天爵认为同治帝在位期间无所作为，朝野上下为了这样一位皇帝如此隆重地迁葬实在让人费解。③ 伴随着西学东渐的进程，这样的不良倾向引发了诸多学者的批判，当时的许多先进知识分子将堪舆文化斥为彻底的迷信。这种评价方式延续了近一个

---

① 参见陈梦雷：《古今图书集成》，蒋廷锡校订，成都：巴蜀书社、北京：中华书局，1985年，第57918—58231页。

② 参见永瑢等：《四库全书总目》，北京：中华书局，1965年版，第921—923页。

③ 参见何天爵：《真正的中国佬》，鞠方安译，北京：光明日报出版社，1998年版，第109页。

世纪，直至 20 世纪 80 年代，中国学者才开始重新发现堪舆文化中的积极成分。

二、本书的研究对象

本书以堪舆理论著作中呈现出的堪舆文化概况为研究对象，相对侧重于"形势派"的堪舆理论，对堪舆符号的意义及堪舆理论中蕴含的生态价值进行探究。

堪舆理论著作的整体状况比较复杂。古代堪舆文化的发展过程十分漫长，其间陆陆续续产生了数量庞大的各类堪舆理论著作，为日常生活中的各类堪舆实践行为提供了理论支撑，也逐渐衍生出多种堪舆术法。堪舆文化在中国民间流传甚广，大多数堪舆理论著作也出自民间堪舆师之手，他们往往在正史中不被记载，身份模糊，生平经历难以考证。同时，堪舆著作假托先代知名人士为作者的现象也十分普遍，这就导致现代研究者难以研判这些堪舆理论著作的原始作者。

另外由于堪舆有门派之别，除了从宏观角度可以分为形势、理气两派，实际上具体的流派区分情况非常复杂。流派之内重视师徒传承，许多理论和术法仅在师徒之间私相授受，秘不外传，因此除了史籍、类书中有记载的理论著作，尚有一部分著作是现代研究者难以接触到的。即便是被记入史籍的著作也时常会在流传过程中出现讹变、佚失等情况，再加上堪舆在民间流传过程中神秘色彩逐渐强化，这些因素共同导致堪舆著作整体呈现驳杂的状态。一些著作早已佚失，仅通过他人引述而保存下只言片语，部分存留下来得以传世的著作则版本众多，内容难以统一，另有相当一部分著作理论烦琐、神秘化色彩较浓。这种现象也影响到现代的堪舆类书籍。现今市面上流行的许多所谓的堪舆类书籍，过分偏重实践，仅谈堪舆术而忽视理论基础，或是对流传下来的堪舆理论不加甄别，因此这类现代书籍不具有参考研究价值。

在传世的堪舆理论著作中，本书选取《葬书》《宅经》《撼龙经》《管氏地理指蒙》《发微论》《雪心赋正解》《葬经翼》《地理人子须知》作为主要文献依托。这 8 种文献都是堪舆发展史上的经典。

首先是《葬书》，它被认为是"形势派"堪舆的理论基础，历代堪舆师将其奉为圭臬，并在它的理论基础上进行了诸多阐发。《葬书》的作者署名为晋代堪舆大家郭璞，后世学者经过考证认为它应该是后人假托郭璞之名所作。清代四库馆臣编纂《四库全书》时，便对《葬书》的作者提出过质疑，《四库全书总目》中提到"旧本题晋郭璞撰。璞有《尔雅注》，已著录。葬地之说，莫知其所自来"；"考璞本传，载璞从河东郭公受《青囊中书》九卷，遂洞天文五行卜筮之术。璞门人赵载尝窃《青囊书》为火所焚，不言其尝著《葬书》"[1]，也就是说，四库馆臣通过对比《晋书·郭璞传》的相关内容，发现其中并没有提到郭璞著有《葬书》一书，《晋书》是距离郭璞生活时代最近的权威史书，既然其中对《葬书》没有记载，那么这部著作的作者是否为郭璞自然是值得怀疑的。四库馆臣还查证了后世的历史文献，"《唐志》有《葬书地脉经》一卷，《葬书五阴》一卷，又不言为璞所作。惟《宋志》载有璞《葬书》一卷，是其书自宋始出，其后方技之家，竞相粉饰，遂有二十篇之多"[2]。《旧唐书》和《新唐书》当中也没有关于郭璞写作《葬书》的记载，直到《宋史·艺文志》中出现了署名为郭璞的《葬书》一卷，由此四库馆臣推测《葬书》应该成书于宋代，假托晋代郭璞为作者。对于《葬书》真正的成书时代，何晓昕、袁津琥、余格格等学者都进行过考证研究，何晓昕推测《葬书》可能成书于南北朝或唐代[3]，袁津琥提出《葬书》的成书时间应该在晚唐末年或北宋初年[4]，余格格认为《葬书》成书的时间最迟应该在南宋绍兴年间（1131—1162）之前，最早应该在北宋嘉祐元年（1056）之后[5]。

《葬书》的传世版本较多，不同版本在内容上有所差异，本书参照《四库提要著录丛书》中收录的《葬书》内容，它的底本是明代抄本《宅葬书十一种》。通过《四库全书总目》对葬书的提要可知，通行版本的《葬书》在宋代"竞相粉饰"衍生出多达二十篇内容的基础上，经过宋人蔡元定的删减，留存了八篇内容，元代人吴澄在此基础上对《葬书》进行了重新整理，将其中理论简要精当的部分定为内篇，精华与粗陋的内容驳杂、各占一半的部分定为外篇，粗陋应当排除的部分定为杂篇，经过删减整理后的《葬书》呈现出内、

---

[1] 永瑢等：《四库全书总目》，北京：中华书局，1965年版，第921页。
[2] 永瑢等：《四库全书总目》，北京：中华书局，1965年版，第921页。
[3] 参见何晓昕：《风水探源》，南京：东南大学出版社，1990年版，第34页。
[4] 参见袁津琥：《试论〈葬书〉的作者及其成书的年代》，《中国俗文化研究》，2013（8），第50—59页。
[5] 参见余格格：《宋代风水文献研究》，浙江大学博士学位论文，2016年，第20页、第75页。

外、杂三篇的样式，这也是目前流传非常广泛的一个版本。上文提到，《葬书》中对"风水"一词提出了比较经典的解释，这也是堪舆的一种经典定义，除此之外，《葬书》中还提出了"生气论""遗体受荫""四灵模式""五不可葬"等经典的"形势派"堪舆理论。

《葬书》顾名思义，主要内容是选择逝者墓葬位置的堪舆理论，与之相对的选择生者住宅位置的经典理论著作是《宅经》。学者范春义指出《宅经》和《葬书》在堪舆理论文献中"具有坐标原点性质"[1]，清代四库馆臣对《宅经》也有比较高的评价，认为它"在术数之中犹最为近古者矣"[2]。"宅经"原本是一类堪舆著作的统称，这类著作专门讨论人、住宅和周遭自然环境之间的关系，史籍中记载的"宅经"种类众多，比如《黄帝宅经》《文王宅经》《玄女宅经》《三元宅经》《五兆宅经》《八卦宅经》等。《黄帝宅经》是其中流传最为广泛的一种，随着历史发展，"宅经"逐渐不再指一个类目，而只指《黄帝宅经》。《宅经》的作者相传为黄帝，这也是后人假托而来的，与《葬书》的情况类似。《四库全书总目》通过对比《汉书·艺文志》《隋书·经籍志》和《旧唐书·经籍志》中的记载，指出《宅经》也是托名前人的著作，又通过对文献内容的考察，发现其中提到了李淳风、吕才等唐代人名；在清代学者考证基础上，学者王玉德、王锐认为《宅经》应该在唐代时已经盛行于民间。

《宅经》与理气派堪舆的理论路线相一致，以天人合一的思想论述了相宅的重要性，并认为住宅和人一样具有生命，"按二十四路述说阴阳之理"[3]，划分住宅的阴阳性，讨论住宅与人之间的匹配关系。本书参照王玉德、王锐编著，中华书局2011年出版的《宅经》，这一版本以《古今图书集成》中收录的《宅经》为底本。

《撼龙经》也是"形势派"堪舆的重要理论著作，它的作者题名为唐代人杨筠松，常与另一部同样题名为杨筠松的形势派理论著作《疑龙经》并列。清代四库馆臣认为这两部著作都是后人假托，因为在正史中找不到相关的记载。南宋陈振孙编撰的《直斋书录解题》中虽然提到了杨筠松的名字，但《撼龙

---

[1] 范春义：《关于文献、逻辑推理以及指导思想诸问题的商榷——评李定信〈四库全书堪舆类典籍研究〉》，《文艺研究》，2009（10），第151页。
[2] 永瑢等：《四库全书总目》，北京：中华书局，1965年版，第921页。
[3] 王玉德、王锐：《宅经》，北京：中华书局，2011年版，第5页。

经》《疑龙经》和其他5种堪舆文献的作者被记载为无名氏①，《宋史·艺文志》中也只记载了"杨救贫"（相传杨筠松被后人称为"杨救贫"）著有《正龙子经》一卷，没有关于杨筠松写作《撼龙经》和《疑龙经》的直接证明②。余格格在《宋代风水文献研究》中指出，《撼龙经》的成书时间应该早于《葬经》，因为同为形势派堪舆典籍，《撼龙经》中没有出现关于"生气"的论述。③

《撼龙经》主要论述山川的脉络形势，将昆仑山作为所有山脉的"祖山"，并根据山脉形态以"贪狼、巨门、禄存、文曲"等"九星"对山脉进行分类。四库馆臣认为《撼龙经》"论山川之性情形势颇能得其要领"④，因此《撼龙经》广泛流传，被后世堪舆师群体所推崇。本书参照了1998年四川人民出版社出版的《诸子集成续编》中收录的文渊阁四库全书本《撼龙经》。

《管氏地理指蒙》也是一部假托古人的堪舆理论著作，托名作者为三国时期的术士管辂。关于这部著作的实际成书时间，李约瑟在《中国科学技术史》中，根据《管氏地理指蒙》中关于磁偏角的描述，推测应该在晚唐时期。⑤ 为《管氏地理指蒙》作点校的学者一苇也认为这部著作应该成书于晚唐。⑥《管氏地理指蒙》在内容上侧重于"形势派"堪舆的内容，对山川形势有所论述，同时结合五行理论、重视方向的选择，兼有"理气派"堪舆的内容，观点比较全面。学者一苇认为这部著作是"集管辂之后历代相地术大成之作"⑦。本书参照的是旧题管辂撰，一苇校点、齐鲁书社2015年出版的《管氏地理指蒙》，这一版本的底本是《古今图书集成》中收录的《管氏地理指蒙》。

《发微论》这部堪舆理论著作的作者历来有两种说法，一种说法是蔡元定，另一说法是蔡元定的父亲蔡发。《四库全书总目》中记载《发微论》的作者是蔡元定，但四库馆臣指出，明代著作《地理大全》中记载《发微论》为蔡牧堂

---

① 参见陈振孙：《直斋书录解题》，徐小蛮、顾美华点校，上海：上海古籍出版社，1987年版，第377—381页。
② 参见脱脱：《宋史》，北京：中华书局，2011年版，第5219—5264页。
③ 参见余格格：《宋代风水文献研究》，浙江大学博士学位论文，2016年，第100页。
④ 永瑢等：《四库全书总目》，北京：中华书局，1965年版，第921页。
⑤ 参见李约瑟：《中国科学技术史·第四卷》，陆学善、吴天、王冰译，北京：科学出版社、上海：上海古籍出版社，2003年版，第303页。
⑥ 参见旧题管辂：《管氏地理指蒙》，一苇校点，济南：齐鲁书社，2015年版，第240页。
⑦ 旧题管辂：《管氏地理指蒙》，一苇校点，济南：齐鲁书社，2015年版，第240页。

撰写，蔡发晚年号"牧堂老人"，所以很可能蔡发才是《发微论》的作者，然而由于四库馆臣查对了当时流行的《发微论》版本，发现题名为蔡元定的比较多，所以依旧沿用了这些记录。学者杨世文[①]、余格格[②]也都认为《发微论》的作者是蔡发。《发微论》论述了山川形势，地道刚柔、动静、强弱、聚散、向背、顺逆、微著、分合等问题，强调事物的二元对立，有比较鲜明的辩证思想。除此之外，《发微论》体现出作者深厚的理学修养，该书将儒家义理融合进堪舆理论，主要引述《葬书》中的观点与义理相结合。本书参照1998年四川人民出版社出版的《诸子集成续编》中收录的文渊阁四库全书本《发微论》。

《雪心赋》的作者是唐代堪舆学者卜应天，这部著作也是"形势派"堪舆的重要理论文献，它以赋这种文体来论述堪舆理论，本书主要引述《雪心赋》中的两点理论。一是由龙、穴、砂、水组合成的堪舆环境中的"情意"之说，《雪心赋》主张将人的情意赋予山川，以山的形态判断其中包含的情意，主张环境中的低山对主要的高山有服从的情态，组成堪舆环境的山之间具有团结的情态。二是"穴"的形态与女性生殖崇拜相关的观点。

清代人孟浩对《雪心赋》做了详细的注解，写成了《雪心赋正解》，学者踪凡、郭英德认为孟浩的注解透彻且实用。《雪心赋正解》在清代流传很广，也是《雪心赋》的经典注本，孟浩在注解原文的同时也阐述了自己的堪舆理论观点，并配上插图，使理论阐述更加直观。本书参照踪凡、郭英德主编，国家图书馆出版社2017年出版的《历代赋学文献辑刊》中收录的《雪心赋正解》版本，底本是清代经纶堂刻本。

《葬经翼》的作者是明代学者缪希雍，这部著作属于形势派堪舆理论文献，在该书自序中，缪希雍认为《葬书》虽然文辞简约但含义丰富，有感于自己所处的时代民间"盲师横议，正义滋隐，崇饰方位，杂以天星，非分推求，妄加拘忌"[③]的情况，于是决定写作《葬经翼》来探求《葬书》的真正含义，为后人提供学习《葬书》的资料。本书主要引述了《葬经翼》中山脉生气与生态环境相关的观点，参照了中华书局1991年出版《丛书集成初编》收录的《葬经翼》版本。

---

① 参见杨世文：《关于〈发微论〉的作者》，《文献》，1996（4），第139页。
② 参见余格格：《宋代风水文献研究》，浙江大学博士学位论文，2016年，第52页。
③ 缪希雍：《葬经翼》，见佚名：《丛书集成初编》，北京：中华书局，1936年版，第6页。

导 论

《地理人子须知》的作者是明代的徐善继、徐善述兄弟二人,这部著作是一部汇总性的文献,两位作者对明代之前的 102 部堪舆理论著作进行了分析和汇总,重点关注这些著作中与选择墓葬环境有关的理论,将这些理论综合分析并进行了折中。作者在该书自序中提到,当时民间社会的堪舆文化发展状态比较纷乱,堪舆师虽然不少,但堪舆理论大多在师徒间私相授受,导致不同门派之间"矛盾冰炭,言天星者黜峦头,言形势者辟方位,穿凿附会之说,与诋毁聚讼之谈,纷然莫可究诘"[①],同时作者认为给过世的父母选择葬地是为人子女出于孝道应尽的义务,当时堪舆的纷乱状况不利于百姓践行孝道,于是编写了这部著作,兼论"形势派"和"理气派"的风水理论,通过章节划分,将不同派别理论分开论述,语言平实易懂。另外徐氏兄弟有着丰富的堪舆实践经验,曾游历山川三十多年,他们结合自身的实践经验,以具体堪舆环境的案例来阐释堪舆理论。《地理人子须知》全书共配有一千多幅堪舆环境插图,十分直观。本书参照 2012 年华龄出版社出版,由郑同点校的《绘图地理人子须知》,这一版本以明代《重刊人子须知资孝地理心学统宗》为底本。

堪舆理论是堪舆文化的重要组成部分,众多堪舆理论著作是堪舆文化的基石,以上列出的 8 种文献,都是传世的堪舆文献中理论比较畅达简明,没有过多神秘化色彩,流传广泛,能够比较客观地展现不同历史时期堪舆理论发展状态的著作。许多前辈学者已经注意到它们的重要意义,并对它们进行了辑录、提要、注解、版本考证等相关研究。对以上 8 种文献中的堪舆理论进行统观,可以帮助研究者对堪舆文化形成直观的、实在的认识,也能够接近堪舆文化并探索它独特话语模式中的意义问题,本书即以它们为文献依托,选取上述 8 种文献的权威版本作为参照,将堪舆理论著作作为认识堪舆文化的阶梯,对以上堪舆文献中展现出的堪舆文化概貌进行研究,并发掘堪舆理论中的生态价值。

---

① 徐善继、徐善述:《绘图地理人子须知》,郑同点校,北京:华龄出版社,2012 年版,第 6 页。

第三节　堪舆的研究现状

一、对堪舆的反对意见

　　堪舆文化在发展历程中，有诸多学者的研究为其添砖加瓦，完成了堪舆内部的理论构建，留下了大量堪舆理论文献，上文已经对它们进行了梳理。同时也有学者质疑或批判堪舆，对堪舆的反对声音始终与堪舆理论的发展相伴，梳理这些学者的意见可以为现代研究者提供另外一种看待堪舆的视角，促使研究更加客观。

　　汉代哲学家王充在著作《论衡》中，对汉代社会流行的堪舆禁忌之说进行了批驳。王充在《四讳篇》中主要批驳了当时不可"西益宅"这项堪舆禁忌，在《诘术篇》中则批驳了当时流行的"五音相宅术"。唐代思想家吕才著有《叙葬书》《叙禄命》等文章，对五音相宅、相墓的术法和《葬书》进行批驳。南宋目录学家、藏书家晁公武认为堪舆之学不可完全相信，他以郭璞的生平经历为例，史书中记载了郭璞为自己的母亲选择适宜葬地的事迹，按堪舆的理论来说，父母葬地优良可以对后代形成庇护，但郭璞最终被王导所杀，晁公武认为郭璞自己尚且是这样的遭遇，何况是后世遵照他学问的人呢？晁公武通过这句反问表达了自己对堪舆的质疑。这些批判性的论述，一方面显示了当时社会堪舆文化的具体表现形态，另一方面也促使研究者们更加辩证地看待堪舆文化。

　　鸦片战争之后，许多思想先进的学者开始反思中国传统文化中的一些积弊，当时的学者们对于堪舆的研究以批判为主，他们认为当时民间盛行的堪舆文化神秘色彩浓厚，严重阻碍了中国的现代化进程。洋务派学者郑观应曾撰写《堪舆吉凶论》一文来劝导民众注重德行，而非一味依赖"好风水"获得好运，他的著作《盛世危言》也对堪舆有所指摘："一由谬谈风水者妄言休咎，指为不便于民，以耸众听，于是因循推诿，动多掣肘，而有志于开矿者不禁废然返矣。"① 当时许多铁路建设和开矿工程因为民间的堪舆禁忌而无法正常开展，

---

① 郑观应：《郑观应集》（上），夏东元编，上海：上海人民版社，1982年版，第712页。

郑观应以日本和欧洲并不讲究堪舆禁忌却依旧国富民强为论据，驳斥守旧人士的观念。

20世纪初，一位笔名为"咄咄"的作者在《安徽俗话报》上发表文章《风水的迷信》，文章分为上下两篇，上篇针对当时社会上为寻求"好风水"而产生的丧葬陋习，和为保护本村本家的"风水"妨碍开矿的不良风气进行批驳。作者认为开矿能给一个地区带来经济和文化发展，风水的禁锢则是导致地区贫弱的原因，下篇中作者用近代西方的科学理论来反驳堪舆的理论基础，针对"形势派"的理论，作者利用地理学知识，指出龙、穴、砂、水等"根据地质学的实理考较起来，概不足信"[1]，山脉是地质变迁形成的，并没有有气无气、干龙支龙的分别。针对"理气派"理论，作者指出所谓四方、五行、五星、八卦、九宫等概念并不是为风水专门设置的，所谓五行是古人辨认出的五颗行星，为了方便记忆才用五行来称呼它们，行星之间完全不存在相生相克的道理。"咄咄"的这篇文章"是晚清唯一能以近代科学知识来分析、批判风水的杰作"[2]，跳出了前辈学者利用传统义理、道德驳斥堪舆的思维定式。

当时同类的论辩文章还有留日学生陈槐的《续无鬼论》，这篇文章也利用西方近代科学来论证堪舆的不合理性。[3] 五四新文化运动时期，陈独秀对于堪舆文化也进行过猛烈的批判，在《敬告青年》一文中他指出："士不知科学，故袭阴阳家符瑞五行之说，惑世诬民；地气风水之谈，乞灵枯骨……凡此无常识之思维，无理由之信仰，欲根治之，厥维科学。"[4] 陈独秀认识到经历漫长发展的堪舆文化，其核心的学理与阴阳五行和宋明理学是一致的，在《恶俗篇》中他将堪舆和儒学共同斥为迷信。

这类质疑和批判堪舆的著作主要针对堪舆引发的社会陋习展开，而这些社会陋习是由某些历史时期堪舆神秘色彩加重，或民众过分依赖堪舆改变个人和家族命运而造成的。这些著作能够反映出当时堪舆文化的发展状况和普通民众对于堪舆的态度，著作中对堪舆理论的驳斥也能启发研究者更全面客观地看待

---

[1] 咄咄：《恶俗篇第六篇：风水的迷信 下》，《安徽俗话报》，1905（21/22），第1—7页。
[2] 郭双林：《论晚清思想界对风水的批判》，《史学月刊》，1994（3），第49页。
[3] 参见张洪彬：《巫术、宗教与科学：重思晚清的风水批判》，《天津社会科学》，2015（4），第159页。
[4] 陈独秀：《陈独秀文章选编》，北京：读书·生活·新知三联书店，1984年版，第78页。

堪舆文化。晚清时期大规模的西学东渐，许多进步学者以西方科学理论衡量堪舆文化，这种思维无疑也影响到之后的众多研究者。堪舆究竟科学与否之所以能成为被争论一个世纪的话题，与这样的研究思维有很大关系。

二、历史文化和人类学研究

最早从历史文化和人类学角度对堪舆进行研究的是西方来华的传教士，最初，中国的堪舆文化对于他们而言是完全陌生、难以理解的。

比如意大利传教士利玛窦（Matteo Ricci）曾于明代万历年间在华生活与传教，他过世后比利时耶稣会士金尼阁（Nicolas Trigault）将利玛窦的日记整理为《利玛窦中国札记》（The China That Was）一书，书中这样描写中国民众借助堪舆择地的现象："在选择修建公共建筑或私宅的地点以及埋葬死人的地点时，他们是按照据说地下的特殊龙头或龙尾或龙爪来研究地址的，他们相信不仅本家而且全城、全省和全国的运道好坏全要看这些地域性的龙而定……这些地师根据山水田地的相对位置而算定一块地的气运和吉凶，而他们的卜算和观星家的占象是同样骗人的。"[①] 由此可见利玛窦认为堪舆同占卜、算命等都属于迷信，是荒唐而且无用的，将它与个人甚至整个家族的命运联系起来更是无稽之谈。

同样将堪舆视为迷信的还有清末来华的美国传教士、外交官何天爵，在著作《真正的中国佬》中，他将堪舆的含义总结为："具体的地方有其独特的神秘力量和影响，这种力量自古而然，人们如果对于周围环境进行修饰变动，就会破坏环境中的力量，产生不良影响。"[②] 他认为风水的禁忌和影响在当时已经对整个中国社会产生了极大的阻碍作用，甚至是在无形之中支配了整个中国社会老百姓的生活。

当然西方学者对堪舆的研究并未止步于此，曾在香港居住20余年的德国传教士欧理德在其专门论述堪舆文化的著作《风水：中国自然科学雏形》（Feng Shui: or, the Rudiments of Natural Science in China）中，提出了堪舆是中国自然科学雏形的观点。他认为虽然堪舆呈现为巫术形式，但实际上是

---

① 利玛窦、金尼阁：《利玛窦中国札记》，何高济、王遵仲、李申译，何兆武校，北京：中华书局，2010年版，第90页。
② 何天爵：《真正的中国佬》，鞠方安译，北京：光明日报出版社，1998年版，第107页。

中国式的自然科学，其中包含着中国人天人合一的自然观。作者还总结了堪舆理论的四大基本点，分别是气(Hi)、理(Li)、数(So)、形(Ying)，气是"自然的气息"（the breath of nature），理是"自然的秩序"（the order of nature），数是"自然的数学比例"（the mathematical proportion of nature），形则是"自然的外形"（the phenomena of nature, outward forma of appearance）①。

英国传教士、汉学家艾约瑟（Joseph Edkins）于1848年来华，在华传教共57年时间，在中西科技交流、引进西方经济学思想、汉语言研究和促进女子教育等方面都有贡献。艾约瑟曾在美国教会在华出版的英文刊物《教务杂志》（*The Chinese Recorder and Missionary Journal*）上发表过堪舆研究的论文《风水》("Feng Shui")，这篇论文于1872年分为三期刊发，每期刊发论文的一部分，分别是《风水：中国人的风水迷信》("Feng Shui: The Wind and Water Superstition of the Chinese")、《论中国地卜术，即风水》("On the Chinese Geomancy, Known as Feng-Shui")和《风水末章》("Feng Shui: Third and Last Paper")，从解释堪舆术语入手，讨论了堪舆文化与西方文化、儒教、道教的关系，其中作者将堪舆（Feng Shui）与西方传统的"地卜术"（Geomancy）进行对译，"使西方读者能够从自身知识基础出发更好地理解中国堪舆文化"②。

据统计，《教务杂志》上共刊载过16篇关于堪舆的文章，分别出自15位作者③，除了艾约瑟，美国传教士晏马太（Matthew Tyson Yates）和博晨光（Lucius Chapin Porter）都曾在《教务杂志》撰文对风水堪舆进行了"具有代表性的专题研究"。晏马太重点研究了堪舆与中国祖先崇拜之间的关系，博晨光则对堪舆进行了整体分析，他认为堪舆是整合了宗教、方术、哲学和科学的奇妙组合，道德因素和敬畏自然的态度是堪舆中唯一的积极因素。

在解析堪舆文化的同时，艾约瑟也是晚清时期对堪舆提出批判的代表人物，1872年8月艾约瑟与美国传教士丁韪良（William Martin）等人创办杂志

---

① 参见 Ernest John Eitel, *Feng Shui: or, the Rudiments of Natural Science in China*. Hong Kong: Lane Crawford & Co, 1878, pp.1—8.
② 薛维华：《边缘风景：〈教务杂志〉与传教士汉学知识传播》，北京外国语大学博士学位论文，2015年，第101页。
③ 转引自薛维华：《边缘风景：〈教务杂志〉与传教士汉学知识传播》，北京外国语大学博士学位论文，2015年，第97页；原数据出自 Kathleen Lodwick, *Chinese Recorder Index*, Scholarly Resource Inc: Wilmington Delaware, 1986, p.787.

《中西闻见录》(*The Peking Magazine*)，1875 年第 36 期刊载了艾约瑟的文章《风水辟谬：略论四端》，其中对中国的堪舆理论，主要是阴宅堪舆进行了比较系统的批判。文章分为四部分，分别从对罗经、风、水、龙四个概念的辨析入手，批判堪舆文化中将地理环境因素与人的吉凶祸福相关联的思维。1878 年这篇文章又刊载在由美国传教士林乐知（Young John Allen）主办的中文刊物《万国公报》（原名《教会新报》）第 515 期上。时值晚清洋务运动，许多中国学者和来华传教士对于当时神秘化气氛浓厚、严重阻碍工业化进程的民间堪舆禁忌进行过批判。《万国公报》在 1875 年 4 月到 1883 年 5 月共刊载过 16 篇批判堪舆的文章[①]，除艾约瑟的文章之外，还包括赘翁的文章《为世人惑于风水说》、志道老人的《论禁看风水》、花之安的《自西徂东（礼第九）：辩论风水》，等等。

来华传教士对堪舆文化的研究显然经历了由浅入深的过程，在长时间的文化融合交流中，传教士逐渐开始关注堪舆文化，搜集相关资料，从西方科学角度出发审视堪舆文化并尝试理解它，从中发掘出了中国人的祖先崇拜信仰和独特的自然观，其中欧理德和艾约瑟的研究比较系统。来华传教士对于堪舆文化的关注和研究，某种程度上为 20 世纪社会学家和人类学家的研究打下了基础。

荷兰汉学家、人类学家高延在著作《中国宗教体系——其古代形式、变迁、历史、现状及与之相关的风俗、传统、社会制度》(*The Religious System of China-Its Ancient Forms, Evolution, History and Present Aspect Manners, Customs and Social Institutions Connect Therewith*) 第三卷"墓葬"(Tombs) 部分中，将堪舆总结为一种"准科学"和"实践艺术"，它的作用在于"指导人们在何处修建、如何修建墓葬、寺庙和住宅，从而使逝者、神灵和生人都尽可能地处于自然界良好、吉利的影响之下"[②]，高延认为堪舆文化背景下，人们对于自然保持了一种敬畏之情，而对自然力量的敬畏是古老宗教体系的基础，由此可知堪舆的历史十分久远。当时的中国人之所以通过堪舆选择适合的下葬地点，与他们秉持的孝道是密不可分的。墓葬的选址体现了孝道，也正是这种内在联系，使堪舆这种文化在他进行考察的 19 世纪末期，基本统

[①] 参见郭双林：《论晚清思想界对风水的批判》，《史学月刊》，1994 (3)，第 44 页。

[②] J. J. M. de Groot, *The Religious System of China*, Volume III, Taipei: SMC PUBLISHING INC, 1982, p. 935.

治了当时的中国社会。同时高延也认同艾约瑟和欧理德对于堪舆文化考察的成果，三人的成果在核心内容上是互通的。

英国人类学家詹姆斯·乔治·弗雷泽在著作《金枝：巫术与宗教之研究》中提到"中国人相信一个城市的命运深受该城廓形状的影响，他们必须根据与该城市形状非常相似的那种东西的特点对城廓加以适当的改造"[1]。弗雷泽将堪舆归类为"交感巫术"中的"顺势或模拟巫术"，并认为巫术对于掌握者而言始终是一种技艺而无法上升到理论层面。弗雷泽对于堪舆的看法与马克斯·韦伯对中国科学技术巫术化倾向的总结有共通之处，也为思考明清时期堪舆文化神秘倾向愈发浓重的现象提供了一条路径。

德国社会学家马克斯·韦伯（Max Weber）在《儒教与道教》（*Konfuzianismus und Taoismus*）中指出中国"自古以来的各种经验知识与技能的任何种类的理性化，均朝着巫术的世界图像这一方向运动"[2]，在这样的社会文化环境之下，堪舆成为"一种上层建筑的巫术性的'理性'的科学"[3]，虽然是中国古代地学知识的经验性总结，但也仅能提供实践技术指导，无法上升到科学理论层面。

英国人类学家莫里斯·弗里德曼（Maurice Freedman）在《中国东南的宗族组织》（*Lineage Organization in Southeastern China*）"仪式的分化"一章中分析了堪舆与中国东南地区宗族组织之间的关系。堪舆与祖先崇拜有着密切的关系，尤其是堪舆当中阴宅风水"子孙蒙荫"的思维促使宗族当中有权力有地位的家庭，通过为去世的祖先选择风水好的安葬之地，"保证赋予死者的后代以恩惠"[4]。作为丧葬仪式的重要部分，堪舆助推了宗族组织中的阶级分化，也成了维系家族社会地位的重要手段。

英国科技史专家李约瑟在他的巨著《中国科学技术史》（*Science and Civilization in China*）中的"科学思想史"部分"伪科学与怀疑主义"这一章，单列一节讨论了堪舆的相关问题。李约瑟把堪舆与干支推命、占星、拆字

---

[1] 詹姆斯·乔治·弗雷泽：《金枝：巫术与宗教之研究》，徐育新、汪培基、张泽石译，北京：大众文艺出版社，1998年版，第56页。
[2] 马克斯·韦伯：《儒教与道教》，洪天富译，南京：江苏人民出版社，2003年版，第158页。
[3] 马克斯·韦伯：《儒教与道教》，洪天富译，南京：江苏人民出版社，2003年版，第160页。
[4] 莫里斯·弗里德里曼：《中国东南的宗族组织》，刘晓春译，王铭铭校，上海：上海人民出版社，2000年版，第100页。

等都归入方术范畴，并简要地梳理了风水发展的历史进程。但他将注意力更多地放到了堪舆罗盘与指南针发展的关系上，也涉及了堪舆的美学价值层面，通过分析中国传统建筑的曲线灵动之美，反映堪舆顺应自然而非束缚自然的价值取向，以及堪舆造就的审美体验与中国传统"天人合一"的自然观千丝万缕的联系。

西方社会学家与人类学家往往习惯于用西方科学标准衡量堪舆文化，认为堪舆偏重实践，依靠经验积累，最多只能算是"准科学"，高延、弗雷泽、马克斯·韦伯、李约瑟都持此类观点。而弗雷德曼关注的则是堪舆文化作为一种技术或是工具，在中国东南地区宗族发展历程中发挥的作用。弗里德曼对于堪舆文化的定位，影响了后来环境、建筑、规划等方面的堪舆研究。

除了西方国家学者之外，日本学者也针对堪舆文化进行了深入的研究。日本约从公元7世纪前后开始受到中国堪舆文化的影响，堪舆文化与日本本土文化有机结合，在日本社会焕发新的生机，日本历史上多次国都选址都运用了堪舆理论。日本使用的堪舆名词与中国本土不同，中国民众俗称的"阴宅风水"和"阳宅风水"，在日本被称为"墓相"和"家相"，日本人更注重"家相"，也就是借助堪舆进行住所选址和布置。

日本学者对于堪舆文化的研究主要集中在文化人类学方面。1931年日本学者村山智顺在研究报告《朝鲜的风水》中总结了朝鲜地区堪舆文化的基本形态，并论述了朝鲜的堪舆文化与日本堪舆文化之间根本性的区别。

第二次世界大战前后，日本学界对于堪舆文化的研究趋于停滞。20世纪60年代这项研究开始复兴，许多人类学者通过田野调查总结了民俗当中的堪舆文化因素。学者可儿弘明的《关于香港新界的村落》（1969）、仲松弥秀的《古层村冲绳民俗文化论》（1977）、岛尻胜太郎的《冲绳的风水思想》（1983）、赤田充男的《洗骨习俗与风水信仰：伊是名岛的墓葬制与祖先信仰》（1984）都属于此类研究。这一时期日本学者开始对西方学者研究堪舆文化的文献进行译介。宗教学家牧尾良海于1969年对上文提到的荷兰传教士高延的著作进行了翻译，这部译著对于日本学界影响重大，许多日本学者在此基础上开始借鉴西方学者的研究范式和研究成果。① 牧尾良海还著有《道教的风水思想》（1977）、《风水思想论考》（1994）等著作。

20世纪90年代日本的堪舆文化研究持续繁盛，人类学家渡边欣雄通过田野调查对中国本土的堪舆文化进行了深入研究，他的主要著作有《汉族的民俗宗教——社会人类学研究》（1998）、《东方社会之风水思想》（1999）。渡边认为自己对于堪舆文化的研究是一种针对"异文化"的研究，要打破不同文化之间的屏障。他提倡要从中国文化出发来解释堪舆文化，而非一味参照西方的科学知识，这个观点拓宽了中国学者和日本学者面对堪舆文化时的研究思路。渡边欣雄还提出了从"文本的风水"到"情境的风水"的转变，他在研究中注意到不同的文化情境下堪舆文化的具体表现形态有所不同，现代社会中的堪舆文化更多偏向于实践作用，甚至成为一种道具②，人类学对于堪舆的研究应该侧重于堪舆在不同文化情境下的实践表现。

中国学者在人类学领域对于堪舆的研究也有丰富的成果。人类学家林耀华的《金翼：中国家族制度的社会学研究》（简称《金翼》）是一部小说形式的社会学著作，其中描写了黄东林和张芬洲这对姻亲兄弟各自家族的兴衰史，他们的家族变迁正是从选择"风水宝地"营建住宅开始的。该书讨论了堪舆、德行与家族命运之间的关系，对于这个问题的讨论也延续到了《金翼》的学术性续作——学者庄孔韶的《银翅：中国的地方社会与文化变迁》当中。

台湾地区著名学者李亦园主张从中国文化的基本运作法则出发阐述堪舆这种民间文化。在文章《从民间文化看文化中国》中，他指出中国文化最基本的运作法则是均衡与和谐，也就是所谓的"致中和"。这种追求可以分为三个层次，分别是自然系统的和谐、有机体系统的和谐和人际关系的和谐，而自然系统的和谐又分为时间和谐和空间和谐两个方面，堪舆文化是"空间观念在民间信仰中最系统的表达"③、是"传统文化最基层的宇宙信念"④。

另外，在历史研究领域，中国学者也取得了一些成果，上文提到的对于堪

---

① 参见小林宏至：《日本人类学的风水研究》，张晶晶译，刘正爱校，《宗教人类学》，2013（1），第338页。
② 参见小林宏至：《日本人类学的风水研究》，张晶晶译，刘正爱校，《宗教人类学》，2013（1），第351—352页。
③ 李亦园：《李亦园自选集》，上海：上海教育出版社，2002年版，第231—232页。
④ 李亦园：《李亦园自选集》，上海：上海教育出版社，2002年版，第231—232页。

舆典籍的系列考古成果，帮助学者们还原了堪舆文化的早期形态。1957年著名考古学家宿白根据考古发现写出了著作《白沙宋墓》，借助堪舆理论对白沙宋墓的形制进行了深入的探讨。同类的研究成果还有学者关长龙的《敦煌本堪舆文书研究》、学者李零的《中国方术考》和《中国方术续考》、余欣博士的《神道人心——唐宋之际敦煌民生宗教社会史研究》、张齐明博士的《亦术亦俗——汉魏六朝风水信仰研究》，等等。

中国与日本人类学、历史学学者将堪舆视为一种民间文化形式，并对它在不同时期的具体表现、思想根源，以及它对于中国人思想的影响都进行了研究。这得益于中国和日本学者所具有的文化背景优势，他们比西方学者更能理解堪舆文化，对于堪舆的研究相对客观，也更加全面。

三、堪舆理论生态价值研究

19世纪来华的传教士们已经关注到了堪舆文化中包含着中国人独特的自然观，比如欧理德注意到中国人普遍认为来到中国的外国人并非完全不懂堪舆，理由是外国人选址修建的许多建筑意外地合乎"好风水"的要求，正是这种巧合促使他思考并发掘堪舆文化中包含的中国人对于自然环境的独特认知。前文提到的日本学者村山智顺在调查研究时注意到了中国与朝鲜堪舆文化当中隐含的自然观和地理观，并在报告《朝鲜的风水》中对其进行了描绘，还论述了以上观念与现代西方地理观的区别。[①]

20世纪60年代，对于堪舆理论中生态主义思想的研究在西方兴起。面对当时社会高速发展产生的诸多生态问题，西方学界普遍开始思考人类的现代化进程对自然生态和人自身的精神生态造成的伤害，生态主义思潮由此逐渐发展壮大。这一时期许多建筑学家发现了堪舆理论中包含的生态主义因素，并认为将堪舆引入建筑设计、环境构建将有助于改善当下的生态危机，如美国建筑学家凯文·林奇（Kevin Lynch）在《城市的印象》（*The Image of the City*）中提到堪舆文化对于中国人建立环境参照系的作用和堪舆文化平衡环境印象的生动性与实用性的示范效果。林奇认为环境印象的生动性和条理性是影响城市使

---

① 参见小林宏至：《日本人类学的风水研究》，张晶晶译，刘正爱校，《宗教人类学》，2013（1），第341页。

用和美观的决定性条件，人们需要的是有组织、有象征性的环境印象。堪舆文化不仅构建了中国人对于周围环境的参照系，而且是"一种景观作用的复杂经验"①。尽管林奇认为堪舆具有巫术性质，但它仍是值得专家们进行多种研究尝试的领域。

此类研究还有瑞典学者戈兰·艾吉莫（Göran Aijmer）在《论中国东南的堪舆》（*Being Caught by a Fishnet：On Feng Shui in Southeastern China*）中提出的中国堪舆择居理论是对社会和经济进行生态调整的媒介②这一观点。美国学者斯蒂芬·J. 本内特（Steven J Bennett）在文章《堪舆：一种中国的应用宇宙学》（"Patterns of the Sky and Earth：A Chinese Science of Applied Cosmology"）中指出堪舆文化中包含着一种与西方科学传统截然不同的自然理念，即中国人平等对待自然万物的思想，他认为与其把堪舆译为"相地术"（Geomancy），不如将其理解为一种涉及人与环境关系的哲学——"宇宙生态学"（Astro-ecology）。

韩裔学者尹弘基对堪舆理论中的生态主义思想有比较系统的论述，他在《论中国古代风水的起源和发展》一文中指出："中国风水是为寻找建筑物的吉祥地点的一种景观评价系统。这种古老的中国系统不应该归类于或者是科学的，或者是迷信的。因为它同时包含有这两个部分"③，并通过对黄土高原窑洞选址的实地调查，提出黄土高原很可能就是中国堪舆文化发源地的设想。在《堪舆中的自然意象》（"The Image of Nature in Geomancy"）一文中，尹弘基提出堪舆在东亚文化环境景观的演变中起到了决定性的作用，尤其是对于城市布局、村庄和坟墓选址而言，它是一门环境规划的艺术，在选择所谓"吉地"时具有非常复杂的评判标准，其中主要包含三种自然意象：拟人化、神秘化和脆弱性。这也是中国人对于自然生态的理解，这种理解促使中国人更加关注自然生态状况。在《环境决定论与堪舆：两种文化，两种概念》（"Environmental Determinism and Geomancy：Two Cultures, Two Concepts"）一文中，尹弘基对

---

① 凯文·林奇：《城市的印象》，项秉仁译，北京：中国建筑工业出版社，1990年版，第132页。
② 参见胡义成：《"乡愁"原型——中国人居理论研究》，北京：科学出版社，2017年版，第20页。
③ 尹弘基、沙露茵：《论中国古代风水的起源和发展》，《自然科学史研究》，1989（8—1），第84页。

东西方的环境决定论进行了比较,他认为,首先,东方的堪舆理论和西方的环境决定论都承认环境会对人类社会造成影响。二者之间的不同之处在于,环境决定论将人与自然环境看成是相互对立的存在,而堪舆将人和自然看作一个统一体,这反映出东西方文化对于自然的不同理解。另外,在《中国早期的动态环境循环思想》("An Early Chinese Idea of a Dynamic Environmental Cycle")一文中,尹弘基将《葬书》中阴阳二气化风化雨的过程总结为一个动态的环境循环过程,以此证明中国的环境循环思想是从堪舆实践中总结而来的。相比西方学者从满足环境和建筑设计的实践角度出发对堪舆生态价值的研究,尹弘基从堪舆文化的历史和堪舆理论入手,探究其中的生态思想,使研究更有深度也更加系统。

国内学界对于堪舆文化的研究在20世纪50年代后曾一度中断,80年代之后堪舆研究重新兴盛起来。最先同样是众多建筑学、地理学、环境设计领域的学者对堪舆理论中的生态因素和实践意义进行研究,并以此为基点探索堪舆文化的发展史、传播史等问题。

80年代末,由天津大学建筑系教授王其亨带领的"风水理论研究"课题组申请国家自然科学基金资助项目获批,项目研究成果集合成《风水理论研究》一书,于1992年出版。书中通过对古代先民选址、规划和建造居所、城池的史实性记载,与流传下来的堪舆理论和堪舆实践进行对比研究,指出堪舆文化是"审慎周密地考察自然环境,顺应自然,有节制地利用和改造自然,创造良好的居住环境而臻于天时、地利、人和诸吉咸备,达于天人合一的至善境界"[①]的一种追求。该书中共辑录了22篇论文,包括作者对堪舆名称的辨析、西方学者对堪舆研究的简介、堪舆中体现的生态思想、堪舆与城市景观设计、古建筑中体现的堪舆理论等,书中许多研究成果是拓荒性的,在学界具有非常重要的地位。

建筑学界、地理学界对于堪舆文化的研究成果还有于希贤《中国古代风水的理论与实践:对中国古代风水的再认识》《中国古代风水与建筑选址》等著作。于希贤把堪舆理论划分成三部分,一部分堪舆理论的内容与西方现代环境科学的观点相符合,一部分不相符,余下那一部分则与环境科学的体系截然不

---

① 王其亨:《风水理论研究》,天津:天津大学出版社,1992年版,第3页。

导 论

同，无法套用分析。刘沛林的著作《风水——中国人的环境观》以堪舆文化中反映的中国人对于自然环境的理解为基点，延伸开去分析了堪舆文化的发展和传播历程、哲学基础、操作方法、环境学解释等问题。何晓昕的著作《风水探源》将堪舆文化定义为人们对居住环境进行选择和处理的一种学问，并主要对它进行溯源研究。俞孔坚的著作《理想景观探源——风水的文化意义》探讨了堪舆文化"风水宝地"环境中，隐含的中国人理想的景观模式及其文化内涵。

此外，这一类研究还有台湾地区学者汉宝德的《风水与环境》、胡义成的《"乡愁"原型——中国人居理论研究》等。2006年，《中国国家地理》杂志制作了"风水"特辑，邀请众多学者对与堪舆相关的一系列问题进行了讨论，包括堪舆文化为何成为热点话题、民众应该对堪舆文化抱有怎样的态度、堪舆与地理学有什么关系、历史上被称为"风水宝地"的几座城市体现了怎样的堪舆理论，等等。这期特辑是对堪舆文化很有效的科普。以上这些研究成果都将堪舆定位为中国古人选择生活环境的学问，虽然这些研究对于堪舆文化发展史和堪舆理论的研究比较浅，但这些研究利用环境科学、生态学的理论对于堪舆实践形成的具体环境进行了详细解读，印证了堪舆理论的生态价值。

截至目前，建筑、环境设计和地理学领域对于堪舆文化的研究依旧兴盛，据中国知网搜索结果（2018年6月19日），以"堪舆地理"和"风水地理"进行主题搜索，共有84篇文献；以"堪舆建筑"和"风水建筑"进行主题搜索，共有369篇文献；以"堪舆环境"和"风水环境"进行主题搜索，共有303篇文献。

另外，也有从哲学和文学领域关注并研究堪舆理论中的生态思想等因素的学者，比如哲学领域有学者盖光的论文《中国古代风水理论的生态化与人居环境美》、王巧玲博士的论文《道教风水与美学》等。

在文学领域，许多学者关注堪舆文化在文学和影视作品中的表现，这方面主要的研究成果有：学者姚圣良的论文《汉人的风水观念与汉赋的文学表现》、学者陈旋波的论文《20世纪中国文学中的风水叙事》、学者刘卓的论文《对当代民间风水热的思辨——从〈白鹿原〉的"风水大战"说起》、学者陈爱敏的论文《生态批评视域中的美国华裔文学》、学者蔡霞、邓娜的论文《生态语境下〈喜福会〉的"环境文本"》、学者何立群、吴金平的论文《风水对小说〈喜福会〉创作的影响》、张辟辟博士的论文《宋前志怪小说与方术》、王华伟博士的论文《基于文学地理学的"风水空间"研究——以贾平凹小说为例》等。其中《生态批评视域中的美国华裔文学》《生态语境下〈喜福会〉的"环境文本"》《20世纪中国文学中的风水叙事》等研究关注到了文学文本中堪舆文化的表现与生态主义思想之间的联系。

第四节 本书的研究价值

20世纪中叶以来,全球范围内的工业现代化浪潮引发了大规模的自然生态和人类精神生态危机,生态环境问题逐渐成为全球化时代人类需要面对的严峻问题。这样的时代背景促使原本属于生物学领域的生态思想与其他学科广泛结合,形成了思想文化领域中的新批评浪潮。当下许多生态主义学者专注探索造成现代生态问题的思想根源,并向历史文化遗产寻求生态主义资源。堪舆文化作为中国古老而独特的文化形式,其理论中包含着中国古人对于自然与人之间关系的独特理解,有着丰富的生态主义价值,研究堪舆文化能够为改善生态环境提供一种新的思路。

一、以生态符号学视角研究堪舆文化

尽管学界针对堪舆的研究成果众多,研究涉及的领域也很广,在文化与人类学和建筑学领域的研究尤为突出;但是这两类研究共同的缺陷在于将堪舆文化视为一个已知事物,文化与人类学研究关注堪舆在社会生活中的具体表现,建筑学研究则关注堪舆的实践价值。这些研究面向实践应用,基于堪舆文化中独有的一套话语模式,对于这套话语模式本身包含怎样的意义并不关注。忽视堪舆话语的意义问题,而过分注重实践的研究方式,导致学界对堪舆的研究视野受到局限,普遍围绕着堪舆是否是科学的问题争论不休,这种争论从晚清时期一直延续到现在。《中国国家地理》杂志"风水特辑"的主编单之蔷曾在特辑前言中指出,堪舆文化究竟是不是科学的争论应当搁置,要换一种视角来理解堪舆文化。[①] 堪舆文化需要更关注它自身意义的、更加全面客观的研究角度。

---

① 参见单之蔷:《风水:中国人内心深处的秘密》,《中国国家地理》,2006(1),第14页。

导 论

符号是携带意义的感知，符号学是研究意义的学说，人类对于意义的追求几乎是本能的，人类的日常生活无时无刻不在追求、表达并理解意义。一个社会所有意义的总集合就是文化，堪舆作为中国文化一种独特的表现形式，自然具有丰富的意义，构成了一套文化符号体系。

"生态学（ecology）"这个术语是由德国博物学家恩斯特·海克尔（Ernst Haeckel）在1866年首次提出的。随着现代世界范围内生态危机的日益加剧，生态学的影响逐渐从自然科学领域扩展到了人文领域，形成了一股强大的生态学思潮。1996年，德国符号学家温弗里德·诺特（Winfried Nöth）正式提出了"生态符号学"（ecosemiotic）这一术语。诺特认为皮尔斯（Charles Sanders Peirce）的符号学理论具有深远的生态意识，主要体现在皮尔斯对有机生命体和自然环境之间的关系的理解上。皮尔斯认为"只有当有机体及其环境之间存在着三维关系才具有符号性"[1]，"任何原始的生物有机体，当它为了自身存在而选择或规避充满能量的对象或物质性对象之时，已经与其环境产生了符号性的相互作用。有机体与其环境之间这种三元性的相互作用，构成了非符号世界到符号世界的门槛"[2]。皮尔斯的理解强调了自然界除人类的其他生命体也具有主体性，人类与其他生命体之间的地位因此变得更加平等。

在生态符号学术语提出之前，符号学界已经受生态主义思潮影响展开了相关研究。1983年，莫斯科-塔尔图学派便尝试将生态学概念应用于符号学研究，这一学派在皮尔斯对生命体和自然关系的理解基础上，将符号的主体范畴扩大为自然界的所有生命体，同时将文学和文化作为符号学的主要研究方面。[3] 他们认为生态符号学应侧重于"探讨人类和他所在的生态系统之间的符号关系"[4]，讨论文化与自然之间经过符号调节的关系，这也是当下生态符号

---

[1] 胡壮麟：《自然与文化的对立统一——谈生态符号学研究的理论核心》，《外语研究》，2014（4），第2页。

[2] 温弗里德·诺特：《生态符号学：理论、历史与方法》，周劲松译，《鄱阳湖学刊》，2014（3），第35页。

[3] 参见胡壮麟：《自然与文化的对立统一——谈生态符号学研究的理论核心》，《外语研究》，2014（4），第2页。

[4] 卡莱维·库尔、彭佳：《新塔尔图研究：继承、融合与推进—卡莱维·库尔教授访谈》，《符号与传媒》，2013（6），第149页。

学研究的主要方向①。生态符号学可以分析堪舆这套符号的意义问题，探索其中反映的人与自然的关系，无疑也可以为堪舆研究提供一个新的视角。

首先本书借助生态符号学中"环境界"（Umwelt）和"多重自然"（multiple natures）概念，对堪舆符号的性质进行分析。堪舆符号属于自然符号，它在符号表意的三个环节中缺失了发送者环节，因此堪舆符号的意义需要符号接受者进行反向构建。堪舆符号往往因此在接受者的解释过程中经历了丰富的衍义过程。同时堪舆符号在历史发展中，也经历了理据性和规约性的变化。

堪舆符号中包含诸如"龙""穴""砂"等单个的符号，堪舆实践选择出的具体环境，是符号经过双轴操作之后形成的文本。堪舆符号文本具有双层结构，第一层结构是由堪舆符号组成的，而堪舆符号的具体对象是各类自然环境要素，也就是说堪舆符号文本同时也是自然环境要素组合出来的文本，这是第二层结构。堪舆符号文本是"将自然（中的一部分）作为合一的意义单元来理解"②的，它的对象是经过文化过滤、映现和构建的自然环境。本书将借助生态符号学领域的"自然文本（nature-text）"概念，对堪舆符号文本的双轴关系问题进行分析，探讨中国人利用堪舆理论进行环境选择双轴操作的过程和人类实践活动对于自然的意义的影响。

在符号表意的过程中，文本意义植入与解释的控制规则是符码，符码的集合便是元语言，元语言是人利用符号进行表意与解释符号文本的钥匙，它可以分为三种类型，分别是社会文化的语境元语言、解释者的能力元语言和文本自身的自携元语言。语境元语言中潜藏着同一文化环境下人们的共同意识，同样是面对自然环境，中国人何以产生堪舆这种与西方科学截然不同的理解自然的方式；在面对堪舆符号形成的文本时，人们又何以得到互通的解释。将堪舆文化纳入生态符号学的视野进行分析，可以尝试为这些问题找到合理的解释，由此探索堪舆符号中包含的对于自然环境的理解方式，也促使现代人再次审视堪舆这项传统文化资源，发掘其中蕴藏的丰富的生态价值。

---

① 参见彭佳：《生态符号学：一门子学科的兴起》，《重庆广播电视大学学报》，2014（3），第14页。

② 彭佳、蒋诗萍：《自然文本：概念、功能和符号学维度》，《河南师范大学学报》（哲学社会科学版），2014（4），第122页。

由此可见，生态符号学是目前研究堪舆文化的更加适宜的角度。

二、发掘堪舆理论中的生态价值

近百年来轰轰烈烈的现代化进程，使生态成为人类面临的最大问题之一。社会生产力的进步，一方面确实为人类生活带来了便利，另一方面也带来了不容忽视的危机。人类自身在急速现代化的过程中被挤压、异化，失去了原有的心理平衡，自然界的生态环境更因此受到了巨大的损伤，这些损伤往往是不可逆的。而人类作为自然界的一员，既无法脱离自然界的补给，也无法摆脱自身行为给自然界带来的灾难，生态问题便成了人类自作自受的一个困局。

在海克尔提出生态学这一术语近一百年后，美国海洋生物学家蕾切尔·卡森（Rachel Carson）于1962年出版了《寂静的春天》（Silent Spring）一书，讲述自然环境因为人类滥用农药而受到的巨大伤害，环境问题由此受到广泛关注。1972年，罗马俱乐部（Club of Rome）发表了人类危机的著名报告《增长的界限》（"The Limits to Growth"），其中预言如果不控制经济过热和人口增长，人类将会在100年内因为环境破坏和资源枯竭的双重挤压而消亡。人们由此逐渐认识到自然生态资源的有限性和脆弱性，生态主义逐渐发展成为影响当代世界政治、经济、文化发展，覆盖面最广、影响力最大的思想潮流。

中国的现代化进程起步较晚，但同样面临生态破坏和资源枯竭问题。正是生态主义思潮影响了中国学者，促使多领域的学者对堪舆文化进行了再发现。由此，到了20世纪80年代，中国学者对堪舆文化进行了比较系统的研究。堪舆文化本是中国古人与自然相处共生的经验总结，他们将自然和人理解为一个整体，巧妙利用自然资源为自己营造安全舒适的生活环境，同时中国古人对自然始终抱以敬畏的态度，千方百计渴望"顺从天意"，通过天人之间的和谐来保障自己的生存，或者为自己赢得好的命运。将自然和人的命运祸福相联系也导致堪舆文化在发展过程中始终带有一些神秘化色彩，大范围的民间传播使这种倾向逐渐严重，在一定程度上遮蔽了堪舆理论在生态层面的价值。生态价值本应该是堪舆对当今中国乃至世界的最重要的价值，在当今世界范围内生态问题日益严峻的形势下，关注堪舆这种文化资源，研究其中的意义问题、发掘堪舆理论的生态价值都是十分有必要的。

关注堪舆的大多是建筑和环境方面的学者，这一领域的学者进行的研究更加注重堪舆的实践意义，主要是从堪舆实践选择出的具体环境入手，分析其中有益于保护生态环境、维护人生理心理健康的因素。后来也有哲学和文学领域的学者，对堪舆理论的生态价值进行研究，他们从堪舆理论中蕴含的中国哲学观念入手，分析它们与生态主义思想的相通之处。以上两类研究的结果往往比较松散，主要是发掘堪舆文化中散点式的生态因素。

本书采取了不同的研究路径，首先以生态符号学视角来研究堪舆，从堪舆符号经过双轴操作后形成的堪舆符号文本入手，发现其中的生态因素。接着从堪舆符号的语境元语言，也就是堪舆符号的文化背景出发，发掘其中与生态主义相通的部分，关注堪舆理论中人主体意识的地位对"人类中心主义"的启示。最后通过对包含了堪舆符号的文学作品进行生态批评，讨论其中堪舆符号反映出的人与自然的关系。

三、对包含堪舆符号的文学作品进行生态批评

堪舆文化长期以来都是文学中一个重要主题，文学作品与影视作品都是堪舆符号传播的重要媒介。不仅中国古人在进行自然环境描写时运用的语言深受堪舆文化影响，史传与话本、小说中也记录了著名堪舆师们的事迹。现当代文学作品中，堪舆则作为民俗的一种重要表现形式，成为现代中国人的文化共识。近十年来各种以"风水""盗墓"为主题的小说非常流行，这类小说讲述主人公在古墓中探险寻宝的惊险历程，以神秘刺激的情节吸引读者，因为我国古人在选择葬地时通常会进行堪舆实践，于是古墓探险便与堪舆文化具有紧密的联系。当下以这些小说改编的影视作品层出不穷，受到众多观众的追捧。

同时，生态主义思潮除了对堪舆文化的研究有促进作用，也推动了堪舆文化在世界范围内广泛传播。在古代，堪舆文化已经传播到了东亚、东南亚的多个国家，到了现代，堪舆文化更随着中西文化的碰撞而传播到了西方世界。西方人最初在与华人群体打交道的过程中接触到了堪舆，得益于世界范围内对堪舆理论生态价值的重视，西方人逐渐开始主动学习这种古老的东方文化。2019年10月23日通过亚马逊美国网站（amazon.com）以关键字"Feng Shui"搜索，图书类目中搜索出超过5000条结果；以同样的关键字在亚马逊法国（amazon.fr）和英国（amazon.co.uk）搜索，分别得到超过2000条和6000条结果。亚马逊网检索出的商品数量可以说明西方国家出版的堪舆类书籍数量众

多，这些堪舆书籍绝大部分是实用型的，指导读者利用一些堪舆手法，布置自己的住宅、调整人际关系、获得更多财富。这些书籍在堪舆理论上没有发展，与现如今国内一些堪舆指导书一样。想要了解西方社会对于堪舆文化的认识和态度，从包含堪舆符号的外国文学作品入手是一个更好的方法。一些作品在描写海外华人与西方社会融合交汇的过程时会涉及堪舆理论，一些外国作家甚至直接创作出了堪舆主题的文学作品。

  20世纪后期，以生态主义思想为理论起点的生态主义文学批评，逐渐发展并被推向全球，如今早已成为一种正式的跨学科文艺理论研究方法。生态批评的思想原则具有反思性、整体性和实践性的特点[1]，它主张重建人与自然、人与自己、他人之间的关系，彻底反思西方根深蒂固的人与自然二元对立的思想传统，通过对人类文明的检视，重估自然的价值，同时强调构建生态整体，把人类视为自然的一个有机组成部分，与自然界的关系是互动统一的，摒弃将人视为绝对中心，从而将自然工具化的观念。从这样的思想原则出发，生态批评主张人类文化与自然世界密切相关，要通过文学来重新审视人类文化，解释文化的发展模式如何影响甚至决定人类对自然的态度和行为。

  堪舆符号是在人类面对自然进行的意义活动过程中产生的，是连接人与自然的桥梁。本书利用生态批评的研究方法对包含堪舆符号的文学作品进行分析，研究这些堪舆符号中反映的人与自然的复杂关系，包括自然对人的影响以及不同文化背景下的人们对自然的不同态度，并在此基础上，进一步发掘堪舆理论的生态价值。堪舆文化自身的神秘气质也吸引了众多不同国家的研究者，以生态批评视角分析中外文学作品中的堪舆符号，一定程度上能够跨越文化背景，促进堪舆文化更好地在世界范围传播。

---

[1] 参见张艳梅、吴景明、蒋学杰：《生态批评》，北京：人民出版社，2007年版，第1页。

第一章 堪舆符号的表意机制

第一节 堪舆符号的性质与符号表意问题

一、堪舆符号的性质与片面化问题

本书导论部分对堪舆文化进行了定义和梳理，从中我们能够了解到，堪舆文化是中国古人在选择适宜环境方面的经验总结，它诞生于古人与自然交互共生的过程之中，古人首先面对自然环境，接着逐步认识自然，最终做到因地制宜，由自身利益出发适度改造自然，并与自然和谐共处。这是古人探求自己的种群在自然界中所处地位的过程，也是人类群体独有的寻求意义的过程。对意义的追寻是人类的本质需求，"人类为了肯定自身的存在，必须寻找存在的意义"[1]，因此寻求意义也是人类永不停歇的活动。在人类寻求意义的过程中，意义的表达和解释都必须依靠符号才能进行，符号对于人类是不可缺少的，于是符号学者进而指出"本质而言，符号乃是人类在世的方式"[2]。对于上古先民来说，他们尝试认识自然环境中的种种景观和现象，并为其命名，从陌生的自然环境中寻求意义，堪舆符号也就是他们借以表达、传播、解释意义的载体。

堪舆符号描绘的自然环境与"纯自然"是不同的，"纯自然"指的是没有人的意识参与的自然。莫斯科-塔尔图学派符号学家卡莱维·库尔（Kalevi

---

[1] 赵毅衡：《符号学：原理与推演》，南京：南京大学出版社，2016年版，第4页。
[2] 董明来：《在现象学视域内对符号真值的分析——与赵毅衡老师商榷》，《符号与传媒》，2012(5)，第20页。

Kull)提出了"多重自然"概念,他认为可以将自然分为四度,从"零度自然"到"三度自然",零度自然指的是"外在于环境界的自然"[①],环境界指的是"作为主体的生命体所建构和适应的世界,它是生命体从现实世界中辨认、反映、建立的意义世界"[②],也就是说,零度自然是处于人类建构的环境界之外的绝对荒野,是人的意识尚未认识和改变的自然。一度自然是经过人类理解认识的自然,是符号化的自然。二度自然是由于人类的参与而被改造的自然,同时能够"在想象性的自然之基础上控制着零度自然"[③]。三度自然则是"纯粹理论性或者艺术上的、非天然的、与自然相似的自然"[④]。显然,堪舆符号是经过文化过滤后的自然,是符号化的自然,因此属于一度自然的范畴。

"任何物都是一个'物——符号'双联体"[⑤],符号往往具有物质性源头,由此可以根据"物源"来判断堪舆符号。尤其是"形势派"的堪舆符号属于自然符号,它的物质性源头是山脉、河流等自然事物,它们本身并不是为了"携带意义"而出现的,而是当这些自然事物"落入"人们的意识当中,被意识过滤也就是符号化之后,才携带了意义,被人们的意识过滤后的自然事物是上文提到的一度自然的一部分。

符号是携带意义的感知,符号的表意过程通常会涉及三个不同的环节,分别是符号发出者、传播者和接收者。在表意过程中,符号会经历三种意义,即发出者的意图意义、传播过程中的符号载体的文本意义、接收者对于符号的解释意义,这三个环节的意义"一步步把前者具体化"[⑥],同时也"一步步否定前者"[⑦]。堪舆符号作为自然符号,在上述三个表意环节上有所缺失,是"不完整符号"。由于堪舆符号的物源是自然事物,因此它们缺少符号发送者这个

[①] 卡莱维·库尔、瑞因·马格纳斯:《生命符号学:塔尔图的进路》,彭佳、汤黎等译,成都:四川大学出版社,2014年版,第139页。
[②] 代玮炜、蒋诗萍:《从符号域到生命符号学:塔尔图对符号界域的推展》,《江西师范大学学报》(哲学社会科学版),2014 (4),第84页。
[③] 卡莱维·库尔、瑞因·马格纳斯:《生命符号学:塔尔图的进路》,彭佳、汤黎等译,成都:四川大学出版社,2014年版,第139页。
[④] 卡莱维·库尔、瑞因·马格纳斯:《生命符号学:塔尔图的进路》,彭佳、汤黎等译,成都:四川大学出版社,2014年版,第139页。
[⑤] 赵毅衡:《符号学:原理与推演》,南京:南京大学出版社,2016年版,第27页。
[⑥] 赵毅衡:《符号学:原理与推演》,南京:南京大学出版社,2016年版,第27页。
[⑦] 赵毅衡:《符号学:原理与推演》,南京:南京大学出版社,2016年版,第51页。

环节，属于无发送符号。堪舆符号缺失发送者，也因此没有意图意义和符号文本意义，"自然符号携带的文本意义，完全来自接收者对其'符号化'"①，于是堪舆符号的意义要完全依靠接收者反向倒推，由接收者构筑发送者的意图作为意义解释的依据。

人类文化与自然界从来无法截然分开，正如法国思想家埃德加·莫兰（Edgar Morin）所说："人是通过自然形成的文化生物，因为他是通过文化形成的自然生物。"② 人类面对自然环境，必然会尝试对一些自然现象做出解释，重建这些自然符号的发送意图。在现代科学诞生之前，当自然界各种复杂的现象落入人类意识时，人类往往将这些自然符号视为"上天"意志的展现，只有对这些自然符号进行解释，才能了解并顺应"天意"，保证个人和族群生存。中国先民对于堪舆符号的态度也一样，他们通常会将"天"构建为自然符号的发送者。"天"对于古人而言，主要是指他们置身的自然界，同时也有主宰人类命运的意味，这与人类文明早期生产力条件相对低下，自然界的规律和现象对人类生存有相当大的影响有关。本书的第二章将对"天"进行详细论述。古人认为自然符号中蕴藏着"天"的一些想法和暗示，也就是所谓的"天意"，先民尝试揣摩"天意"，于是符号接收者为自然符号提出的解释意义便倒推为符号发送者的意图意义，这个倒推过程便是古人对于"天意"的窥探。

另外，对事物的符号化也就意味着片面化，上文提到自然事物只有偶然落入人的意识之中，才会被意识符号化，人也才能因此获得其中的意义。赵毅衡指出："区隔是意义活动的根本性特点，是符号学的意义理论之前提。人获得意义的需求，把事物割出意识观照的部分，以及暂时不予顾及的部分：意义本身的产生过程，就是区隔的产物。"③ 所谓"区隔"就是意识在面对事物时进行筛选的过程，筛选出事物的一些品质进行获义活动，被筛选掉的部分则不在意识的观照范围内，也就无法产生意义。因为意义活动的这种根本性特点，堪舆符号接收者感知到的其实并非自然事物本身，而只是它们的某些品质，所以堪舆符号是对自然事物片面化的结果。

---

① 赵毅衡：《符号学：原理与推演》，南京：南京大学出版社，2016年版，第55页。
② 埃德加·莫兰：《迷失的范式：人性研究》，陈一壮译，北京：北京大学出版社，1999年版，第72页。
③ 赵毅衡：《论区隔：意义活动的前提》，《西北大学学报》（哲学社会科学版），2015（2），第54页。

"区隔"还具有三种作用，其中类型化作用"是一种文化的区隔，提供文化认定的类型解读方式，排除类型之外的过多可能性，以保证意义活动能够高效地服务于意义解释，也更利于解释回应类型中包含的发送者意图意义"[①]，也就是说这种区隔与人所处的文化语境有关，在固定的文化语境之下，人们对事物往往有相似的关注点。中国先民在对自然事物进行符号化时的意识区隔时，倾向于关注人与自然环境的关系，所以人们在对堪舆符号的意图意义进行构建时，相应侧重于讨论人与环境的交互关系和人如何获得良好生存环境的问题。

比如"龙"这个堪舆符号，它的对象是地理学意义上的山脉，按照现代科学的解释，山脉是由地壳运动形成的沿一定方向延伸、成行排列的山岭，但中国先民为这个符号构筑的发送者意图并不止于此。先民对"龙"符号赋予了两层意义，他们首先认为龙符号的对象是山脉，这是第一层含义，龙符号还指山脉之中包含着的来自大地、能够滋养万物的生气，这种生气在大地中处于运动的状态，如同腾跃飞动的龙，这是第二层含义。人们为龙符号构建出了这样的发送者意图，也就是所谓的"天意"，并且认为人如果能顺应天意，找到一处合适龙脉来获得大地生气的滋养，便能够较好地生存于世，子孙后代也会因此受益。于是先民在构建龙符号发送者意图的基础上，推演出了一系列的"寻龙"之法，比如通过观察龙脉的具体形势变化，判断其中生气的强弱走势，以长幼尊卑的伦理观念为龙脉分支编排"族系"等，这样推演出合适的环境来为生者选择住地或为逝者选择葬地，以期能够获得大地生气的滋养。

二、堪舆符号衍义问题

索绪尔（Ferdinand de Saussure）提出语言学模式的符号学，将符号二分为能指和所指。不同于这种分类方法，皮尔斯将符号分为了"再现体""对象""解释项"三元素，再现体是符号可感知的部分，对象是符号所代替的事物，解释项"是符号接收者对该符号意义进行解释所得出的相关产物"[②]。解释项的提出是"皮尔斯为当代符号学理论所做出的最大贡献，它使得符号表意的重

[①] 赵毅衡：《论区隔：意义活动的前提》，《西北大学学报》（哲学社会科学版），2015（2），第59页。
[②] 赵星植：《"无限衍义"真的无限吗？——再论皮尔斯的解释项理论》，《河南师范大学学报》（哲学社会科学版），2016（6），第139页。

心放在了接受者这一端"①，也就是说皮尔斯认为符号必须有接收者，符号的表意过程才能被触发，同时符号"可以对某人讲话，也就是说，它可以在那个人的心中创造一个相等的符号，甚至是一个更为发展的符号。它所创造的这个符号，我把它称之为第一个符号的解释项"，"解释项是意义，但它当然是一个新的符号，因为任何意义必须用符号才能再现"②。所以在符号接收者心中，一个符号会产生一个解释项，这个符号的解释项又会成为一个新的符号，产生新的解释项，符号的表意过程就会这样一环扣一环进行下去，所以符号表意在理论上是没有终点的，这就是"无限衍义"。虽然在具体的符号表意过程中，表意活动可能会因为各种原因而终止于某处，但继续衍义的可能性是始终存在的，堪舆符号即具有这样丰富的衍义过程。

比如"穴"这个符号，根据《新华字典》的释义，穴字有三种基本的解释，首先是泛指地面上或山体上的坑孔或是洞窟，第二是指人体上有主干神经经过或是末梢神经密集的地方，也就是人体上的穴位，这些部位可以进行针灸治疗，第三是指墓穴。③"穴"这个堪舆符号的对象是山间的平地，应处于山坳之中，背靠高山、面临河流，小环境的左、右、前三个方向有低山环抱，也就是说"穴"首先指的是相对安全舒适的居住与安葬环境。在衍义过程中，堪舆理论最初把环境中的穴地类比为人体穴位，这与穴字的含义也有关系——"穴者盖犹人身之穴，取义至精"④，中医学认为，人体穴位指的是人体中气血输入输出的地方，人体气血通过人体穴位出入，大地中的生气则通过大地穴位出入，堪舆文化中的"穴"便解释为大地生气交流、聚集的地方。大地中的生气随着"龙"也就是山脉的动势而变化，最终汇聚到"穴"中，穴地的生气是山脉中生气的凝聚。堪舆理论推崇山脉"来脉悠远"，即指山脉最好高大、绵延千里，这样的山脉中生气才足够丰富，而遥远山脉中的大量生气，最终汇聚到的穴地面积却是很小的，"诚以千里来龙，入首惟融八尺之穴"⑤，足以说明

---

① 赵星植：《"无限衍义"真的无限吗？——再论皮尔斯的解释项理论》，《河南师范大学学报》（哲学社会科学版），2016（6），第138页。
② 皮尔斯：《皮尔斯：论符号》，赵星植译，成都：四川大学出版社，2014年版，第32页。
③ 参见中国社会科学院语言研究所词典编辑室：《新华字典》，北京：商务印书馆，2000年版，第554页。
④ 徐善继、徐善述：《绘图地理人子须知》，郑同点校，北京：华龄出版社，2012年版，第16页。
⑤ 徐善继、徐善述：《绘图地理人子须知》，郑同点校，北京：华龄出版社，2012年版，第105页。

"龙"和"穴"之间的关系。堪舆理论一贯强调"葬乘生气",穴地生气充沛,阴阳交融,"乘生气,注死骨,造化全在于此"①,所以如果能够选择一处形势好的穴地作为安葬之所,逝者及其家族都能够受到生气滋养和荫蔽。

那么生气为何能够汇聚于穴地,逝者又是如何受到生气影响的呢?于是穴地继续衍义,因为其外形和生气凝聚的逻辑内涵,与生殖崇拜建立了联系。②对于穴地的外形,历代堪舆理论著作描绘得比较模糊,比如《地理人子须知》中论穴形"其为形则凹凸是也"③;《青囊海角经》中则说穴形"突中有窟,高处低也,窟中有突,低处高也。状如仰掌"④,清代人孟浩为唐代卜应天《雪心赋》所做的注解中出现了详细的穴形图(见图1-1),学者刘沛林认为孟浩的这幅穴形图极好地体现了穴符号与女性生殖器官之间的联系⑤。

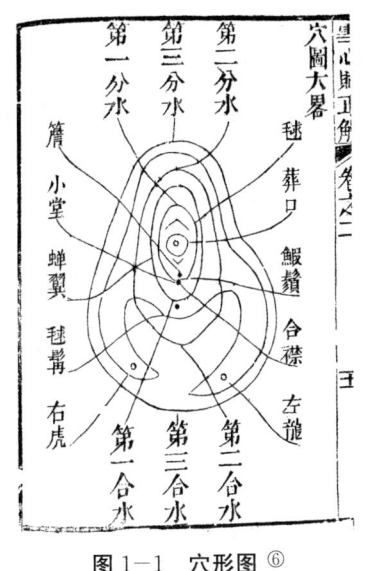

图1-1 穴形图 ⑥

---

① 徐善继、徐善述:《绘图地理人子须知》,郑同点校,北京:华龄出版社,2012年版,第105页。
② 参见刘沛林:《风水中的"地母崇拜"和女阴象征》,《自然科学史研究》,1995(1),第72—74页。
③ 徐善继、徐善述:《绘图地理人子须知》,郑同点校,北京:华龄出版社,2012年版,第107页。
④ 《青囊海角经》,《古今图书集成·博物汇编艺术典第六百五十四卷堪舆部汇考四》,成都:巴蜀书社、北京:中华书局,1985年版,第57960页。
⑤ 参见刘沛林:《风水中的"地母崇拜"和女阴象征》,《自然科学史研究》,1995(1),第73页。
⑥ 图片引自卜应天:《雪心赋正解》,孟浩注,《历代赋学文献辑刊·第一五九册》,北京:国家图书馆出版社,2017年版,第224页。

"夫山之结穴为胎，有脉气为息，气之藏聚为孕，气之生动为育，犹如妇人之有胎有息，能孕能育"①。穴仿佛是大地母亲的生殖器官，和女性生育的道理类似，母亲孕育从而诞生新的生命，同理，逝者灵魂借助于穴地的生气阴阳交融，就能达成灵魂的"胎转"，于是穴也就成了墓葬安置的理想环境。又因穴面积小，形态比较复杂，所以中国古代堪舆理论中非常重视寻找好的、准确的穴地，根据地势山形精心甄别穴的"真伪"，这种甄别过程被称为"点穴"。《地理人子须知》中强调点穴在高低、左右、深浅上都不能有一点差池，差了一点就无法捕捉到生气②，由此可见堪舆实践者们对"点穴"的重视，和对"穴"中生气会影响逝者及其家族一说的笃信。

在符号衍义的过程中，符号发送者可以对衍义过程进行一定的干预。符号使用的环境即语境，是决定符号意义的最重要的因素。符号发送者可以利用语境进行预设安排，促使大部分的符号接收者将解释终止于某个定点，这种由符号发出者预设的解释定点叫作"意图定点"。但堪舆符号作为自然符号，缺失发送者，相应地就无法通过预设意图定点的方式干预符号衍义过程。但通过上文的分析，我们能够发现"穴"的符号衍义过程暂时停止在穴地能汇聚生气、帮助灵魂"胎转"这层解释上，这种解释可见于多种堪舆理论著作，堪舆实践者们也普遍认可这种解释，并因此衍生出丰富多样的"点穴"法门，说明"穴"是生气汇聚、灵魂胎转之地的解释，是一个被中国古代社会绝大多数堪舆符号解释者认可的解释项。

导致堪舆符号衍义暂停的原因与文化语境有关。皮尔斯符号学理论中，符号"三分法"的思想贯穿始终，在皮尔斯理论发展的中后期，他对解释项也进行了三分，将解释项分为"直接解释项""动力解释项"和"最终解释项"。直接解释项指的是"符号被解释之前直接呈现出来的诸种感觉范畴，这是获义活动的开始，也是解释的基础"③；动力解释项指的是"符号所产生的，并作用

---

① 卜应天：《雪心赋正解》，孟浩注，《历代赋学文献辑刊·第一五九册》，北京：国家图书馆出版社，2017年版，第110页。

② 参见徐善继、徐善述：《绘图地理人子须知》，郑同点校，北京：华龄出版社，2012年版，第106页。

③ 赵星植：《"无限衍义"真的无限吗？——再论皮尔斯的解释项理论》，《河南师范大学学报》（哲学社会科学版），2016（6），第140页。

于符号解释者的一种直接效力或实际效力"[①];最终解释项指的是"符号解释社群对该符号的意义所确定的一套解释规则"[②]。赵星植指出"符号衍义的根本作用,在于使符号解释者在一次次衍义中不停地探索符号所再现之真相,或符号所代表的最本真含义"[③],而一个符号的"真相"究竟是什么,则要依赖于整个解释者社群,"在人类思想史中存在着一种普遍漂移,它将会把思想导向到一种普遍认同或一种普遍一致之中"[④],往往整个解释者社群普遍认可的符号解释项,就是这个符号的真相,也就是最终解释项,所以穴符号的衍义过程停止,将穴符号解释为能够汇聚生气帮助灵魂"胎转",以生气滋养庇护人的环境,也是整个解释社群普遍认同的结果。

　　由此我们能够发现,堪舆符号具有丰富的衍义过程,这些符号衍义过程的暂时停止是因为衍义得出了中国古代堪舆解释者社群普遍认同的最终解释项,也就是当代学者整理出的众多堪舆符号的解释。最终解释项与文化语境息息相关,文化语境的变化很可能会导致符号的衍义过程发生变化,以及"最终解释"不再是衍义过程的终点这样的结果。

　　当代文化语境的改变促使堪舆符号的衍义过程发生变化,许多存在最终解释项的堪舆符号都因此继续进行衍义,产生了新的解释项。比如穴符号在当代便衍生出了新的解释项。堪舆符号在历史发展中经历了神秘化色彩逐渐浓郁的演变过程,到了晚清时期,堪舆符号的神秘化色彩达到极致,以致难以探询其义,再加上近代西方思想对堪舆文化的冲击,在现代能够粗略了解堪舆理论的人已经较少,对于堪舆文化神秘化色彩来源,即一些古人口耳相传的堪舆禁忌也缺乏了解,但堪舆文化的神秘化色彩却对现代中国人有一定的吸引力。

　　本书在导论部分提到,近十年来网络文学中,"盗墓"题材小说非常流行,而"盗墓"题材与堪舆文化有着密切联系。这类小说主要记述主人公一行人在

---

① 赵星植:《"无限衍义"真的无限吗？——再论皮尔斯的解释项理论》,《河南师范大学学报》(哲学社会科学版),2016(6),第140页。
② 赵星植:《"无限衍义"真的无限吗？——再论皮尔斯的解释项理论》,《河南师范大学学报》(哲学社会科学版),2016(6),第141页。
③ 赵星植:《"无限衍义"真的无限吗？——再论皮尔斯的解释项理论》,《河南师范大学学报》(哲学社会科学版),2016(6),第141页。
④ 赵星植:《"无限衍义"真的无限吗？——再论皮尔斯的解释项理论》,《河南师范大学学报》(哲学社会科学版),2016(6),第141页。

古墓中的探险历程，小说中时常会对古代王侯将相利用堪舆选择墓地的情况大力渲染，比如突出他们如何进行复杂的"寻龙点穴"操作，如何费尽心机地选择一处穴地作为葬地等，并通过描绘主人公看到的古墓中各种诡异现象，烘托墓葬的神秘，间接凸显穴地的神秘。于是穴符号原本的最终解释项——生气交融、灵魂胎转，就成为一个新的符号，被大多数现代解释者解释为神秘之地，可能修建了古代帝王的陵墓，其中可能出现各种不可思议的"怪物"或大量奇珍异宝等。

第二节　堪舆符号的理据性与规约性

一、堪舆符号的理据性

堪舆文化是我国先民认识自然、与自然相处的经验总结，堪舆符号的初始形态比较简单原始，符号的对象是上古先民从身处的环境中提取出的环境要素，也就是说初始的堪舆符号是缺少符号发送者的自然符号，符号接收者首先需要对符号进行符号化，才能对其进行解释。

人类对事物进行符号化的过程首先就是对符号对象进行模仿，也就是通过符号与对象之间不同层次、不同类型的像似关系，将符号与符号的对象联系起来。与对象之间存在像似关系的符号，皮尔斯将其命名为像似符号（icon），并根据像似关系的不同将像似符号分为形象式、图像式和比喻式三类像似关系。形象式像似指的是符号与对象在外形上具有相似点，图像式像似指的是符号各个部分之间的相互关系与对象各部分间的相互关系是相似的，比喻式像似在三种类型中最抽象，其符号与对象之间在一些品质上具有相似点。许多堪舆符号与对象之间即存在上述的像似关系，"形势派"堪舆的堪舆符号就十分具有代表性。这一派以堪舆符号描绘山川河流的形态走势，符号与对象之间的像似关系尤其突出，主要体现为形象式像似和比喻式像似。

很多直接描摹自然环境形态的堪舆符号属于形象式像似符号，比如上文提到的"龙"符号就很有代表性。龙是上古先民想象出来的一种神兽，《新华字典》对"龙"字的解释是"传说中的一种长形、有鳞、有角的神异动物，能走,能飞,能游泳,能兴云作雨"①,从外形上看,龙的身体很长,并具有奔腾飞动的姿态。在堪舆符号体系中,"龙"符号的对象是大地上连绵起伏的山脉,山脉从形态上看绵延千里、高低起伏,"龙"符号与对象在外形上非常相似,具有形象式像似的关系,这种关系在中国古代堪舆理论著作中已经有所论述,比如《管氏地理指蒙》中提道:"指山为龙兮,象形势之腾伏。"②这也解释了古代堪舆家以"龙"符号指称山脉的原因,首先是二者在外形上具有像似性,"龙"符号是形象式像似符号。

同时"龙"符号与对象之间也具有比喻式的像似关系,《地理人子须知》中对这一点有比较详细的解释:"地理家以山名龙,何也?山之变态千形万状,或大或小,或起或伏,或逆或顺,或隐或显。支垅之体段不常,咫尺之转移顿异。验之于物,惟龙为然,故以明之,取其潜、见、飞、跃,变化莫测云尔。"③也就是说除了山脉与龙外形上的共同点,古人也认为山脉的起伏变化与龙千变万化的特点具有像似性。在堪舆理论中,山脉是大地生气在地表行动的轨迹,因为山体中包含着生气,所以山脉仿佛有生命,它的起伏、朝向、显隐、顺逆等各种姿态的形成仿佛都是它的"主体意识"使然。因为这种"主体意识",山脉可以呈现昂扬向上或垂头丧气的姿态,对于某处环境可以环抱有情或是无所留恋。

由此古代堪舆家们根据山脉的动态和"精神面貌",对"龙"进行了分类,以不同的符号来形容情态各异的山脉,比如明代徐氏兄弟在《地理人子须知》中,整理了历代堪舆典籍对于"龙"形势的分类,将"龙"符号分为十二类,即十二"格"(参见图1-2),其中包括形态灵活、有起有伏的"生龙";山脉起伏模糊、形态僵硬的"死龙";器宇轩昂、形态健壮的"强龙";山脉形态细瘦险峻的"弱龙";山脉起伏均匀有序、逐渐增高的"进龙",此外还有"顺龙""逆龙""退龙""福龙""病龙""劫龙""杀龙"。④

由此可见,因为生气的存在,堪舆理论中的山脉拥有了原本是生命体才具

---

① 中国社会科学院语言研究所词典编辑室:《新华字典》,北京:商务印书馆,2000年版,第312页。
② 旧题管辂:《管氏地理指蒙》,一苇校点,济南:齐鲁书社,2015年版,第24页。
③ 徐善继、徐善述:《绘图地理人子须知》,郑同点校,北京:华龄出版社,2012年版,第16页。
④ 参见徐善继、徐善述:《绘图地理人子须知》,郑同点校,北京:华龄出版社,2012年版,第83—88页。

有的思想意识，因此造就了山脉的灵韵和动态，这与龙作为一种神兽的意识情态是类似的，二者之间存在品质层面的相似性，这比上文讨论的形象式像似更加抽象，属于比喻式像似，于是堪舆符号的像似性在"龙"符号这里得到了很好的体现。

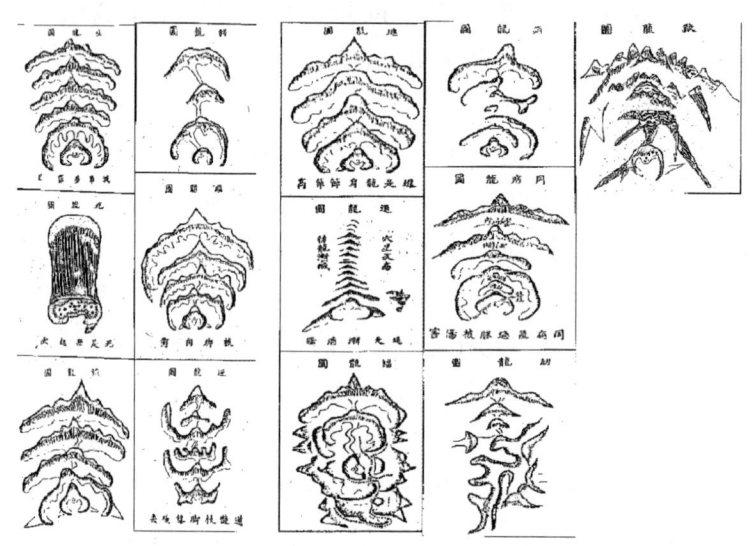

图 1-2　《地理人子须知》中整理出的"龙"符号十二"格"①

堪舆符号的理据性除了上文讨论过的像似性，其指示性也是非常值得探讨的。符号的理据性讨论的是符号载体与对象之间的关系问题，与像似符号与对象之间的比拟模仿关系不同，指示符号是"符号与对象因为某种关系——尤其是因果、邻接、部分和整体等关系——因而能互相提示，让接收者能想到其对象"②，所以指示符号本身并不是符号解释者应当关注的重点，符号的对象才是重点，指示符号的存在是为了"把解释者的注意力引到对象上"③。堪舆符号系统当中也存在许多指示符号，其中以方位指示符号最有代表性。

堪舆符号中的方位指示符号是在堪舆文化发展历程中被逐渐吸收进堪舆符号系统的，包括四灵符号、九宫符号等。四灵符号包括朱雀、玄武、青龙、白

---

①　徐善继、徐善述：《绘图地理人子须知》，郑同点校，北京：华龄出版社，2012 年版，第 84—88 页。
②　赵毅衡：《符号学：原理与推演》，南京：南京大学出版社，2016 年版，第 80 页。
③　赵毅衡：《符号学：原理与推演》，南京：南京大学出版社，2016 年版，第 80 页。

虎，在堪舆符号体系中分别指示南、北、东、西四个方向，但四灵符号最初并不属于堪舆符号体系，而是天文领域中用来描绘天象的符号。中国古代先民通过观察夜间的星空并为群星命名，总结出了二十八宿，再根据二十八宿分布的相对位置把它们划分成东、南、西、北四个方位上的星座群，再由星座中一组星星呈现出的分布形态将其联想为四种神兽，也就是朱雀、玄武、青龙、白虎，这四种神兽分别是四个方位的"守护者"，由此四灵也就和方位之间建立了联系。四灵符号被引入堪舆符号系统之后，它们依旧是指示四方的符号，并被古代堪舆师们广泛地应用于堪舆实践的过程中。《地理人子须知》中便提到过具体应用的例子："地理以前山为朱雀，后山为玄武，左山为青龙，右山为白虎，亦假借四方之宿以别四方之山，非谓山之形皆欲如此物也。"① 其中简述了"形势派"堪舆以四灵指示四方山峰，并不是因为山峰形似四灵神兽，而是假借这套符号来指示方位，后文在讨论堪舆符号文本与双轴关系时会进一步详述四灵符号的这种应用方法。

　　九宫也是堪舆符号体系中的方位指示符号，它由文王八卦衍生发展而来，与"四灵"类似，文王八卦也是在堪舆文化发展过程中被吸收进堪舆符号体系内部的。原本在文王八卦图（图1-3）中，八种卦象便和方位之间存在联系，震卦指示东方、巽卦指示东南、离卦指示南方、坤卦指示西南、兑卦指示西方、乾卦指示西北、坎卦指示北方、艮卦指示东北。文王八卦进入堪舆符号体系之后，八个卦象成为八个"宫"，依旧指示各自的方位，如"震"宫指示东方，"巽"宫指示东南，堪舆师又为其添加了中间方位的指示符号"中宫"，便形成了九宫这套方位指示符号（图1-4）。九宫符号相较于四灵符号指示的方位更多更细，堪舆文化另一流派——理气派的堪舆师们，在人们的住所中进行堪舆实践时常使用这套指示符号，通常用它们来安排住宅内的门窗、床、灶等陈设之间的相对位置，而四灵符号则更多被应用于自然环境中的堪舆活动。

---

① 徐善继、徐善述：《绘图地理人子须知》，郑同点校，北京：华龄出版社，2012年版，第220页。

图1-3　文王八卦图①

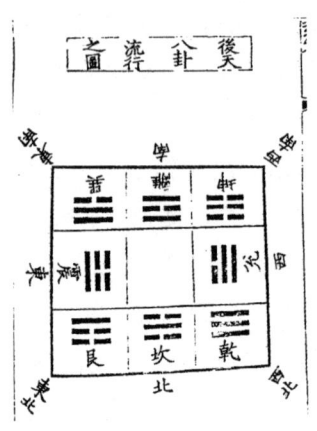

图1-4　九宫八卦图②

单个指示符号的作用是将符号解释者的注意力引到符号对象上，当指示符号组合出现的时候，它们就能够"给对象以一定的组合秩序"③，这是指示符

---

① 王湜：《易学》，《四库提要著录丛书·子部术数类021》，北京：北京出版社，2010年版，第8页。
② 张理：《易象图说》，《四库提要著录丛书·子部术数类021》，北京：北京出版社，2010年版，第36页。
③ 赵毅衡：《符号学：原理与推演》，南京：南京大学出版社，2016年版，第81页。

号指示对象作用的延伸。指示符号的组合方式，连带使符号对象也按照相对应的形式组合起来，形成了特定的排列次序，也就具有了组合秩序，这使符号解释者能够通过组合秩序来确定符号的意义。

比如四灵符号，符号解释者首先要了解它们所指示的方位，再通过方位指示符号的组合方式在自然环境或是室内环境中确定方位的排列秩序，比如在某个特定环境中分别找到东、西、南、北四个方位上的山川河流，在特定环境中形成方位意识，在具备基本的方位意识之后，堪舆师才能进行一系列的堪舆实践。九宫符号给对象形成的组合秩序更为复杂，一种流行于清代的理气派堪舆方法名为"游年八宅法"，就是以九宫符号为基础，将住宅的方位与住宅主人的出生年份、命运际遇相结合，推算有益于住宅主人的房屋朝向。类似原理的堪舆方法还有很多，综合上面的例子能够发现，堪舆符号中的指示符号是进行堪舆实践的基础，有了它们的铺垫，堪舆实践才真正具备可行性。

二、"伴随文本"的增加与堪舆符号理据性的上升

人们通过对堪舆符号性质的分析，可知在堪舆文化发展的初始阶段，堪舆符号具有自然符号的属性，它的理据性尤其是指示性较弱。但现如今堪舆文化已经不单纯是古代先民选择环境的经验总结，在漫长的发展历程中，堪舆符号的理据性逐渐上升，堪舆文化也因此逐渐与人的命运祸福建立了丰富的联系。堪舆在中国古代社会中的影响力逐渐增大，在明清时期到达极致，广泛影响了社会各个阶层的日常生活，原因就是越来越多的人相信堪舆能够影响人的命运，他们研究、运用堪舆文化的出发点大多是利用这门学问占卜吉凶，企图以此预知未来。

符号的理据性除了其本身具有的，还有可能因为符号被社会民众应用到日常的交流行为当中，从而"获得再度理据化"[1]，使符号的理据性上升。堪舆符号的理据性上升发生在堪舆文化的历史发展过程中，即堪舆符号被应用的过程中，其中推动理据性上升最重要的因素是文本间性的增强。文本间性是指"文本与文本之间的横的联系和纵的发展所形成的新文本性质"[2]，所谓"横的

---

[1] 赵毅衡：《符号学：原理与推演》，南京：南京大学出版社，2016年版，第242页。
[2] 李鹏程：《当代西方文化研究新词典》，长春：吉林人民出版社，2003年版，第306页。

联系"指的是不同文本之间的相互联系,"纵的发展"指的是文本产生之前存在的其他文本对它产生的影响,对文本进行解释的时候不能忽视这两方面的联系。符号学中"伴随文本"的概念是文本间性概念的扩展①,它们的内涵相似,但伴随文本概念的覆盖面更广,也更加完善。赵毅衡指出:"任何一个符号文本,都携带了大量社会约定和联系,这些约定和联系往往并不显现于文本之中,而只是被文本'顺便'携带着。"②

伴随文本指的就是符号文本携带的附加信息,本质上是符号文本与它背后的社会文化之间的联系。任何符号文本都不是孤立的,都附带一系列的伴随文本,符号解释者在解释符号文本时必须借助它们,如果失去了伴随文本,符号解释者仅凭符号文本本身是无法有效地对它进行解释的。伴随文本具有普遍性,堪舆符号文本也携带了多种多样的伴随文本,在堪舆文化发展的过程中,伴随文本大体上呈现逐渐增加的趋势,也就是说在堪舆符号文本被应用于社会交流的过程中,它的伴随文本逐渐增多,堪舆符号与社会文化之间的联系也愈加紧密,堪舆符号的理据性也因此逐步上升。这些在堪舆文化发展和应用过程中被增加进来的伴随文本分别属于"前文本"和"副文本",前文本指的是在符号文本生成的过程中,它所处的文化中早前产生的,对目前这个符号文本有影响的文本,副文本指的是影响符号文本解释的框架因素。

首先讨论堪舆符号的前文本,上文在分析四灵符号和九宫符号时,提到这两种符号原本并不属于堪舆文化范畴,而是在不同时代被堪舆实践者们引入堪舆符号体系里的,这两种符号产生的时间必然在它们被堪舆文化假借过来之前,并对后来的堪舆符号体系形成了深刻的影响,所以它们相当于堪舆符号的前文本。

比如,五行理论就是堪舆符号的前文本。五行理论诞生于春秋战国时期,最早的"五行"指的是构成自然万物的五种基本物质成分,分别是金、木、水、火、土。首次提出五行理论的《尚书》便是这样记载的:"五行:一曰水,二曰火,三曰木,四曰金,五曰土。水曰润下,火曰炎上,木曰曲直,金曰从

---

① 赵毅衡:《论"伴随文本"——扩展"文本间性"的一种方式》,《文艺理论研究》,2010(2),第6页。

② 赵毅衡:《符号学:原理与推演》,南京:南京大学出版社,2016年版,第139页。

革，土爰稼穑。润下作咸，炎上作苦，曲直作酸，从革作辛，稼穑作甘。"①可见当时的五行含义是比较单纯的。到了战国末期，邹衍在原有的五行概念上附加了五行相生相克的关系。相生相克关系是对自然界规律的总结，五行相生指的是这五种物质之间相互滋养、促进的关系，分别是金生水，水生木，木生火，火生土，土生金；五行相克则指五种物质之间相互抑制、阻碍的关系，分别是水克火，火克金，金克木，木克土，土克水。以五行相克的理论为基础，邹衍继续发展出了"五德始终"的理论。邹衍认为五行对应"五德"，五德之间也存在和五行一样的相克关系，人类社会当中的不同政权对应不同性质的"德"，朝代更迭是按照五德相克的规律轮转的，因此五行发展到这个阶段"成为了某种天意的预兆，预示着未来新朝代的兴起"②。到了汉代，儒学家董仲舒将"五德始终"的理论与"天人感应"理论相联系，将五行相生相克规律与人的社会生活紧密结合在一起，对五行理论做了进一步的发展。此外，董仲舒还在五行与方位之间建立了联系："是故木居东方而主春气；火居南方而主夏气；金居西方而主秋气；水居北方而主冬气"③；"木居左，金居右，火居前，水居后，土居中央"④（图1-5）。五行与方位的关系在汉代被引入了堪舆符号体系之中，五行成为堪舆符号中方位指示符号的一种。同时五行还与五种颜色有关——白色代表金，青色代表木，黑色代表水，红色代表火，黄色代表土。因为五行与上文提到的四灵之间也有着千丝万缕的联系，二者同属于堪舆方位指示符号，五行也与四灵一样是堪舆符号的前文本。

与五行类似的堪舆符号前文本还有天干地支，干支是中国最古老的纪年方式，早在商代甲骨文中已经出现了由十天干和十二地支排列而成的甲子表。⑤天干地支在被引入堪舆符号体系之后，与上文提到的八卦指示符号相结合，成了新的方位指示符号，汉代人将八卦中分别表示西北、西南、东北、东南四个

---

① 李民、王健：《尚书译注》，上海：上海古籍出版社，2016年版，第235页。
② Lan Xing, The Early Semiosis of Five Phases by Zou Yan, *Signs & Media*（符号与传媒），2018 (16). pp. 227—237.
③ 董仲舒：《春秋繁露》（上海涵芬楼藏武英殿聚珍版影印本），《四部丛刊初编·经部中第50—51册》，上海：商务印书馆，1922年版，第42页。
④ 董仲舒：《春秋繁露》（上海涵芬楼藏武英殿聚珍版影印本），《四部丛刊初编·经部中第50—51册》，上海：商务印书馆，1922年版，第41页。
⑤ 参见仓林忠：《关于干支的起源及其本义》，《周口师范学院学报》，2007（4），第45页。

方向的乾、坤、艮、巽四卦，与天干中的甲、乙、丙、丁、庚、辛、壬、癸八干和十二地支组合在一起，共二十四个符号分别指示二十四个方向，这套方位指示符号被后世称为"二十四山向"（图1-6）。

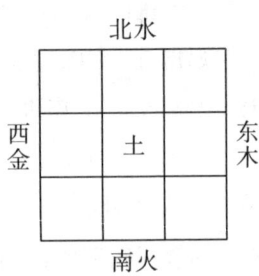

图1-5　五行与方位对照图①

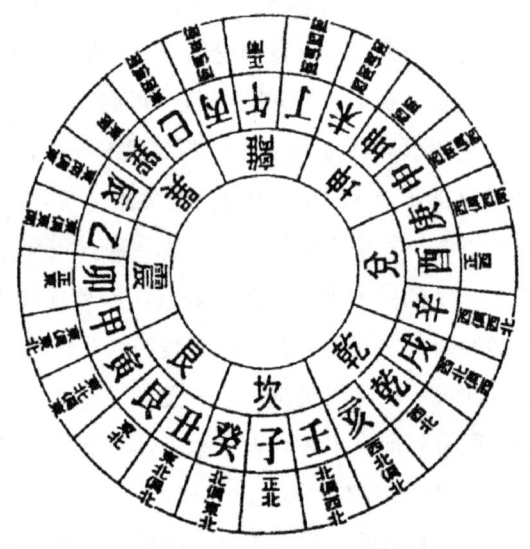

图1-6　二十四山向图②

除了早期诞生的理论成为后来发展的堪舆符号文本的前文本，堪舆文化发展史上的早期理论文献，也属于堪舆符号文本的前文本。比如导论部分提到的战国时期典籍《日书》，其中介绍了许多关于选择住宅的禁忌和注意事项，是后世一系列住宅堪舆理论相关著作的前文本。本书在导论部分提到的《雪心赋

---

① 王玉德、王锐：《宅经》，北京：中华书局，2011年版，第90页。
② 王玉德、王锐：《宅经》，北京：中华书局，2011年版，第6页。

正解》《葬经翼》《地理人子须知》三部理论著作都有它们各自的前文本，《雪心赋正解》是清代人孟浩对唐代人卜应天的著作《雪心赋》做的注解，在原文献基础上解释和继续阐发，《雪心赋》一书自然就是注解本的前文本。《葬经翼》的作者缪希雍在序言中指出自己写这部书的目的是廓清当时社会上对于《葬书》各种纷繁复杂的解释，减轻堪舆文化过分神秘化带来的不良影响，《葬书》是《葬经翼》的前文本。《地理人子须知》融汇集合了前代百余部堪舆理论文献，这些文献都是《地理人子须知》的前文本。

堪舆文化呈现出海纳百川的形态，在其发展历程中堪舆符号系统广泛吸纳了多方面的理论学说，将这些学说引入自身体系内部化为己用，堪舆文化越成熟，它的符号体系越庞大，符号文本携带的前文本也就越多，堪舆文化与中国古代文化之间的联系也因此愈加紧密，堪舆与人的幸福、家族的兴旺之间的关系也就通过更多纽带联结在一起，被越来越多的人笃信并遵循。

推动堪舆符号理据性上升的另一个重要原因是堪舆符号副文本逐渐增加。副文本是符号文本附带的框架因素，比如一本书的标题、作者姓名，一幅画的装裱方式等，堪舆符号副文本增加主要体现为堪舆实践者为堪舆理论典籍假托作者，假托的通常都是前代的堪舆大师，比较具有代表性的例子是假托作者为郭璞的典籍《葬书》。学者们对于《葬书》是假托伪书的研究判断过程，在本书导论部分已经有详述。

《葬书》的原作者之所以要将著作托名为郭璞，主要原因有三个。首先《葬书》中介绍的堪舆理论属于"形势派"的堪舆理论，主张通过观察环境中的地形地势和推测地中的生气强弱来推断环境吉凶。本书导论部分在介绍郭璞时提到了《晋书》中记载的两则卜葬故事，说明郭璞十分擅长观察自然环境，精通地理学和占卜知识，他本人采用的堪舆方法应当属于"形势派"堪舆，与《葬书》的理论相符。

其次，根据《晋书·郭璞传》的相关记载可知，郭璞的堪舆实践非常成功，提出的预测往往都能够"灵验"，他的堪舆故事在《世说新语》和《南史》中也有记载，这说明不论是在晋代还是后世，郭璞本人的知名度都很高，得到了堪舆师群体和普通民众的推崇。

前两个原因是郭璞的个人因素，最后还有时代因素的影响。魏晋时期是堪舆文化蓬勃发展的时期，秦汉时期堪舆文化吸收了外部的许多理论学说，将它们引入自身的符号体系之中，堪舆符号的理据性已经有所增强。而这一时期战乱频发，民众都渴望能够预知自己的命运，于是对各类卜筮之术更加依赖，此时社会上也开始产生选择好的葬地可以荫蔽子孙后代的思想，比如人们熟知的"折臂三公"和"牛卧地"等堪舆故事都产生于这一时期。

"折臂三公"是西晋名臣羊祜的故事，讲的是堪舆师观察羊祜父亲的墓地，认为墓地的环境预示着日后家族中有人能够成为皇帝，羊祜作为位高权重的大臣十分忌惮这样的预言，认为这种预言对自己和当时皇帝之间的关系不利，对自己的家族也有危害，于是羊祜破坏了墓地的形势。但堪舆师说破坏后的环境仍旧可以让家族中出一位手臂受伤折断、在朝廷中位列三公的人，按照羊祜后来的人生轨迹，这个"折臂三公"指的正是羊祜本人。这个故事在《世说新语》和《晋书》中都有相关记载。"牛卧地"是关于东晋名将陶侃的故事，记载于《晋书》中，是说陶侃早年丧父，家境贫寒，家中蓄养的牛走失了，陶侃外出寻牛，途中遇到一个老人，指点他将父亲安葬到家中的牛卧下的地方，还指了另一处可以作为葬地的环境给他，老人说这两处环境都能让陶侃升官富贵，陶侃与友人周访分别将祖墓迁到这两处，果然二人后来都成为当世重臣。《晋书》中记载的有关父母葬地使子女发迹的故事，体现了魏晋时期推崇堪舆文化的时代风气，正是当时人对于堪舆文化的信奉，使这些堪舆故事可以进入史传，又为郭璞等当时的堪舆名家们增添了光环。

综合以上三种因素，《葬书》的原作者选择将著作托名为郭璞，既可以借助郭璞的知名度方便《葬书》的传播，也能够促使读者相信其中介绍的堪舆理论。堪舆典籍作为符号文本，作者是其携带的副文本，在符号文本被接收、解释过程中能够起到重要的作用。如果文本标注的作者是名人，那么文本接收者会对文本进行较好的预判，进而认为文本具有诸多优点，也更容易认同文本中的观点。堪舆典籍假托前代堪舆大师的现象并不少见，利用前代大师的名字相当于增加副文本，相应地增加了符号文本与文化之间的联系，能够有效促进堪舆符号在发展和使用的过程中的理据性上升。

三、堪舆符号的规约性增长与失落

堪舆符号体系中除了一部分具有理据性的符号，其他符号属于规约符号，即需要依靠社会来约定符号与意义之间的关系。皮尔斯认为，规约符号"借助法则——常常是一种一般观念的联想——去指示它的对象，而这种法则使得这个规约符被解释为它可以去指示那个对象"①，"这种符号之所以为符号，仅仅是（或主要是）因为它被这样使用或被这样理解，而不管我们的习惯是天生的还是规约的，也不用考虑原初选择这些符号的动机是什么"②。从中可知规约性符号与其对象之间没有理据性连接，规约性建立在符号使用者的社会文化背景之上，完全依靠社会约定，同理，符号接收者对于规约符的解释也遵从社会约定。赵毅衡指出："规约性是任何符号多少必定要有的品质，否则无法保证符号表意的效率。"③ 皮尔斯也认为"像似符与指示符并不能断言任何事物"④，规约性作为符号表意的通则，是所有符号在不同程度上都具有的品质。

上文论述了堪舆符号在历史发展中其理据性提升的过程，这一过程也需要规约性作为表意的保证。比如上文提到的四灵、五行生克等理论被引入堪舆文化中，成为方向的指示符号，这些理论原本与堪舆符号没有多少逻辑联系，它们与地理方位建立联系也要依靠社会文化规约，只有通过规约，朱雀、玄武、青龙、白虎这四灵在堪舆符号体系中指称的对象才能确定为南、北、东、西四方，所有的堪舆符号使用者也才能够据此对四灵符号进行解释。

皮尔斯曾提出规约符增长的问题，"规约符可以生长与发展。它们是从其他类型的符号中发展成为规约符的，特别是从像似符或同时具有像似性与规约符之性质的混合符号（mixed signs）中发展而来的"，也就是说规约符号通过融入像似符号和指示符号而增长。"符号的增长是在将符号翻译为另一个符号、即前者的解释项的过程中进行的"⑤，所以规约符号的增长是"自生性"的。德国符号学家温弗里德·诺特对规约符增长的过程进行了分类分析，规约符号可以通过"规约性的申符形式"⑥ 增长，或者通过概念和术语的形式，也就是增加规约符号的意义使规约符增长。同时皮尔斯指出"只有在其他规约符的基础上才能发展新的规约符"⑦，也就是说规约符的增长是一个聚沙成塔的过程，

---

① 皮尔斯：《皮尔斯：论符号》，赵星植译，成都：四川大学出版社，2014年版，第60页。
② 皮尔斯：《皮尔斯：论符号》，赵星植译，成都：四川大学出版社，2014年版，第60页。
③ 赵毅衡：《符号学：原理与推演》，南京：南京大学出版社，2016年版，第84页。
④ 皮尔斯：《皮尔斯：论符号》，赵星植译，成都：四川大学出版社，2014年版，第60页。
⑤ 温弗里德·诺特：《符号的增长》，彭佳译，《鄱阳湖学刊》，2016（6），第46页。
⑥ 温弗里德·诺特：《符号的增长》，彭佳译，《鄱阳湖学刊》，2016（6），第48页。
⑦ 皮尔斯：《皮尔斯：论符号》，赵星植译，成都：四川大学出版社，2014年版，第60页。

在原有的规约符号的基础上，融入像似符号和指示符号，完成原有规约符号意义的更新，并依靠规约性创造出新的规约符号。

在堪舆文化中，"五音姓利说"的形成与流行体现的就是规约符号增长的问题。利用五音姓利说选择住宅和墓葬的方法，即"五音相宅（相墓）法"，自汉代起流传了近一千五百年，被人们视为比较原始的"理气派"堪舆实践方法。这种方法具体的操作过程，是先判断宅主或墓主的姓氏属于宫、商、角、徵、羽五音中的哪一个音，再将五音分别与五行相匹配，得出某人姓氏所属的音又属于五行中的哪种属性，再将这个结果与家宅大门或葬地方位所属的五行属性相对应，在五行生克理论中找到以上两种属性之间的关系，如果二者相生，就说明宅院或葬地适合此人，相克则说明不适合，这其实就是通过人的姓氏占卜宅院葬地吉凶的一种方法。学者金身佳指出，将五音用于判别住宅吉凶的方法，能够追溯到的最早的文献是王充的《论衡》。[①] 本书在导论部分梳理堪舆文化发展史时，曾提到王充写作《论衡》是为了反驳当时流行的一些堪舆术，能够从侧面展现汉代堪舆术的发展形态。在《论衡·诘术篇》中，王充转述当时流行的图宅术说法："商家门不宜南向，徵家门不宜北向"[②]，不宜的原因是"则商金，南方火也；徵火，北方水也。水胜火，火贼金，五行之气不相得，故五姓之宅，门有宜向。向得其宜，富贵吉昌；向失其宜，贫贱衰耗"[③]。这段话便是以姓氏和房门朝向的五行属性生克关系，来解释房屋吉凶关系，其中"商家""徵家"指的就是房屋主人姓氏归属于五音中商、徵两种音的家庭，由此可见汉代流行的图宅术中已经包含了比较成熟的五音相宅术，并且这种术法流行于当时的百姓生活之中。

五音相宅相墓的方法在隋唐时期十分盛行，《隋书·经籍志》中记载了《五姓墓图》《五音相墓书》《五音图墓书》《五音图山龙》等关于这种方法的著作。《新唐书·艺文志》中记载的同类典籍则有《郭氏五姓墓图要诀》《胡君玄女弹五音法相冢经》《五音地理经》《五姓宅经》等。五音相墓的方法在宋代还

---

    ① 金身佳：《五姓相宅分析与批判》，《周口师范学院学报》，2007（3），第48页。
    ② 王充：《论衡注释》，北京大学历史系《论衡》注释小组编，北京：中华书局，1979年版，第1417页。
    ③ 王充：《论衡注释》，北京大学历史系《论衡》注释小组编，北京：中华书局，1979年版，第1417页。

被皇家应用于皇陵选址，南宋赵彦卫在笔记《云麓漫钞》中描述北宋皇陵："永安诸陵，皆东南地穿，西北地垂，东南有山，西北无山，角音所利如此。"[1] 学者杨宽在《中国古代陵寝制度史》中引用乾兴元年宋真宗葬礼的相关记录："按经书（指讲阴阳堪舆之术的经书），壬、丙二方皆为吉地，今请灵驾（指载运棺椁的车驾）先于上宫神墙外壬地新建下宫奉安"[2]，上宫指陵墓中供祭祀用的献殿，下宫是墓室地宫所在的位置。由以上资料可知，北宋皇陵的墓室位于壬丙方位，坐北向南，东南方地势高，西北方地势低，面向嵩山背靠洛水，墓室位置在地势低处，这与其他历史时期皇陵背山面水、西高东低的基本格局相反。之所以选择这样的陵墓环境，是因为北宋统治者阶层笃信五音姓利之说，宋代皇室姓赵，属于五音中的角音，在五音姓利说中，壬丙方位对属于角音姓氏的人有利，所以当时的统治者相信陵墓按照这个方位营建是最有益处的。

五音姓利之说是在规约符号的基础上，通过融入像似符号和指示符号，依靠规约性产生的新的规约符号。首先五音姓利说的基础是根据在口腔中发音位置的不同，将不同的姓氏划归为五音中不同的音，比如赵姓属于五音之中的角音，赵姓这个符号与"属于角音"这种解释之间依靠规约性建立联系；接下来五音和五行建立联系，由此得出房屋和墓葬主人姓氏对应的五行属性，比如赵姓属于角音，五行属木，规约性为符号增加了新的解释；接着引入指示符号，将五行与方位指示符号建立联系，根据姓氏五行属性找到与其相生的属性，通过天干地支与五行的匹配找到相生属性对应的方位，按照这样的思路，壬丙方位就对赵姓有利。五音姓利说将姓氏与五音、五音与五行、五行与方位这三个层次结合在一起，每一层次之间的结合都依靠规约性，为一个姓氏符号在解释的过程中逐步增添新的意义，逐步从姓氏出发导向对于人事吉凶祸福的判断，形成了一套理气派的堪舆方法，五音姓利说的发展过程是规约符号自生性的增长过程。

值得注意的是，符号的规约性大部分是社会性的，受制于符号背后的社会文化环境，规约符号之所以具有较高的表意效率，正是因为解释者依靠所属社

---

[1] 赵彦卫：《云麓漫钞》，傅根清点校，北京：中华书局，1996年版，第150页。
[2] 杨宽：《中国古代陵寝制度史研究》，上海：上海人民出版社，2003年版，第65页。

会的文化规约对符号进行解释,处于相同社会环境中的解释者对于同一个规约符号会做出相近的解释,但如果社会文化环境发生变化,依靠社会文化规约的符号表意过程就有可能无法达成。五音姓利说经历了规约符号增长的过程,逐步发展成熟,在北宋时期仍有一定的影响力,但到了南宋时期便开始走向衰落,晁公武在《郡斋读书志》中就提到五音姓利之说"其学今世不行"①。

　　五音姓利说在堪舆实践的过程中逐渐被淘汰,它衰落的原因与社会文化环境的变化直接相关。宋代之后,历史变迁、民族融合等因素导致后世姓氏的发音与五音姓利说最初产生时期的发音已经相去甚远,同时姓氏自身的意义也发生了丰富的衍生和变化,按照五音姓利说中规定的划分标准来区分姓氏的五音属性也就失去了价值。历史的发展使规约符号规约性所依靠的旧有的社会文化基础发生了变化,相当于符号与对象之间的规约性连接"松动"了,解释者对于规约性的质疑必然导致规约符号的存在基础被瓦解,再加上随着时代的发展,堪舆实践者尤其是理气派实践者发明了许多用来占卜吉凶的新方法,"后来人们发现,以人的五姓定人的五行不如以人的出生之际所感受的五行之气定人的五行更合理,也就是后来用于算命的四柱八字中所用的五行关系。四柱八字中荒谬的东西固然不少,但后来逐渐演绎、完善,受到人们广泛的推崇,相比之下,五姓定五行的相地相宅之法就显得牵强、简单"②,五音姓利说的合理性被质疑,与它被新的占卜方法替代,都是由改变符号规约性的社会文化根基的历史变迁带来的结果,五音姓利说包含的规约符号的表意失败也使它被堪舆实践者们逐渐抛弃。

第三节　堪舆符号文本与双轴关系

一、堪舆符号文本作为自然文本

　　以上讨论的是单个堪舆符号的性质问题,在符号表意过程中,孤零零出现的单独符号是无法表意的,解释者无法脱离语境只通过单个符号来解释符号中

---

① 晁公武:《郡斋读书志校证》,孙猛校证,上海:上海古籍出版社,2011年版,第615页。
② 金身佳:《五姓相宅分析与批判》,《周口师范学院学报》,2007(3),第50页。

的意思，所以符号要表达意义，必须要组合出现，也就是要形成符号文本。赵毅衡指出，符号文本是"一定数量的符号被组织进一个组合中，让接收者能够把这个组合理解成合一的时间和意义向度"①，符号文本并不是自然存在的，它的构成取决于符号接收者获取意义的方式，即"符号文本是意识对对象诸观相进行区隔的结果"②。上文在论述堪舆符号作为自然符号时已经提到了区隔，人的意识产生的意向性，把事物对象化，并挑选事物的一部分进行观照，从挑选出的部分获得意义，而其余部分则暂时不去顾及，通过这个过程，意识区隔出来的这部分事物观相就形成了符号文本。符号文本虽然名为"文本"，却不仅仅指语言文字的组合，文字文本是"文本"一词在符号学中的最窄定义，而对于文本的宽定义则认为任何符号表意组合都是文本。

  堪舆符号文本是由堪舆符号组合而成的表意单元，形势派的堪舆理论面向自然环境，堪舆符号组合成的文本最终要落实为人们为自己的住所或者葬地选择出的自然环境。进行环境选择的人是堪舆符号的解释者，解释者通过自己的意识区隔，使自然中某环境成为他解释的符号文本，并根据他自己的特定解释既为堪舆文本划定了边界，也为自然环境划定了范围，在一定范围内判断这个环境是否适合作为居住地或葬地。由以上分析我们可以发现，堪舆符号文本不仅仅是堪舆符号的组合，同时也是符号的对象——山脉、河流等自然环境因素的组合。上文提到符号学家卡莱维·库尔提出的"四度自然"的理论，自然环境因素的组合被人认识并解释，经历了人的意识活动，应当归属于四度自然中的"一度自然"，是进入了文化范畴的自然环境，这样的自然环境可以借助同为莫斯科-塔尔图学派的符号学家蒂莫·马伦（Timo Maran）提出的"自然文本"（nature-text）的概念来进行分析。

  自然文本是生态符号学的一个重要概念，是在莫斯科-塔尔图学派对于文本的宽定义基础上发展而来的，该学派"把文本看作符号与文化联系的最主要方式"③，对于文本的定义也十分宽泛，比如这一学派的代表性人物乌斯宾斯基就认为文本是"任何可以被解释之物"④。既然堪舆符号的对象组成的自然

---

  ① 赵毅衡：《符号学：原理与推演》，南京：南京大学出版社，2016年版，第42页。
  ② 赵毅衡：《哲学符号学：意义世界的形成》，成都：四川大学出版社，2017年版，第111页。
  ③ 赵毅衡：《符号学：原理与推演》，南京：南京大学出版社，2016年版，第41页。
  ④ 赵毅衡：《符号学：原理与推演》，南京：南京大学出版社，2016年版，第42页。

环境已经通过人的意识活动与文化产生联系，经历了文本化过程，便可以将其作为"合一的表意单元"来理解，所以堪舆符号的对象组成的自然环境也是一种文本。

蒂莫·马伦指出，自然文本"除了讲述自然、指向自然的书面文本之外，它还包括描述自然环境本身的部分，为了功能关系，自然环境肯定至少在某种程度上是文化性，或者可以被文化化的。我将把这两种在这两个相对物之间的意义关系中形成的单元称之为自然文本"①。由此可见自然文本具有书面文本和文本化的自然环境双重结构，这是它在结构上的突出特征。堪舆符号文本便是典型的自然文本，它也具有鲜明的双重文本结构，第一层是由堪舆符号组成的文本，第二层是堪舆符号的对象组成的自然环境文本。将堪舆符号文本作为自然文本进行分析，核心目的在于由此对堪舆理论中显露出的中国古代先民与自然环境之间的关系进行探究。

二、堪舆符号文本的双轴关系

符号文本的双轴具体指的是组合轴与聚合轴，它们是符号文本的两个展开向度，任何符号都无法脱离文本单独表意，所以所有符号的表意活动都需要借助符号文本的组合与聚合关系展开。进行符号表意的活动时，组合轴向度上的操作是将一些符号组合成一个有意义的文本，聚合轴则比较复杂，"聚合轴的组成，是符号文本的每一个成分背后所有可比较，从而有可能被选择，即有可能代替被选中成分的各种成分"②，也就是说组成符号文本的每一个成分都有一系列可以替代它的备选成分，聚合轴由这些备选成分组成，聚合轴向度上的操作就是从这些备选成分中选择出某个成分进入组合关系。符号文本的每个组成成分都能够在文本中体现出来，而聚合轴上的成分则不能完全显示出来，未被选择进入组合关系的成分就无法显露，它们隐藏于符号文本之外。符号表意活动离不开双轴操作，符号接收者解释符号文本时也同样需要进行双轴操作，解释符号的过程首先关注的是显露于文本中的组成成分，接着对符号进行深入理解时，则要关注文本背后隐藏的一系列备选成分。

---

① 卡莱维·库尔、瑞因·马格纳斯：《生命符号学：塔尔图的进路》，彭佳、汤黎等译，成都：四川大学出版社，2014年版，第166页。

② 赵毅衡：《符号学：原理与推演》，南京：南京大学出版社，2016年版，第157页。

第一章 堪舆符号的表意机制

形势派堪舆的符号文本作为自然文本，是自然环境在文化语境中的呈现方式，自然环境由山脉、河流、低地等环境因素组成，这便是堪舆符号文本的组合成分；环境因素的不同形态、位置、朝向则将其区分为不同的备选成分，这便是堪舆文本的聚合成分。堪舆实践是环境选择的过程，堪舆师对周围自然环境进行观察和研究，通过观察环境中山川河流等因素的搭配，来寻找一处生态良好且富有美感的环境。这一过程也就是堪舆符号的接收者对堪舆符号文本进行解释的过程，他们综合利用堪舆理论评判现有自然文本的组合关系和聚合关系，选择出自然条件优越、能够给人带来良好影响的环境，或是在自然环境的基础上，因地制宜地进行人工建设。受堪舆文化的影响，中国古代的许多人造工程都是在维持现有自然环境的情况下展开，人们还会通过修塔、造林来帮助堪舆符号文本达到平衡的状态。

在符号组合关系上，形势派堪舆讲究"地理四科"搭配，"地理四科"按照堪舆理论流传下来的习惯说法，包括龙、砂、水、穴四种堪舆符号。"龙"符号的对象是蜿蜒起伏的山脉，得名原因是古人认为山脉与龙的形态和动态十分相似，这一点在上文已经有所论述。堪舆理论中认为生气是滋养生命最重要的因素，于是小环境中生气是否充沛是衡量环境良好与否的核心标准，环境中的生气是由龙脉带来的，所以选择的环境必须背后有山依傍，即要有"主山"，并且主山应当是大型山脉的一部分而不能是孤立存在的。

"砂"符号的对象是主山周边相对低矮的山，之所以叫作砂，是因为"古人以砂拨山形而相授受，故谓之砂"[1]——古人以砂石堆塑来模拟山的形态，与沙盘的效果类似，砂符号也因此得名。学者戚珩、范为在《古城阆中风水格局：浅释风水理论与古城环境意象》一文中指出，砂符号"反映着山之群体观念"，"与特达尊崇、城市后倚的来龙、或谓主山镇山，呈隶从关系"[2]，也就是说，在堪舆理论中，砂山环抱位于龙的周围，并不特指一座山，而是指在环境周围呈围绕拥护形态的群山，它们对龙脉起到环绕保护的作用，即"取其朝应护从之用"[3]。当然在砂山中，依据与主山的相对位置关系，也有不同名称

---

[1] 徐善继、徐善述：《绘图地理人子须知》，郑同点校，北京：华龄出版社，2012年版，第219页。
[2] 戚珩、范为：《古城阆中风水格局：浅释风水理论与古城环境意象》//王其亨主编《风水理论研究》，天津：天津大学出版社，1992年版，第50页。
[3] 徐善继、徐善述：《绘图地理人子须知》，郑同点校，北京：华龄出版社，2012年版，第219页。

对砂山进行区分，比如依据上文提到的四灵指示符号，环境中的主山为玄武，主山左侧的砂山常被称为青龙，右侧被称为白虎，主山正对的砂山或河流则被称为朱雀。朱雀位置的砂山同时又被称为"朝山"和"案山"，距离主山和山脚的穴地比较近，形态比较矮小的砂山称为案山，距离穴地相对较远而高大的砂山叫做朝山。

"水"符号的对象是环境中的江河、溪水或池塘，它的名称虽然没有特殊的由来，但水对于自然环境的重要性不言而喻。古人同样注意到了这一点，《地理人子须知》中便总结道："夫天一生水，水实万物之祖。水在天地间为最多，四海五湖，特其概耳。浴日月，浸乾坤，皆水之效灵者也。故水于阴阳家，曰山水，曰风水，水居其半，可谓重矣。"[1] 这说明"地理四科"之中，水符号虽然位列末尾，但中国古人十分清楚地知道水对于任何生命体的生长发育都是必不可少的，想要营造适宜生存的环境，必然离不开水。在堪舆理论中，水和龙一样，也是生气运行的路径，只不过龙脉中的生气深藏于内，而水中的生气则显露于外，水能为环境带来生气，"水飞走即生气散，水融注则内气聚"[2]，强调环境中的水一旦流散就会失去生气，不再滋润生命，而环境中如果能留住水流便能获得生气。同时堪舆理论中认为水的质量还与当地居住者的性情特点息息相关，所以《葬书》中指出堪舆实践选择环境应"得水为上"[3]，通过环境中形态、动势、水质都比较良好的河流、溪水或人为挖掘的池塘保存水流融汇而来的生气。

"穴"符号的对象是处于主山、周边低山、河流环抱之中的山谷间平地，是堪舆实践选择的环境的中心部位，穴地地势平坦，大小适当，并因为处在山脚上而具有一定的坡度，它得名的原因上文也已经论述过。古人强调穴地有土地中的生气萌生，所以能催生万物，实际上是因为穴地处于山川环抱之中，能保持相对温暖、湿润的小环境，抵御外部自然的或是人为的侵袭，形成有助于动植物生长和人居住埋葬的环境条件，为人们提供理想的居所和葬地。

以上四种堪舆符号是堪舆实践选择出的理想环境中必不可少的要素，也就

---

[1] 徐善继、徐善述：《绘图地理人子须知》，郑同点校，北京：华龄出版社，2012年版，第297页。
[2] 徐善继、徐善述：《绘图地理人子须知》，郑同点校，北京：华龄出版社，2012年版，第297页。
[3] 旧题郭璞：《葬经》，《四库提要著录丛书·子部术数类021》，北京：北京出版社，2010年版，第77页。

是堪舆符号文本的基本组成成分，堪舆文本组合轴上的操作是要判断一个环境是否备齐这四个要素，即背后有主山可供依靠，四周有低山环绕保护，主山低山之间有平坦但略有坡度的平地，平地前还有流水蜿蜒而过。不过，要判断某种环境是否适宜人居住或安葬，只评判环境中是否齐备这四种要素是远远不够的，在组合关系之外，还要考察堪舆文本的聚合关系，因为组成堪舆文本的每一个符号在聚合轴上都存在许多备选成分，这些备选成分是在自然环境中具有不同形态的环境要素。

堪舆实践考察符号文本聚合轴的过程，被古人总结出"寻龙""察砂""观水""定穴"等说法，随着与堪舆文化有关的文学作品、影视作品的流行，这些说法也逐渐被现代人熟知。所谓"寻龙"是指考察小环境依傍的主要山脉的形态、气势、朝向；"察砂"指的是考察小环境四周环抱的低山的外形、高度；"观水"指的是考察小环境中流水的形状、流向和流速；"定穴"则指通过衡量小环境中山间平地的形态，再通过测算整体环境的横纵轴线，来确定穴具体的位置和朝向。

通过"寻龙""察砂""观水""定穴"能够甄别出多种形态不一的山、水、平地，在形势派堪舆理论中，这些不同的地理形态之间也有贵贱吉凶的区别。在对不同地理形态的判别中，存在一整套评判自然环境要素的标准，这些标准是堪舆文化发展历程中，许多专注研究堪舆文本聚合轴上备选成分的名家的理论集合而成的。堪舆符号文本聚合轴上的备选成分虽然在不同的历史阶段、不同的堪舆著作中有不同的名称，优劣评判标准也有不同的表述方式，但其基本标准是相通的。例如水符号的评判标准，《葬书》中指出"以水为朱雀者，衰旺系乎形，应忌夫湍激"；"洋洋悠悠，顾我欲留，其来无源，其去无流"[1]。"以水为朱雀"指的是水流在小环境中的位置关系，水应位于龙的对面，堪舆理论要求理想环境中的水流首先不能湍急，水流相对平缓，表面不见水流的来源与流向，但实际上水始终处于流动的状态；同时堪舆理论也强调水流的形状不能过于平直，应适当弯曲，弯曲的水流对于整体环境仿佛具有回环有情、依依不舍的形态。《地理人子须知》中关于水符号的判断标准也有相似的论述：

---

[1] 旧题郭璞：《葬经》，《四库提要著录丛书·子部术数类021》，北京：北京出版社，2010年版，第78页。

"然其大旨不过来者欲其屈曲，横者欲其绕抱，去者欲其盘桓，而汇聚者欲其悠扬，囊江融潴澄凝。登穴见之，不直冲，不斜撇，不峻急，不湍激，……而有情顾穴，环绕缠抱，恋恋不舍。"①堪舆理论认为平缓回环的水流能够为环境带来良好的生气，同时维护环境中的"气场"，所以平缓回环的水流被认为是吉兆，相反如果水流的形势如果过于直接、湍急的话便会对环境气场形成冲撞，选择环境时要尽量避开这种形状的流水。

除了以上提及的好的"水"的评判标准，环境中的山和平地的评判标准同样各有一套理论。堪舆理论对于山的划分大多是依据其外在形态，比如《葬书》中提到"山之不可葬者五"②，在众多种类的山中，不生长草木的"童山"、形式断裂陡峭的"断山"、外表光秃秃没有土壤的"石山"、山脉中的生气如同龙在奔腾的"过山"、没有山脉连接的"独山"都不是理想的葬地，这一理论为判断龙符号聚合轴备选成分的优劣提供了基本的指导。

这类堪舆研究成果为研究者们解释堪舆符号文本提供了有效的索引，也显示出堪舆符号文本中，各种环境因素背后聚合段的宽窄有所不同。文本中符号背后聚合段的宽窄其实指的是备选成分的多少，宽窄是相对而言的。对比之下，龙这个符号的聚合段相较于其他符号更宽一些，龙符号的宽幅特点与它在堪舆理论中的重要性直接相关，堪舆实践选择环境就是为了能够使人受到生气的滋养，于是甄别出生气灌注的山脉便格外重要，于是"龙居地理四科之首，堪舆家莫要于论龙"③，这使历代堪舆师对它都格外注意。

形势派堪舆的宗师杨筠松在《撼龙经》中就将龙的形状分为九类，用北斗九星的名字分别命名，逐个判别吉凶。明代著作《地理人子须知》作为形势派堪舆理论的集大成之作，总结了前代堪舆师的庞杂理论，并在其基础上进行解读和阐发。在这部著作中，作者徐氏兄弟对龙符号进行了细致的分类，并详述了多种甄别龙脉的标准，其中龙符号根据分枝形态、主次地位分为"干龙"与"枝龙"。干龙指的是从山脉发端开始一以贯之的山脉主体，山形高大，气势壮阔。干龙山脉的长度越长，其中的生气力量越大，根据干龙大小长短分，还有

---

① 徐善继、徐善述：《绘图地理人子须知》，郑同点校，北京：华龄出版社，2012年版，第297页。
② 旧题郭璞：《葬经》，《四库提要著录丛书·子部术数类021》，北京：北京出版社，2010年版，第81页。
③ 徐善继、徐善述：《绘图地理人子须知》，郑同点校，北京：华龄出版社，2012年版，第1页。

大干龙和小干龙的分别。堪舆理论根据我国的地形地势特点提出了北、中、南"三大干龙"的概念，并认为它们全部发源于昆仑山脉。枝龙指的是主体之外的分枝山脉，因其数量众多，所以"只可以真伪辨，不可以大小拘"①；根据龙符号的地势高低，可分为"支龙"与"垅龙"，垅龙指的是高大山脉，支龙指的是略高于平地的平实宽阔、绵延很广的土山，与平地的高度差距较小，即"高一寸为山，低一寸为水"②，这种"龙"是生气在土地中运动的痕迹，所以需要仔细观察它上面隐隐约约出现的"脊"来确定它的走向；根据山脉与其发源地的关系，山可以分为"太祖山""宗山""少祖山"和"父母山"（图1-7），太祖山指的是山脉的发源，太祖山的形势是甄别龙脉的重要指标，"是故寻龙之法，必先究其祖宗。知其祖宗，则龙之远近长短，气之轻重厚薄，力量大小，福泽久暂，皆可于此而察实之矣"③。山脉自发源地一路发展，其间许多山峰被称为"宗山"，接下来"少祖山"是距离穴地不远的高大山峰，"父母山"即是堪舆文本小环境中穴地依靠的主山，穴地依托通过父母山传递来的生气，"如禀受父母之血脉为胎也"④。除以上三种分类，龙脉还有"旁正""老嫩""长短""真假""贵贱""三势""三落""五星"等分别。

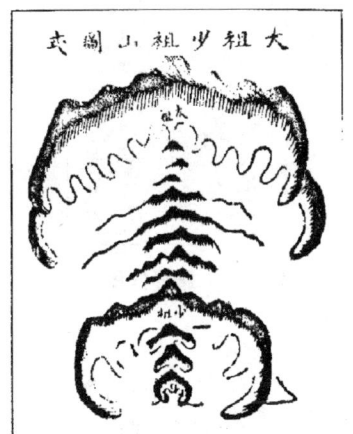

图1-7 太祖山、少祖山图示⑤

---

① 徐善继、徐善述：《绘图地理人子须知》，郑同点校，北京：华龄出版社，2012年版，第26页。
② 徐善继、徐善述：《绘图地理人子须知》，郑同点校，北京：华龄出版社，2012年版，第32页。
③ 徐善继、徐善述：《绘图地理人子须知》，郑同点校，北京：华龄出版社，2012年版，第37页。
④ 徐善继、徐善述：《绘图地理人子须知》，郑同点校，北京：华龄出版社，2012年版，第41页。
⑤ 徐善继、徐善述：《绘图地理人子须知》，郑同点校，北京：华龄出版社，2012年版，第38页。

龙符号的聚合段分类比较复杂，评判标准则更加复杂，例如：龙脉的"出身"，即山脉自发源地开始绵延的形态；龙的"开障"，即山峰横向铺展的形态；龙脉的"剥换"，即山脉形体变化的姿态；龙脉"过峡"，即山脉中山峰与山峰之间的连接形态；龙的"枝脚桡棹"，即山脉诸多小分支的形态，枝脚在堪舆理论中指的是龙脉中生气的多余部分绵延产生的余脉；龙脉的"护送"，即主要山脉周围是否有小山呈现的对主山的护卫形态。除以上六种，还有"驻跸""行止""分擘""背面""宾主""奴从""余气"等评判标准。

相比以上论述的龙符号聚合段，穴符号根据其形态主要有"窝""钳""乳""突"四类（图 1-8 至图 1-11），即所谓的"四格"，在此基础上衍生形态变体，或按照五星来进行分类。

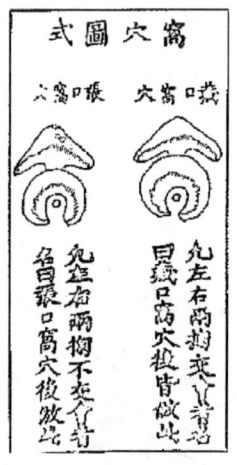

图 1-8　窝形穴图示[1]

图 1-9　钳形穴图示[2]

---

[1] 徐善继、徐善述：《绘图地理人子须知》，郑同点校，北京：华龄出版社，2012年版，第108页。
[2] 徐善继、徐善述：《绘图地理人子须知》，郑同点校，北京：华龄出版社，2012年版，第113页。

第一章 堪舆符号的表意机制

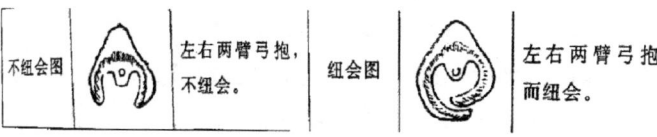

图1-10 乳形穴图示①

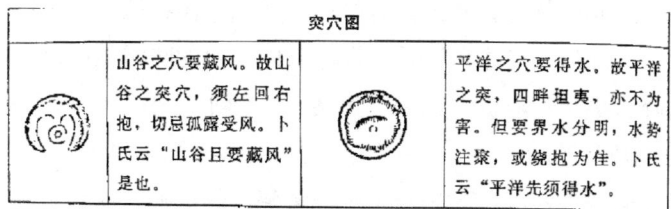

图1-11 突形穴图示②

砂符号主要有"青龙""白虎""朝山""案山""水口砂"的分别，水符号则主要分为"朝水""去水""聚水"等。显然以上三种堪舆符号的聚合段比龙符号的聚合段要窄一些，堪舆符号文本中龙符号的宽幅特点因此十分鲜明，历代堪舆师对于甄别龙符号的重视也由此体现。这种重视同时也使当今许多与堪舆有关的文学、影视作品大力渲染"寻龙"的神秘性和复杂性，使"寻龙"成了当代人熟知的堪舆名词之一，即便对堪舆实践了解很少的人，听到寻龙点穴之类的词语也会联想到堪舆文化。

根据以上提到的这一系列评判标准，堪舆实践者需要对作为自然文本的堪舆文本中各项环境要素的聚合轴进行细致的分析，才能选择出一处要素齐全且符合标准的理想自然环境，这也正是堪舆实践者根据自然环境因地制宜改善人们生存环境的过程。

三、堪舆符号双轴选择与自然环境的关系

堪舆符号文本作为自然文本，包含了人与自然环境之间的双向互动关系，一方面自然生态环境的状况促使中国先民形成了独特的理想环境模式，并通过堪舆符号双轴操作来选择和营造这样的环境模式；另一方面，人们对于环境的选择和营造，也会对自然环境本身造成影响。

---

① 徐善继、徐善述：《绘图地理人子须知》，郑同点校，北京：华龄出版社，2012年版，第119页。
② 徐善继、徐善述：《绘图地理人子须知》，郑同点校，北京：华龄出版社，2012年版，第124页。

我国基础的地形和气候条件包括以下方面：首先，我国位于东半球和北半球，领土位于中纬度和低纬度地区，大部分领土处于温带，小部分处于亚热带和热带。其次，我国的地势西高东低，海拔高度由西向东逐渐降低，并呈现出"三阶梯"的形态，山脉大多是东西或东北—西南走向，大部分河流的流向是自西向东。在气候条件上，我国具有显著的季风气候特征，冬季风是从大陆吹向海洋的干冷偏北风，夏季风则是从海洋吹向陆地的暖湿偏南风，因此大部地区冬季普遍降水少、气温低，北方更为突出，到了夏季，全国降水普遍增多，并同步出现高温天气。

地形与气候条件对我国先民产生了非常深远的影响，这种影响促使中国先民在选择居住和墓葬环境时有意地避开冬季寒风的侵扰，远离地下水的侵蚀，使环境能够尽量多地接受阳光和温暖湿润的空气，于是中国传统民居，尤其是北方民居，通常是坐北朝南，聚落的环境通常三面环山一面向水，整体相对封闭的小环境成了理想的环境模式。这样的环境经过文化过滤提炼之后，形成了人们时常提及的生气充沛的"风水宝地"概念。所谓宝地，实际上是堪舆符号双轴操作形成的自然文本，组成文本的不仅有堪舆符号，而且有符号的对象，即自然环境因素，宝地中不仅要齐备龙、穴、砂、水这四种主要的环境组成因素，还要选择适宜的环境因素，最终选出生气丰沛，并能充分融合协调的环境。

根据"形势派"的堪舆理论，理想的龙脉首先应来脉悠远，即小环境依靠的山峰所在山脉应当绵亘千里且宽广，同时龙脉还要能够追溯到形势良好的太祖山，形势好的太祖山"必须高达迥异，或跨州连郡，延袤数百里"，"其发出枝派蕃衍，不可悉数"[1]，除了山形高大、支脉众多这两点要求，太祖山还需要"其天时将阴晦，则有云雾生其巅"[2]，高山上有云雾也被古人视为山脉富有生气的一种表现。除了要求龙脉太祖山高大，堪舆理论对于少祖山的形态也有具体要求："故凡美地必近穴起少祖山。而少祖之山，必然奇异特达，秀丽光彩"[3]，如果少祖山的形势不佳，即便穴的形态很好，也只能算作"不吉"。除此之外，理想的龙脉在外形、植被、土壤和流水质地等方面都有表现，明代

---

[1] 徐善继、徐善述：《绘图地理人子须知》，郑同点校，北京：华龄出版社，2012年版，第37页。
[2] 徐善继、徐善述：《绘图地理人子须知》，郑同点校，北京：华龄出版社，2012年版，第37页。
[3] 徐善继、徐善述：《绘图地理人子须知》，郑同点校，北京：华龄出版社，2012年版，第38页。

人缪希雍将其总结为："紫气如盖，苍烟若浮，云蒸霭霭，四时弥留；皮无崩蚀，色泽油油，草木繁茂，流泉甘冽，土香而腻，石润而明，如是者，气方钟也未休。"①

同理，堪舆理论中理想的砂也主要是从形态特征上考量，"其大要不外乎方圆尖正者为吉，破碎斜侧为凶，开面有情、秀丽光彩者为吉，巉岩飞窜、丑恶无情者为凶"②，也就是说砂从外形上看要具有一定的美感。同时堪舆理论重视考量穴地周围的砂山，也就是重点关注小环境中的群山山形，并从形象像似的角度出发，将"砂之吉者"形容为"御屏、锦帐、御伞、金炉、贵人、天马、文笔、诰轴、金箱、玉印"，等等，将"砂之凶者"形容为"投算、掷枪、烟包、破衣、抱肩、断头"，等等③。还有重要的一点，即上文提及的砂山要对龙脉和穴地起到环绕护卫的作用，在环境主山的对面，最好要有朝山和案山两种形态的砂山与主山相呼应，这样就使小环境呈现相对封闭的状态，古人认为这样有助于环境中的生气充分聚集融合。另外，砂山在小环境中要呈现向心的基本姿态，而非离心，在堪舆理论中，离心的砂山会破坏小环境的整体气场。

水在堪舆理论中和龙脉一样包含着生气，水的流动形态即生气运行的轨迹，理想的水和龙脉一样要求水深而长，"深长则龙气旺，发福必悠久"④，即深长的流水能够为环境带来充沛的生气。同时正如上一节中论述的，小环境中水的形状应当回环弯曲，水流相对平缓，回环的形状应当凸向环境主山的对面，即堪舆实践选择的环境应当位于河流的凸岸一侧。

在堪舆实践中，理想的穴地是环境中居民定居、埋葬的中心位置，它应该位于主山山脚，整体平坦并略有坡度，地势不能过于低洼，穴地在周围群山、河流的环绕中远离外部侵扰，接受生气的滋养，因而更强调与环境中其他因素相协调（图1-12）。"定穴"历来是一项复杂的操作，明代徐氏兄弟在《地理人子须知》中将辨别理想穴地的标准分为四类，首先是"穴形"，穴的形状要

---

① 缪希雍：《葬经翼》，见佚名：《丛书集成初编》，北京：中华书局，1936年版，第39页。
② 徐善继、徐善述：《绘图地理人子须知》，郑同点校，北京：华龄出版社，2012年版，第219页。
③ 参见徐善继、徐善述：《绘图地理人子须知》，郑同点校，北京：华龄出版社，2012年版，第219页。
④ 徐善继、徐善述：《绘图地理人子须知》，郑同点校，北京：华龄出版社，2012年版，第298页。

圆润规整，从上文提到的窝、钳、乳、突四类形态中找到适宜的穴形，比如窝形穴要尽量挑选"弦棱伶俐，两掬弯环，口中圆净，窝内冲融"[①] 的，或者从"穴星"来判断，即将不同形态的穴与金木水火土五星相联系，根据不同的穴星来确定穴的准确位置。更重要的是所谓"穴证"，指的是选择穴地要充分考虑环境中的其他因素，穴地的位置要与龙、砂、水等协调搭配。最后是根据"穴忌"排除不良的穴地。另外对于用作墓葬的穴地来说，堪舆理论强调选择穴地还必须精准把握穴的深度，即《葬书》中提到的"深浅得乘，风水自成"[②]，通过把握深度来捕捉土地中的生气，接受生气滋养而达成灵魂胎转甚至家族后代获益的目的。

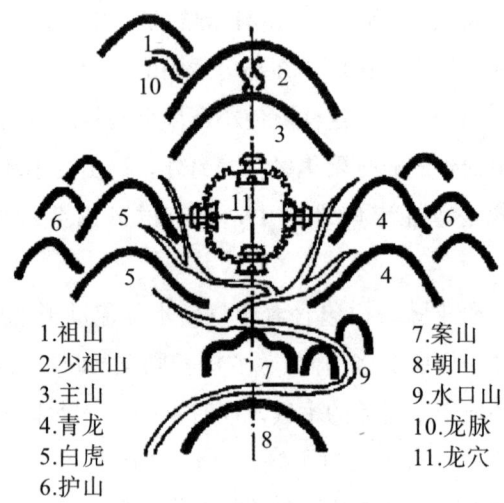

图1-12 理想的堪舆环境[③]

人们在进行堪舆实践时，可以根据以上标准进行双轴操作，选择、组合出适宜生存或埋葬的堪舆符号自然文本，并根据人们聚落的规模灵活选择面积大小不同的环境。这些环境具有大致相同的模式特点，即坐北朝南、三面环山一面向水、整体相对封闭，《葬书》中将这种环境模式总结为"玄武垂头，朱雀

---

① 徐善继、徐善述：《绘图地理人子须知》，郑同点校，北京：华龄出版社，2012年版，第108页。
② 旧题郭璞：《葬经》，《四库提要著录丛书·子部术数类021》，北京：北京出版社，2010年版，第80页。
③ 图片引自尚廓：《中国风水格局的构成、生态环境与景观》，见王其亨《风水理论研究》，天津：天津大学出版社，1992年版，第27页。

翔舞,青龙蜿蜒,白虎驯頫"①,在堪舆理论中这样的小环境能够"藏风""得水""聚气",即保存山脉和水流带来的生气,避免环境外部的风将生气吹散,整体环境能够涵养生气,使穴地接受生气的滋养。

从生态角度来说,"风水宝地"的环境模式的确有益于人的生存。首先,环境的大致方向是坐北向南,它能够有效地避开冬季从西北方向吹来的干冷空气,又保证其能尽量多地接受阳光照射,承接来自南方的温暖湿润的空气,同时三面环山、一面向水,向水一方还有远方山峰保护,这样的合围之势能够形成天然的屏障,使人们的居住环境具有良好的防御性。这一点在朝代更迭、战乱频仍的时期尤为重要,正如陶渊明在《桃花源记》中提到,桃源中的居民"问今是何世,乃不知有汉,无论魏晋"②,朝代更迭没有对桃源中人们的生活造成任何影响,陶渊明的这种社会理想正是建立在这种相对封闭的环境模式之上的。"风水宝地"的环境模式有助于中国传统自给自足的经济的发展,环境中的穴地有利于人们聚族而居并开垦农田,从事农业生产,同时穴地位于山脚,具有一定的坡度,民居不易遭到水流淹涝。环境临近河流湖泊便于生活用水和交通往来,同时还能在种植业之外进行水产养殖,更重要的是,堪舆实践选择的环境位于河流的凸岸一侧,能够有效规避流水对于河岸地基的侵蚀,使居住者或墓葬拥有相对安全的环境。环境中的群山树木繁茂,既能有效保持山上的水土,为居民提供食物和薪柴燃料,也可以供居民栽植经济类林木。这样的环境模式能够形成良好的生态循环,生活在其中的人们也能因此受到自然环境的良性影响,于是"风水宝地"的环境模式也就成为人们理想的堪舆符号文本,堪舆实践者普遍希望利用堪舆符号双轴操作营造出这样的环境。这是人们适应自然环境的一种表现,体现出环境对文化深刻的影响,与之相应的是人们进行双轴操作,营造理想环境的过程也必然对自然环境本身有所影响。

堪舆实践双轴操作之后形成的堪舆符号本文作为自然文本,其中许多自然因素无法改变,同时堪舆理论也不主张大规模改变自然环境,所以堪舆实践者的主体作用体现在对环境因素仔细甄别评估,并适当修整的过程中。对于一些有缺陷的小环境,堪舆实践中采取的修整措施会对原有的自然环境和自然景观

---

① 旧题郭璞:《葬经》,《四库提要著录丛书·子部术数类021》,北京:北京出版社,2010年版,第81页。

② 袁行霈:《陶渊明集笺注》,北京:中华书局,2003年版,第479页。

造成一定的影响。

  这些修整手段主要是指修建堪舆建筑或栽种树木来平衡所谓的堪舆格局，即适度弥补自然环境因素造成的缺陷。比如，人们受堪舆文化的影响，为了补足堪舆符号文本组合关系中的一些"缺陷"而人工栽种的树林，被称为"风水林"，古人这样解释风水林的用途——"于背后左右之处有疏旷者，则密植以障其空"[1]，显然，风水林是堪舆符号文本中，当砂山等自然因素过于空旷、低矮等不足时所使用的补救措施，即人们可以通过栽种树木提升环境的封闭性。这类树林常出现在村庄、坟墓、庭院、路口附近，研究者们根据树林栽种的地点和用途，将其分为村落宅基风水林、坟园墓地风水林、寺院风水林三大基本类型。[2] 其中村落周围种植的风水林常常呈半月形，对村庄形成环抱之势，人为地替村庄筑起一道屏障。在冬季树木可以抵御寒风的侵袭，在夏季则有助于遮挡炽烈的阳光，树林能够有效调节环境中的温度，提升环境中居住者的舒适度，具有实际的生态效用。同时在堪舆理论中林木的茂盛程度是检验环境中是否富有生气的重要标准，古人认为栽种风水林可以在补全堪舆符号文本缺陷的同时，更能烘托环境的生气，形成良性循环。

  作为自然文本，堪舆符号文本中体现了人与自然环境互动的关系，在中国基本的地理气候条件影响下，中国人总结出了最有利于人类生存的环境模式，在文化发展的历程中将堪舆文化化为"风水宝地"的概念，并通过堪舆理论发展和实践过程积极追求这样的环境模式。在周遭环境不尽完美的情况下，堪舆实践者们会因地制宜地修整环境，而对于环境的选择和修整，无疑会影响自然环境，这种影响往往是良性的。人们以有益的干预手法优化自然环境，使生存环境也能随之改善。

---

  [1]《阳宅会心集》，见《稀见清代四部辑刊·第八辑子部50》，台北：经学文化事业有限公司，2015年版，第62页。

  [2] 参见关传友：《中国古代风水林探析》，《农业考古》，2002（3），第239页。

第二章　生态主义与堪舆符号元语言

第一节　堪舆符号元语言与生态批评

一、"天人合一"的元语言与生态批评

本书第一章第一节中提到过，符号的接收者对符号意义进行解释，形成解释项，也就是将符号"翻译"成一个新的符号，这种"可翻译性"是符号意义的存在条件。符号接收者在尝试解释符号时必须掌握解释的"钥匙"，即符码，符码是控制符号意义植入和解释的规则，拥有这把钥匙，符号解释者便可以将符号翻译为意义。符码是单个符号的解释规则，在面对符号组合而成的文本时，符码必须形成体系才能帮助接收者解释符号文本，符码集合起来形成的体系被称为元语言。元语言与符码的界限并不分明，再加上符号解释者无法只对单个符号进行解释，解释活动面对的就必然是符号文本，所以关于符号解释规律的问题统称为元语言问题。

元语言在人们对任何符号文本进行解释时都必不可少，堪舆符号也不例外。但不同类型的符号，它们的符码强弱程度也不同，实用性强的、科技领域的符号因为在信息交流过程中必须保证意义传递的准确性，且解释者对符号的解释是固定的，因此这类符号的符码具有强制性，解释者解释符号时使用的符码，必须与符号发出者编织符号信息时的符码一致，这类符号就属于强编码符号。与之相反，文化艺术符号属于弱编码符号，文化符号的符码是非强制性的，任何文化符号都不可能是某种固定的解释，任何一个解释者对文化符号的解释都是暂时的，这是因为对于文化符号的每一次解释过程，解释者调动的元

语言集合都不相同，不同解释者的元语言也不相同，文化符号的元语言集合始终处于变动之中。堪舆符号是一种文化符号，再加上它具备自然符号的属性，其符码是非强制性的，带有弱编码性质，因此它的元语言问题便十分值得探讨。

根据符号表意过程中参与构成元语言的因素不同，元语言可以分为三类，分别是文本本身参与构成的自携元语言、解释者参与构成的能力元语言和社会文化起重要作用的语境元语言。符号文本的自携元语言与文本自身及其伴随文本有关，伴随文本会对解释活动产生某方面的压力，引导解释活动的走向。比如本书第一章第二节中提到的，堪舆典籍往往存在作者假托前代先师的现象，这实际上是为符号文本增加了副文本，解释者在进行符号解释的时候，副文本会对他们形成一种解释压力，这就是堪舆符号文本的一种典型的自携元语言。解释者的能力元语言与其自身的智力、心性、信仰、成长经历、身处的社会环境都有关系，影响因素复杂，千人千面，并且能力元语言完全取决于符号接收者的自我感受，无法从旁观者角度对其进行客观评估，所以很难被系统性地论述。语境元语言是符号元语言最重要的组成部分，与整个社会文化有着千丝万缕的联系，自然也在堪舆符号元语言中占据核心地位，是本书在本章这一节主要讨论的对象。

堪舆符号的语境元语言主要涉及中国古人对人和自然生态之间关系的理解，也就是中国传统的生态观，其中最核心的哲学观点是"天人合一"。正因为在堪舆符号系统产生发展的历程中，中国古人都以"天人合一"为思考的出发点和落脚点，因此形成了一套相对统一的文化语境元语言，在这样的社会文化环境中，堪舆符号文本能够得到比较统一的解释。

19世纪西方学者欧理德在对堪舆文化进行研究时已经注意到中国独特的生态哲学观，当然欧理德是从西方科学文化的背景出发对其进行阐释的，在他看来，堪舆是中国的自然科学雏形。固然，对于自然力量的崇拜是人类在原始文明阶段共有的一种情感，天人合一的观念以这种情感为起点，但其内涵远比自然崇拜丰富，在天人合一观念的引导下，中国古代先民崇尚自然力量，但并不是一味屈服于自然力量，而是尊重自然界的其他生物和自然规律，并努力顺应自然规律，保持人与自然之间的和谐关系。天人合一观念对于中国文化的重要性，已经有许多学者进行过论述，比如汤一介认为天人合一"不仅是一根本性的哲学问题，而且构成了中国哲学的一种思维模式"①，方克立认为天人合一是中国传统哲学的"最高生态智慧，或者说是中国古代生态思想的哲学基础"②。天人合一观念对中国文化的诸多方面都有极为深远的影响③，堪舆文化是受其影响的方面之一。

天人合一观念历史悠久，张岱年认为它起源于西周时期，张世英则认为它可以追溯到更早的商代。天人合一观念中"天"的定义比较复杂，它不是单纯指天空，也不能简单地和"自然"的概念画等号。"天"的概念包含人们赋予它的神圣性和敬畏感，通过综合分析天人合一观念的发展历程，我们可以梳理出"天"的含义有以下几种说法：张岱年认为在中国古代哲学中，"天"具有三种含义，一种是具有人格神含义的最高主宰，能够主宰人的命运；另一种是指包括人类在内的自然界整体；还有一种是指最高的原理④。汤一介将"天"总结为"一有机的、连续的、生生不息的、能动的、与人相关联的存在""是指与人有着内在联系的有机体"⑤，鲁枢元将"天"解释为"生生不息的万物之源、至大无边的万物主宰，是一个拥有自己意志的至高无上的绝对存在"⑥，金岳霖在《道、自然与人》中对"天"和英语中自然（nature）一词进行了辨析，将"天"解释为自然，而将英语词自然解释为"纯粹的自然"，二者之间最大的区别就在于纯粹的自然是"将人类排斥在外，或者它与人类相离"⑦，而"天"指的是包含人类群体、人类活动在内的自然。

综合以上释义，"天"可以被总结成包含人类在内的自然万物构成的自然界，"天"与人类具有紧密的互动关系，"天"推动生命诞生、成长、衰老、消亡，生生不息，同时也具有一套比较稳定的运行规律。当前，"天"的概念因为其包含人类群体、人类活动，并与人之间紧密联系的特点，受到东西方学者的普遍关注，这一特点是中国传统自然观念与西方近现代自然观念之间最大的

---

① 汤一介：《论"天人合一"》，《中国哲学史》，2005（2），第5页。
② 方克立：《"天人合一"与中国古代的生态智慧》，《社会科学战线》，2003（4），第209页。
③ 参见张世英：《中国古代的"天人合一"思想》，《求是》，2007（7），第37页。
④ 参见张岱年：《中国哲学中"天人合一"思想的剖析》，《北京大学学报》（哲学社会科学版），1985（1），第1页。
⑤ 汤一介：《论"天人合一"》，《中国哲学史》，2005（2），第7页。
⑥ 鲁枢元：《陶渊明的幽灵》，上海：上海文艺出版社，2012年版，第60页。
⑦ 金岳霖：《中国社会科学院学者文集·金岳霖集》，北京：中国社会科学出版社，2000年版，第172页。

区别，也是天人合一观念能够成立的基础。

在这一基础上，天人合一观念可以分为四个层次。第一层次，"天"存在于人的主体性之上，"天"统御着自然万物和人类社会，因此人要对"天"怀有基本的敬畏之心。第二层次，"天"将人包含在内，人与"天"之间的关系不是对立的，而是具有内在联系的，"天"与人形成一个整体，人类群体活动与自然界万物息息相关。第三层次，"天"能够孕育万物、促进它们生长，古人认为这是"天"的德行，是"天"具有人性色彩的一面，相应的，人也应该秉承"天"的德行，遵循自然规律，博爱自然万物，主动维持自然万物生生不息的状态。第四层次延伸到了天人合一观念对人提出的要求，在以上三个层次之上，人不仅要敬畏"天"，更要认识"天"，同时人不应该以主客二分的思维将自然界视为外在于人的纯粹客体；或是人类要战胜的敌对势力，进而对大自然索取无度；或是企图以人类社会不断发展增长的知识来"征服"自然。人类是自然的一部分，是万物中的一员，应该尽其所能地维护自然界的平衡，达成包括人类群体自身在内的自然界的和谐，这是天人合一观念的最高追求。

中国历史上儒、道两家的思想中都包含着大量关于人作为自然的一部分，认识"天"、敬畏"天"、尊重自然规律、博爱万物的论述。如《周易》中以乾、坤代表天、地，在中国古代哲学中，"地"与"天"的概念相对，"地"指的是滋养自然万物的基础，乾坤指的是生成、养育万物的"父母"。大致在战国中后期，一些在当时讲授《周易》的儒家学者，假托孔子之名写成了《易传》十篇，《易传》是解读《周易》的经典著作，其中就有关于天人关系的论述："夫大人者，与天地合其德，与日月合其明，与四时合其序，与鬼神合其吉凶，先天而天弗违，后天而奉天时，天且弗违，而况于人乎？"[1]"先天"是指"大人"能够在自然界的一些灾变没有发生之前提前引导，"后天"是指人应当遵循自然界的变化规律[2]，显然《易传》主张人遵循天地之道，认识并尊重自然规律，以达成天人和谐的境界。

孟子主张"斧斤以时入山林"[3]，即是主张人对于自然的索取要讲究时令

---

[1] 刘大均、林忠军：《易传全译》，成都：巴蜀书社，2006年版，第170页。
[2] 参见张岱年：《中国哲学中"天人合一"思想的剖析》，《北京大学学报》（哲学社会科学版），1985（1），第3页。
[3] 杨伯峻：《孟子译注》，北京：中华书局，1960年版，第5页。

并且节制有度。同时孟子还主张"尽其心者,知其性也。知其性,则知天矣。存其心,养其性,所以事天也"①,孟子认为心是人思维产生的器官。恻隐之心、羞恶之心、恭敬之心、是非之心都是人与生俱来的性情,而这些性情又是"天"赋予的,人的心性与天的性情是紧密相连的。宋代张载提出"乾称父,坤称母;予兹藐焉,乃混然中处。故天地之塞,吾其体;天地之帅,吾其性。民,吾同胞;物,吾与也"②,即主张天地万物为一体,百姓都是自己的同胞,万物都是自己的朋友,天地万物之间息息相通。程颢提出"仁者,浑然与万物同体"③,明确地将"仁"这一人的至善本性归于能够将自然界的一切视为一体,彼此平等的人。道家庄子主张"齐物","天地与我并生,而万物与我为一"④,将人视为大自然的一部分,只有顺应自然规律、与自然保持和谐统一,才能获得精神上的自由。

由天人合一观念入手,我们能够发现这一观念是由中国独有的"气"的哲学范畴发展出来的。"气"是中国先民解释天地万物构成和变化的重要概念,它的发展变革经历了一个漫长的过程。据学者张运华考证,早在甲骨文时期"气"字已经存在,当时的"气"字主要有三种解释,分别为乞求、迄至和终止,包括在之后的金文中,"气"字还不具有任何哲学含义⑤。西周时期,太史伯阳父解释当时国都镐京附近的地震时,认为是天地之气失去应有的秩序,阳气无法上升,阴气无法下降,阴阳二气之间的平衡被打破,从而导致了地震。学者们普遍认为伯阳父的论说是中国古代气论哲学的起点,也是哲学史上第一次将阴阳理论与气论结合到一起,以阳气和阴气交流互动来阐释自然规律的发生机制。战国时期,气论在《管子》和《易传》两部著作中得到了巨大发展,"气"正式被人们当作形成自然万物的物质本源。《管子》"四篇"将"气"当中精华的部分称为"精气","凡物之精,此则为生,下生五谷,上为列星。流于天地之间,谓之鬼神;藏于胸中,谓之圣人"⑥,这说明古人认为"精气"

---

① 杨伯峻:《孟子译注》,北京:中华书局,1960年版,第301页。
② 张载:《张载集》,章锡琛点校,北京:中华书局,1978年版,第61页。
③ 程颢、程颐:《二程集》,王笑鱼点校,北京:中华书局,1981年版,第16页。
④ 陈鼓应:《庄子今注今译》,北京:中华书局,1983年版,第71页。
⑤ 参见张运华:《先秦气论的产生及发展》,《唐都学刊》,1995(3),第1页。
⑥ 陈鼓应:《管子四篇诠释——稷下道家代表作解析》,北京:商务印书馆,2006年版,第90页。

形成了世间万物，并具有无形、不断变化的特性。《易传》中以阴阳理论对"气"生成万物的机制进行了详细论述，与伯阳父的论说相似，《易传》也认为，"气"可以分为阳气和阴气，阴阳二气之间是对立统一的关系，它们二者既相互区分、对立，同时也互相包含，且阴阳二气之间相互交流感应，并最终相互转化，阴阳二气交互运动的过程就催生了天地万物。比如《易传》中有言："天地不交而万物不通也"①，"二气感应以相与"，"天地感而万物化生"②。

  气论是中国先民对宇宙本源问题进行思考探求的结果，"气"作为天地万物共同的本源，既生成了人类的生命、意识、情感、道德观念等，又生成了自然界其他动植物，甚至无生命的物体。中国古代天人合一的自然观就是在气论的基础上发展而来的，正因为自然界的事物具有相同的本源，它们才具有深层次的共性，并能够依靠这种共性相互之间进行沟通和感应。万物同源既是中国古人认为自己能够与自然界和谐共生的内在原因，也是他们对待自然的态度，中国古人认为人与自然之间可以通过"气"相互感应，并以人的身体机制和社会结构来衡量自然界，比如中国古人相信大地也是有生命的，就像人的血液在血管中流动，维系人的生命一样，在大地中始终有生气涌动。生气即是能够滋养生命的"气"，这些生气的走向、强弱度不同，在地表就会形成形态不同的山川河流，在一块土地上，不同的方向也具有不同性质的生气，土地与生气的关系在堪舆理论中至关重要。

  天人合一观念连同"气"的概念，作为堪舆符号的语境元语言，是堪舆符号接收者解释堪舆符号文本的关键。人们评判堪舆符号双轴操作选择出来的环境是不是"风水宝地"，标准就是看此地的生气是否充足，人是否能从此地感受到生气并得到天地的滋养。地中的生气在地表的种种表征，往往是堪舆实践中人们参考的重要指标。正如本书第一章第三节中论述的，堪舆符号文本是一种环境文本，在符号文本层面之外还有自然环境要素的层面。一方面堪舆实践者会根据地表的不同环境要素，判断土地中生气的走向，进行双轴选择，尽量组合成生气充沛的堪舆文本。另一方面，已经成形的堪舆符号文本的接收者，也会根据地表环境因素判断土地生气，对堪舆文本做出评判，这两方面的表现

---

① 刘大均、林忠军：《易传全译》，成都：巴蜀书社，2006年版，第136页。
② 刘大均、林忠军：《易传全译》，成都：巴蜀书社，2006年版，第139页。

都是环境选择的过程。

许多堪舆理论著作都对以土地生气为标准,评判堪舆环境文本是否适宜人生存或埋葬的问题进行了论述,比如《葬书》中有一段涉及阴阳二气与人的关系的经典论述:"葬者乘生气也。夫阴阳之气,噫而为风,升而为云,降而为雨,行乎地中,而为生气"[①];"五气行乎地中,发而生乎万物。人受体于父母,本骸得气,遗体受荫。盖生者气之聚,凝结者成骨,死而独留。故葬者反气入骨,以荫所生之法也"[②]。这段话的意思是,人死后,其葬地要能够接收到土地中的生气滋养,生气滋养对于逝者本人和逝者的家族都有一定的好处。阴阳二气可以生成万物,生气升腾成风,形成云,最后凝结成雨落入土地之中,于是土地中也隐含着生气,万物借助土地中运行的生气都能够得到滋养,安葬在地下的逝者也不例外。同时,因为子女与父母之间具有亲缘关系,子女"受体于父母",也就是说子女的身体是父母给予的,父母遗体得到生气滋养,子女后代自然也能得到荫蔽。

大地中的生气随着地形地势的变化而运行或是聚集,古代堪舆师要做的是根据山川河流的形式合理选择环境并进行规划,这样不但可以将生气聚集起来,使其不会轻易散失,更能够引导生气达到滋养人体的目的。《葬书》中对于堪舆理论中生气重要性的论述是针对选择葬地,也就是阴宅堪舆而言的,同理,中国古代堪舆师在为阳宅选择环境的时候,也追求通过调整平衡住宅内外的方位来吸纳天地间的生气,以期接收生气滋养,使家庭兴旺发达。本书导论部分提到的两大堪舆流派之一的"理气派",就擅长通过调配房屋内外方位来寻找生气,进而利用生气。

当今世界各国普遍面临生态环境问题,自然生态遭到严重破坏,一系列生态危机相继发生,在这种情况下,中国天人合一观念与西方自然观之间的差异受到了中西学者的普遍重视,天人合一观念的重要性和优势也因此凸显。季羡林曾将天人合一与古代印度思想中"梵我合一"(tat tvam asi)的观念进行对比,认为这两种思想的内涵是一致的,都是东方综合思维模式的表现,有别于

---

① 旧题郭璞:《葬经》,《四库提要著录丛书·子部术数类 021》,北京:北京出版社,2010 年版,第 77 页。

② 旧题郭璞:《葬经》,《四库提要著录丛书·子部术数类 021》,北京:北京出版社,2010 年版,第 82 页。

西方的分析思维模式。① 正因为思维模式上存在差异，中西方文化中人与自然的关系才会存在巨大的差异，中国文化将人与自然作为一个整体，而在西方文化中，人与自然则是截然分开的，人是主体，自然则是纯粹的客体。李约瑟也曾将中国的"有机的自然主义"和西方文艺复兴之后产生的"唯科学主义"对比过，他认为"中国的有机人道主义具有宽广的智慧"②，"对中国人来说，自然界并不是某种应该永远被意志和暴力所征服的，具有敌意和邪恶的东西，而更像是一切生命体中最伟大的物体"③，天人合一观念正是中国传统"有机的自然主义"的核心所在，是对中国古人对待自然环境态度的高度概括，同时也与西方生态主义批评有着重要联系。这一观念在当代更加具有非凡的意义，它是堪舆符号的语境元语言，堪舆理论中蕴含的生态价值因此得以凸显，堪舆文化也迎来了新一轮的研究热潮。

20世纪中后期，人类的工业化规模急剧扩张，各类新兴的化学技术层出不穷，这些新兴技术在推动社会经济飞速发展的同时，也对自然环境造成了巨大的损害，许多环境危机带来巨大的经济损失，同时反作用于人类自身，威胁着人类生存，这样的现状使人类不得不正视几百年间人类社会高速发展对自然造成的不可逆转的伤害。20世纪70年代，在各类生态危机频繁爆发的时代背景之下，西方生态批评在美国诞生了，其体系发展至今已经具备了很强的开放性和学科交叉性，"兼有文学批评和文化批评的性质"④。生态批评通过文学来审视人类文化与自然环境之间的复杂关系，研究人类活动对自然环境造成的影响以及造成影响的方式，人类思想和活动又是如何导致现如今严重的全球性生态危机的，进而通过各类生态危机现象找到人类文明的缺陷，并尝试提出促进人类与自然和谐相处的理论主张。

1962年，现代环境保护活动先驱、美国海洋生物学家蕾切尔·卡森的著作《寂静的春天》(*The Silent Spring*)首次出版，这部著作在当时的美国社会引发了巨大的反响，被比作"旷野中的一声呐喊"⑤，现如今，这部著作已

---

① 参见季羡林：《"天人合一"新解》，《传统文化与现代化》，1993（1），第11页。
② 李约瑟：《李约瑟文集》，陈养正等译，沈阳：辽宁科学技术出版社，1986年版，第322页。
③ 李约瑟：《李约瑟文集》，陈养正等译，沈阳：辽宁科学技术出版社，1986年版，第338页。
④ 胡志红：《西方生态批评史》，北京：人民文学出版社，2015年版，第1页。
⑤ 蕾切尔·卡森：《寂静的春天》，吕瑞兰、李长生译，上海：上海译文出版社，2011年版，第9页。

经成为生态文学经典。书中卡森通过描写滴滴涕、氯丹、狄氏剂等当时在美国被大规模使用的化学杀虫剂,对土壤、河流、海洋、空气、各种植物、小动物直到人类的严重负面影响,来呼吁社会各界重视化学杀虫剂对于自然环境的危害,并强烈建议适当放弃化学制剂改用生物学手法进行农田驱虫,而生物学的方法就是利用自然规律,比如利用食物链关系来达到杀虫、除草的目的。同类的文学作品也包括奥尔多·利奥波德(Aldo Leopold)的自然随笔《沙乡年鉴》(*A Sand County Almanac*),其他关于生态危机的报告文学还有罗马俱乐部(Club of Rome)的《增长的极限》(*The Limits to Growth*)、保罗·埃利希(Paul Ehrlich)的《人口炸弹》(*The Population Bomb*)等。在《寂静的春天》中,卡森所提倡的生物学控制手法建立在将人类当作自然界的一个组成部分的基础之上,这也是卡森在整部著作中反复强调的理念——"我们必须与其他生物共同分享我们的地球"[1],人类只是自然界中的一员,而非能够驾驭自然、控制自然的特殊存在,人类与自然界中的一切组成部分都存在密切的互动关系,不论是有生命的还是无生命的。自然界作为一个整体,牵一发而动全身,人类只有摆正自己的位置,尊重自然,才能促成人类与自然界其他组成部分间的和谐关系。利奥波德在《沙乡年鉴》中则进一步涉足生态理论和价值的层面,他建议发展一种处理人与土地,以及土地所滋养的动植物之间关系的伦理观,利奥波德将其命名为"土地伦理",这里的"土地"包括土壤、水和动植物,建立土地伦理是为了赋予这些自然界成员"继续存在下去的权利"[2],将人类从自然征服者的角色扭转为自然界中平等的成员。利奥波德注意到当时绝大多数资源保护行为是以经济为出发点的,人们衡量是否保护某种动植物取决于这种动植物的经济价值的高低,而其余在人类经济当中没有一席之地的自然成员就会被彻底忽视。根据这种情况,利奥波德指出"当一个事物有助于保护生物共同体的和谐、稳定和美丽的时候,它就是正确的,当它走向反面时,就是错误的"[3],换言之,土地伦理就是一种整体的自然观,并以自然界内部的和谐发展为最高目标。《寂静的春天》和《沙乡年鉴》这两部作品虽然没有

---

[1] 蕾切尔·卡森:《寂静的春天》,吕瑞兰、李长生译,上海:上海译文出版社,2011年版,第262页。

[2] 奥尔多·利奥波德:《沙乡年鉴》,侯文蕙译,长春:吉林人民出版社,1997年版,第194页。

[3] 奥尔多·利奥波德:《沙乡年鉴》,侯文蕙译,长春:吉林人民出版社,1997年版,第213页。

在作品中明确提到过中国古代的天人合一观念，但它们推崇这种将人与自然视为一个整体的理念。将人与自然作为一个整体，是西方生态主义思想的基础，它与天人合一观念是相通的，在天人合一观念中涵盖了生态主义思想的几大基本点，比如坚持自然界是一个整体，人是自然界中的一部分并与其他生物关系平等，人应该顺应自然界的规律而不是将自然界作为谋求自身发展的工具，等等。

1967年，美国科学史学者林恩·怀特（Lynn White）发表了一篇文章《我们生态危机的历史根源》（"The Historical Roots of Our Ecologic Crisis"），该文对造成生态危机的思想根源进行了分析。怀特指出，"人们如何对待自己的生态环境，取决于他们如何看待自己与周围事物的关系。人类的生态观深深受制于我们对自然和命运的理解，也就是宗教"[1]，生态危机的思想根源正是基督教的教义，在基督教的创世故事中，人为所有的动物命名，由此确立了对动物的支配权力，上帝创造人类之外的万物，目的都是让它们为人类服务，虽然人类与其余生物共处于自然界中，但人因为是上帝根据自己的形象创造出来的，所以具有"上帝那样的超自然"[2]的地位。人与自然二分的观念由此发展起来，在此基础上又衍生出了西方的科学技术，人们进而利用科技变本加厉地向自然索取甚至破坏自然。怀特认为生态危机已经无法依靠技术进步得到改善，人们必须从思想层面转变对人与自然关系的理解。受限于文化背景，怀特认为转变思维可以从改良基督教教义入手，而没有关注东方文化中天人合一的理念。

如今距离《我们生态危机的历史根源》一文发表已经过了半个世纪，天人合一的观念对于西方的人与自然二分观念的纠偏作用也已经得到中外学界的重视。王岳川指出："生态文化问题的提出，一方面是从现代性内部产生的自我反思，另一方面是东方文化对西方现代性文化的某种程度的纠偏。"[3] 钱穆则认为天人合一观念是"整个中国传统文化思想之归宿处"[4]，更是中国文化未来

---

[1] Lynn White, The Historical Roots of Our Ecological Crisis, *Science*, New Series, 1967, Vol. 155, pp. 1203—1207.

[2] Lynn White, The Historical Roots of Our Ecological Crisis, Ibid.

[3] 王岳川：《生态文学与生态批评的当代价值》，《北京大学学报》（哲学社会科学版），2009 (2)，第139页。

[4] 钱穆：《中国文化对人类未来可有的贡献》，《中国文化》，1991 (1)，第93页。

对于世界人类生存问题做出的最大贡献。天人合一观念如今已经成为西方生态主义批评的重要理论资源，对西方社会中人与自然关系的改善起到了促进作用，对我国如今提出的可持续发展观和生态文明建设更有重要意义。也正是因为元语言层面的共通关系，中国的堪舆符号经历了晚清以来的长久沉寂后，能够被秉持生态主义的西方学者发现，并发掘其中丰富的生态价值。中国学者也由此得到启发，利用文化背景上的优势，借助生态主义思想对堪舆理论进行多角度的探索，使堪舆理论的当代价值逐渐被人们认识。

二、堪舆符号对人类中心主义的提示与启发

人类中心主义是西方生态批评主要反对的思想倾向，简言之就是一种把人类作为整个自然界绝对中心的世界观。具有这种世界观的人通常将人类作为自然界万事万物的中心和主人，认为自然界中只有人类拥有最高级的智慧、情感、道德伦理观念，并因为具备这些要素而具有自然界中最高的价值，是自然界中唯一具有主体性地位的存在，其余生物和非生物的价值都由人类来决定，它们往往对人类只具有工具性的价值。人类中心主义的思想源头可以上溯到基督教文化和西方哲学中的逻各斯主义，上文提到了林恩·怀特的文章《我们生态危机的历史根源》，这篇文章的主旨就是寻找西方社会遭遇生态危机的历史原因和思想根源，并尝试提出改变思想观念的方案。林恩·怀特认为生态危机的思想根源在于基督教教义，在基督教的创世神话中，上帝赋予人类统治自然界的权力，人类奉上帝的命令管理上帝创造的万物，并可以利用它们、支配它们为自己创造价值，由此人类的优越性便得以确立。

学者胡志红指出，人类中心主义的两大源头在于："如果说基督教的人类中心主义是信仰的人类中心主义，那么哲学人类中心主义则是理性化的人类中心主义。"[①] 学者张艳梅、蒋学杰、吴景明在著作《生态批评》中指出，从西方哲学中发展出来的人类中心主义，以文艺复兴时期为节点，前后呈现出两种不同的形态。古希腊哲学家普罗泰戈拉（Protagoras）提出"人是万物的尺度"[②]，但这句话本身并不是指人类要做自然界万物价值的尺度，而是说人类

[①] 胡志红：《西方生态批评史》，北京：人民文学出版社，2015年版，第12页。
[②] 北京大学哲学系外国哲学史教研室：《古希腊罗马哲学》，北京：生活·读书·新知三联书店，1957年版，第138页。

以自身对于事物的感觉作为衡量事物的尺度,这是文艺复兴时期之前人们对于这句话的理解,这种理解并不是直接导致人类是自然界绝对中心思想出现的原因。《生态批评》一书将文艺复兴之前的人类中心主义特点总结为"由于非科学的思辨产生的神学目的论"[1],就是以对人是否有用作为出发点看待自然界的事物,将自然万物看作神为了人类的生存需求而安排下的,中世纪经院哲学家托马斯·阿奎那(Thomas Aquinas)的"存在巨链"(The Great Chain of Being)说便明确地表达了这种目的论思想。古代人类中心主义虽然以目的论看待自然界,认为人类利用自然是合理的,但"并不必然地否认自然事物可能具有对人的工具价值以外的价值"[2],也不主张人类可以无限度地向自然索取。这一时期的人类中心主义还没有彻底将人与自然的本质区分开,在人们的意识里,人类还没有完全从自然界中独立出来。

文艺复兴时期之后,人类中心观念发生了比较大的变化,启蒙运动高扬人文主义精神大旗,人们将自觉意识和对理性的崇尚推上了高峰,理性从此成为西方社会发展的主流论调,人的主体精神力量也得到了前所未有的重视。笛卡尔认为理性是"使我们成为人类的唯一东西,使我们跟兽类区别开来的唯一东西"[3]。这样,理性就成为人的本质,人与自然界其他事物有了本质上的区分,人的主体地位得以确立,自然界成为有待人类认识、改造甚至"征服"的客体。曾经人类的生产力水平有限,因此自然界为人类社会发展带来了一定的限制,此时这些限制都成了人类要战胜的对象,在这样的思维模式之下,人与自然的主客二分模式彻底确定下来,二者之间形成了一种外在性关系,这是现代人类中心主义与古代人类中心主义最重要的区别所在。

人类中心主义世界观在西方社会经历了漫长的发展历程,在弘扬人类理性地位的宗教信仰和哲学基础上,科学技术成为人类企图征服自然的最佳武器,工具理性思维也逐渐蔓延到了人类社会生活的各个层面。在人类眼中,除了自己之外的自然万物仿佛失去了它们本身,"在非人类领域中,只有它们被人类

---

[1] 张艳梅、吴景明、蒋学杰:《生态批评》,北京:人民出版社,2007年版,第53页。
[2] 张艳梅、吴景明、蒋学杰:《生态批评》,北京:人民出版社,2007年版,第54页。
[3] Ren Descartes, *Selected Philosophical Writings*, ed. and trans. John Cottingham, Robert Stoothoff & Dugald Murdoch, Cambridge & New York, 1988, p. 36.

的主观能动性转化为人类消费的经济资源时，它们才有价值"[1]。针对这种思维，美国早期的环境保护运动领袖约翰·缪尔（John Muir）指出："当人类在上帝的宇宙中发现任何他们不能用来吃，或不能将其变为有用的资源的东西，无论是生物还是非生物，人类都会因此感到痛苦和惊讶。"[2] 秉持工具理性的人们似乎从没有意识到"大自然创造动物、植物的目的，可能首先是为了它们各自的幸福，而非为了某一个物种的幸福"[3]。

工具理性意味着人类在意识中将自身与自然的联系彻底切断，人类社会正在逐步远离滋养它的自然界，不断向自然攫取资源以满足自身的发展需要。在人类眼中自然资源似乎是无限的，人类在不断地获取资源的同时也在不断分割、破坏自然，打破了自然环境原有的平衡，甚至进一步破坏了自然自我调节的能力，给自然界带来无数损伤。这些损伤即便再细小，如果无法恢复也会对自然造成不可逆转的灾难，一系列的生态危机就这样爆发出来，而其他物种的未来，甚至人类后代的未来也因此变得危机四伏。

生态危机带来的负面影响被人们普遍认识到之后，人类中心主义思想也发生了一些转变，衍生出了"现代的人类中心主义"。现代的人类中心主义认为自然界各个物种的生物活动都是以自身为中心进行的，因此人类以自身种群为中心对自然进行开发是完全正当的，以对人类有益为标准，为自然物赋予不同的价值也是正当的，赋予自然物价值的过程就是人类认识自然界、积累自然界相关知识的过程，正是这类知识的增加才使人类认识到自然界是一个整体，"一个个体的良好存在既有赖于它的社会群体，又有赖于它的生态支持系统"[4]，而生态危机发生的原因，是人类关于自然界的知识和利用自然的能力，超过了人类利用自然界去维持种群合理繁衍的知识和能力。现代的人类中心主义认为人未必是自然物一切价值的主宰者，必须要承认自然物除了人类赋予它的工具性价值，也有它们的内在价值，"每一物种均有内在价值，但我的行动

---

[1] Peter Hay, *Main Currents in Western Environmental Thought*, Bloomington and Indianapolis: Indiana University, 2002, p.32.

[2] Roderick Frazier Nash, *The Rights of Nature: A History of Environmental Ethics*, Madison: The University of Wisconsin Press, 1989, p.40.

[3] Roderick Frazier Nash, *The Rights of Nature: A History of Environmental Ethics*, Madison: The University of Wisconsin Press, 1989, p.40.

[4] W. H. 默迪：《一种现代的人类中心主义》，章建刚译，《哲学译丛》，1995（2），第13页。

显示出我评价自己的存在或我的种的延续要高于其他动物或植物的存活"①。也就是说，现代的人类中心主义面对生态危机时，虽然在人类与自然界的地位问题上有所退让，又运用理性对人类的各种需求进行了甄别，但它以人类为绝对中心的理念是不变的。秉持现代人类中心主义观点的学者认为，面对生态危机，人类要"高度评价使我们成为人类的那些因素"②，比如自我意识、为了种群延续而进行策划和做出决定的能力，等等，并且确信自身的潜力，人类自我实现的过程能够使整个自然界的价值也得到提升。

不论是上述哪一种人类中心主义，对自然界的认识都以自然物是否对人类有益为评判价值，也就是说人类都是以自己从自然界获得利益为出发点的，利益为人类认识自然框定了视野。学者李勇强、孙道进认为，人类中心主义使"利益作为无意识的巨人成了人的本质规定，其他一切都是围绕利益这个圆心的'半径和扇面'。当利益被聚焦于生态伦理的中心位置，虽有理性护航但不断追求利益的人只能是利己主义的生物人"③，这是现代人类中心主义尽管强调对人的需求理性过滤，也无法完全摆脱的问题。

同样的问题，哲学家金岳霖在《道、自然与人》一文中也有过相关论述，他在文章中总结了三种人生观，分别是朴素人生观、英雄人生观和圣人人生观。长久以来，英雄人生观在西方世界占据统治地位，这种观念将"实在"分为人和纯粹的客观自然两个部分，显然是在人类与自然环境之间划出了界限，人类中心主义则是英雄人生观的一种重要表现。人受自己的本性驱使而努力改造纯粹的客观自然以满足自身的需求和欲望，人类生存产生的一个又一个目的与人类不断获取的知识两相结合，成为支持人类生存的力量，力量的不断积累，便带来了膨胀的欲望。对于秉持英雄人生观的人来说，欲望是驱使他们以征服自然为目的，对自然环境进行改造的动力。诚然，欲望的不断增长一方面可以帮助他们达到所谓的"成功"，而另一方面则会使人陷入欲望增长的无限循环，为了满足一种欲望而滋生多种欲望，过分强烈的欲望会突出人身上动物性的部分，最终会使其失去作为人的尊严。金岳霖指出，这些动物性的部分

---

① W. H. 默迪：《一种现代的人类中心主义》，章建刚译，《哲学译丛》，1995 (2)，第 14 页。
② W. H. 默迪：《一种现代的人类中心主义》，章建刚译，《哲学译丛》，1995 (2)，第 17 页。
③ 李勇强、孙道进：《生态伦理证成的困境及其现实路径》，《自然辩证法研究》，2013 (7)，第 75 页。

"正如同纯粹的客观自然一样是自然的一部分"[1],一旦人们被无节制的欲望奴役,便会"屈从于人内心的纯粹的自然"[2],被人自身动物性的一面牵制,渴望成为自然的征服者却最终被自然法则征服。由此可见,人类中心主义极易陷入欲望与征服倒错的尴尬处境。

全球性的生态危机爆发,促使人们对人类中心主义的世界观进行反思,并开始探索人与自然之间更加和谐的关系模式。针对这个问题,生态主义思想家们提出了从人类中心主义逐步过渡到生态中心主义的一系列理论,比如彼得·辛格(Peter Singer)提出了"动物解放主义",主张人与动物之间是平等的关系,动物同样具有思想和情感,人类不应该为了自己的利益而牺牲动物的利益。相近的理论还有汤姆·黎根(Tom Regan)的"动物权利论",即认为动物不应该被人当作物品、工具一样来对待,动物和人一样都是生命主体,都有各自独立的价值,而不是动物对人"有用"才说明它们具有价值。以上两种思潮掀起了动物权利运动。法国哲学家阿尔贝特·施韦泽(Albert Schweitzer)和美国哲学家保罗·泰勒(Paul Warren Taylor)都主张人类应该平等地对待自然界的一切生物。施韦泽从伦理学的角度提出"敬畏生命"的观点,他认为自然界所有的生命都是平等的,"敬畏生命的伦理否认高级和低级的、富有价值的和缺少价值的生命之间的区分"[3],"伦理的基本原则是敬畏生命"[4],能够尊敬、保护、促进生命的就是善的,伤害、压制、毁灭生命的则是恶的。泰勒在施韦泽的敬畏生命伦理的基础上提出了"尊重自然界"的生态伦理,他主张尊重自然界所有的生命有机体,并提出人类在对待自然时应该遵循的四个基本原则,分别是不伤害原则、不干涉原则、忠诚原则和重建正义原则。上文提到过的奥尔多·利奥波德的"大地伦理"相比平等对待自然界所有生命体的观点更进一步,大地伦理主张把自然界的一切事物都当作权利主体,都纳入伦理关

---

[1] 金岳霖:《中国社会科学院学者文集·金岳霖集》,北京:中国社会科学出版社,2000年版,第172页。
[2] 金岳霖:《中国社会科学院学者文集·金岳霖集》,北京:中国社会科学出版社,2000年版,第191页。
[3] 陈泽环:《敬畏生命——阿尔贝特·施韦泽的哲学和伦理思想研究》,上海:上海人民出版社,2013年版,第17页。
[4] 阿尔贝特·施韦泽:《敬畏生命——五十年来的基本论述》,陈泽环译,上海:上海人民出版社,2017年版,第77页。

怀的范畴。学者胡志红总结了"大地伦理"三个主要的观点，一是将道德权利扩展到自然界的一切实体，二是让人回归为大地共同体的普通成员与普通公民，三是提出生态整体主义最基本的价值判断标准[①]，即上文提到过的，当某事物能够促进自然界的整体繁荣时它便是正确的。与利奥波德的理论相近的还有阿兰·奈斯（Arne Naess）提出的"深层生态学"和霍尔姆斯·罗尔斯顿（Holmes RolstonⅢ）提出的"生态中心主义"。在从人类中心主义到生态中心主义的发展中，主体范畴经历了不断扩大的过程。在人类中心主义中，人类是唯一的主体性存在，伦理关注的也仅仅是人类社会，接下来理论的发展逐步将动物、自然界一切生物、自然界一切实体纳入了伦理关注的范畴。总结以上提到的理论，生态中心主义主要的主张包括将整个生态系统视为一个整体，生态系统中的各个部分是相互联系、完全平等的关系，人类只是自然界生物链上的一个环节，自然界的整体性利益才是人类应当追求的最高利益，因此人类必须放弃与生态整体发展相冲突的利益。

全球性的生态危机推动了生态批评的诞生和发展。显然，要解决生态环境问题，仅将生态学的相关概念应用在文学研究当中是不够的，还必须改变深埋在文化中的人类中心主义。生态批评与西方后现代主义相伴相生，学者刘文良指出，生态批评具有鲜明的后现代特征，后现代主义的基本主张，比如批判和消解主题，在生态批评中也有所体现。[②] 生态批评学者与后现代主义思想家们普遍认为，绝对的人类中心主义导致了人的主体力量过分膨胀，进而导致了越来越频繁的生态危机。生态批评学者提出了一系列制衡人类中心主义的理论，这些理论都在不断地扩大"主体"这个概念的范畴，以此尝试消解坚固的人类主体性地位，因为"现代主体自动地需要一个客体。这样消除了主体，也就终止了任何关于世界之为主体和客体的划分"[③]，只有终结主客体的二分模式，人与自然才能重归于一个整体，人类与自然之间达成和谐也才具有必要的基础。

所以生态批评学者当中比较激进的一部分人主张以生态中心彻底取代人类中心，部分生态中心主义者甚至主张在生态活动中完全取消人的主体性，放弃

---

① 参见胡志红：《西方生态批评史》，北京：人民文学出版社，2015年版，第21页。
② 参见刘文良：《生态批评的后现代特征》，《文学评论》，2010（4），第81页。
③ 刘文良：《生态批评的后现代特征》，《文学评论》，2010（4），第82页。

人类的全部利益。这些学者们提出了生态中心主义的主张，却没有对如何实施给出合理的答案，而具体要将人类的主体性削弱到什么程度，又如何去削弱，这些问题直到目前依旧是无解的。生态中心主义在消解掉原有的人类中心之后，又重新以生态环境的整体利益为中心，难免会形成"新的'中心'话语霸权"，两种中心主义之间的转换，导致生态批评"在一种'去中心化'与'再中心化'的悖论中寻求平衡"[1]，这样对人类中心的反对和消解其实是不彻底的，也使生态中心主义难以继续发展。在实践中，生态中心主义会因为极力维护自然的整体利益而限制人类合理的社会发展，甚至彻底否定人类科技探索自然规律的成果。由此学者曹刚指出了生态中心主义在环境伦理学方面的合法性问题，也就是学者李勇强、孙道进指出的生态中心主义证成的困境，他们引述伦理学家布莱克本（Simon Blackburn）的结论，"事实如何的前提与应该如何的结论之间有一断裂，连接这一断裂的桥梁只能是当事人从事相关活动或实践的意愿"[2]，而生态中心主义抹去了人的意愿，从而无法从面对的问题事实过渡到解决问题应该采取的方法，生态中心主义也就"无法找到栖身之所"[3]。

西方生态批评发展到20世纪90年代，学界重点关注的问题发生了变化。在此之前，学者倾向于从形而上的层面入手，通过对主体范畴的调整进而调整人与自然的关系，最具有代表性的主张就是以生态中心主义替代人类中心主义，生态批评研究的对象也大多是书写自然的散文、荒野小说这些类型的文学作品。西方生态批评还将更多的注意力放在了人与人之间不平等的权力关系上，增添了生态女性主义等新视野，将与人类活动相关的环境也纳入了研究范畴当中，研究对象也不再局限于荒野文学。而对于中国生态批评来说，生态中心主义依旧是学界探讨的主要议题，我国学者更加关注生态中心主义与人类中心主义之间的分歧。根据我国目前的生态问题和生态批评发展现状，人类与自然界的关系、人类在自然环境中的地位，以及人类发挥主体意识的限度问题，都十分具有探讨价值。

我国许多学者都认为，要平衡上述两种中心主义，才能真正有效限制人类

---

[1] 刘文良：《生态批评的后现代特征》，《文学评论》，2010（4），第82页。
[2] 曹刚：《环境伦理学中的元伦理难题》，《自然辩证法研究》，2008（8），第60页。
[3] 李勇强、孙道进：《生态伦理证成的困境及其现实路径》，《自然辩证法研究》，2013（7），第74页。

中心主义带来的不良影响。比如王岳川曾指出："生态批评对艺术创作中的人的主体性问题保持'政治正确'立场——既不能有人类中心主义立场，也不能有绝对地自然中心主义立场，而是讲求人类与自然的和睦相处，主张人类由'自我意识'向'生态意识'转变。"① 曾繁仁则针对生态主义中人类主体性问题，提出了将人文主义与自然主义统一的"生态人文主义"新构想，"在存在论哲学之中，以'此在与世界'的在世模式取代'主体与客体'的传统在世模式"②，即在将人类与生态环境视为一个整体的前提下，批判人类中心主义和生态中心主义中的极端部分，保存各自的合理内核，追求人与自然的双赢。曾永成从马克思主义理论中发掘出了"人本生态观"观念，这种观念不同于绝对的人类中心主义和绝对的生态中心主义，人本生态观建立在马克思对于人与自然关系的辩证认识上，他认为"生态是人的生成之本"③，"自然的物质、能量和信息及相互作用，是人得以生成的本源性生态条件"④，同时人的主体性地位也得以保留，"人的实践作为对自然的能动分化和综合"⑤，人类通过实践将自然环境调整成适宜自身生存的状态，人与自然始终处于交融沟通的关系中，同时人类实践对于自然环境的影响也必须是积极的。以上列举出的理论，都是中国学者对生态批评中纠正人类中心主义问题提出的建设性意见。由上文的分析可知，摆正人类在自然界中的位置和人的主体性地位，是能否限制人类中心主义不良影响的关键。人类固然不可以把自身作为自然界绝对的中心，但为了能够对生态问题负责，在尽力挽回生态危机，维护生态平衡的过程中，人的主体性也是不可或缺的。面对这样的矛盾分歧，堪舆符号系统展现的人与自然的关系模式，或许可以为人类中心主义造成的僵局做一些揭示和启发。

首先，从符号的定义来说，皮尔斯指出"符号是在心灵上被某种东西所替代的那种东西"⑥，"我将符号定义为任何一种事物，它一方面由一个对象所决

---

① 王岳川：《生态文学与生态批评的当代价值》，《北京大学学报》（哲学社会科学版），2009(2)，第138页。
② 曾繁仁：《人类中心主义的退场与生态美学的兴起》，《文学评论》，2012(2)，第109页。
③ 曾永成：《文艺的绿色之思：文艺生态学引论》，北京：人民文学出版社，2000年版，第10页。
④ 曾永成：《文艺的绿色之思：文艺生态学引论》，北京：人民文学出版社，2000年版，第9页。
⑤ 曾永成：《文艺的绿色之思：文艺生态学引论》，北京：人民文学出版社，2000年版，第11页。
⑥ 皮尔斯：《皮尔斯：论符号》，赵星植译，成都：四川大学出版社，2014年版，第34页。

定,另一方面又在人们的心灵中决定一个观念"①。这说明符号连通了外部世界的事物与人的主体意识,符号是主体意识和外部世界交流沟通、进行意义活动的必要条件;同时也说明人的心灵、主体意识对于符号来说是必不可少的。在本书的第一章第一节,我们讨论过意识的区隔作用和卡莱维·库尔提出的"四度自然"理论,外部世界的对象只有被意识筛选进主体的感知范围之内,外部事物才能在主体的意识中产生意义,自然界也才能够从零度自然转换为一度自然。赵毅衡在《哲学符号学》中也指出:"物世界中为我们意识所能及的部分,可以称为'实践意义世界'。它包含了意识对物的认知、经验的积累以及知识对物的加工与使用。而一旦人的理解参与进来,这部分世界就不再是自在的世界,而是人化的世界"②,也就是说自然界中的任何事物如果能被人感知到,必然要经过人的主体意识对其进行符号化的过程;反之,没有被纳入人的意识观照范围的外部事物与人是无关的。面对大自然,如果人的主体意识不参与其中的话,人类就无法在自然界中进行任何意义活动。堪舆符号是人对于自然界事物、人与自然之间关系的感知,如果抹掉人的主体意识,符号的存在基础就消失了,人与自然之间也无法产生意义交流,二者之间彻底失去了连接的纽带,人与自然是一个整体的观念便更加无从谈起。所以,在保护生态环境的问题上,人的主体意识是人类对自然界和生态环境、生态危机有所认识,并对生态危机担负起责任的必要条件。

其次,随着符号学的发展,符号主体的范畴也有所扩大。莫斯科-塔尔图学派将符号学"理解为研究所有生命系统,即包括了所有生物物种的符号过程的科学"③,也就是将符号的主体范畴扩大为自然界的所有生命体,"生命体的认知和交流行为都是广义而言的符号行为"④。同时,赵毅衡在《哲学符号学》中强调,人类与自然界的其他生命体面对的物世界是唯一的,也是同一的。哲学家雅各布·冯·乌克斯库尔(Jacob von Uexkull)曾提出一个"环境界"(也被译为"周围世界")的概念,指的是"生物体感知到并且作为主体存在于

---

① 皮尔斯:《皮尔斯:论符号》,赵星植译,成都:四川大学出版社,2014年版,第31页。
② 赵毅衡:《哲学符号学:意义世界的形成》,成都:四川大学出版社,2017年版,第16页。
③ 卡莱维·库尔、瑞因·马格纳斯编:《生命符号学:塔尔图的进路》,彭佳、汤黎等译,成都:四川大学出版社,2014年版,第4页。
④ 彭佳:《人的主体维度:符号学对生态中心主义的超越》,《鄱阳湖学刊》,2017(4),第52页。

其中的世界"，由于不同物种的感知能力不同、意义能力不同，因此它们从相同的物世界感知到的意义也不同，它们的周围世界因此具有很大差异，这正凸显了自然界所有生命体都是具有主体性的。同时，自然界不同物种之间也存在意义的互动，一个物种主体意识观照到的物世界中往往包含着许多其他物种的生命体，这些生命体会在周围世界中被符号化，不同物种的主体意识对其他物种进行符号化的方式各有不同，这种意义交流的过程使不同的物种共同编织出了复杂的生态网络。从这个角度出发，人类与其他物种共同享有自然界，其他生命体也获得了主体性的地位，它们与人类的地位更加趋于平等，人类和其他物种一样在生态网络中占据一席之地，生态环境的整体性也由此凸显。

最后，尽管各个物种都具有主体性地位，但人类相比其他物种具有更加广阔的意义世界，这是不容忽视的。赵毅衡认为，每个生命体进行意义活动，建构的意义世界都是"复合式构成"[1]，物世界与意义世界是彼此独立的，其中处于主体意识观照范畴内的那部分物世界与意义世界重合，是符号主体的"实践意义世界"，没有与意义世界重合的那部分物世界，是主体尚未认识的世界。除实践意义世界，意义世界的另一部分是"思维世界"。对人类来说，实践意义世界可以分为三个部分，也是通常情况下人类进行实践活动的三个步骤，分别是认知识别、理解判断、使用取效；思维世界则可以分为幻想和筹划两个部分。对于其他物种来说，它们的意义世界"可能只有一个相当小的实践意义世界，其改造取效部分更小，而它们的思维世界可能只有一点微痕"[2]。尽管符号学认为所有物种都可以进行意义活动，但人类进行意义活动的能力与其他物种相比，显然更加优越，恩斯特·卡西尔（Ernst Cassirer）曾将人类定义为"符号的动物"，并认为"符号化的思维和符号化的行为是人类生活中最富于代表性的特征，并且人类文化的全部发展都依赖于这些条件"[3]，赵毅衡认为可以将人类定义为"符号学动物"或是"元符号动物"[4]，人类是唯一"能理解符号意义活动本身的形成方式"[5]的物种，也是唯一能够"观察和反思其他生命

---

[1] 赵毅衡：《哲学符号学：意义世界的形成》，成都：四川大学出版社，2017年版，第7页。
[2] 赵毅衡：《哲学符号学：意义世界的形成》，成都：四川大学出版社，2017年版，第19页。
[3] 恩斯特·卡西尔：《人论》，甘阳译，上海：上海译文出版社，2004年版，第38页。
[4] 赵毅衡：《哲学符号学：意义世界的形成》，成都：四川大学出版社，2017年版，第19页。
[5] 赵毅衡：《哲学符号学：意义世界的形成》，成都：四川大学出版社，2017年版，第19页。

体之符号活动的动物"①。因此人类在众多符号主体中占有独特的地位，强大的符号能力使人类对所有的符号过程都负有不可推卸的责任，在面对生态危机问题时，人类更应该肩负起自己的责任，关注自然界的整体性，考虑其他物种的生存权益，成为"万物的体验者和理解者"②。

人类既要发挥自身的能力担负解决生态危机的责任，又要节制自己无度的欲望，该如何维持这种微妙的平衡？堪舆符号的元语言和其中包含的一些堪舆理论也许能够给人类带来一些启发。

堪舆作为一种文化符号，反映了中国古代先民与自然环境之间的关系。在许多人眼中，堪舆符号是人类用来给自己推测吉凶祸福、谋求好运的工具，这种看法是不全面的。堪舆符号与自然环境的关系密切，它是在人们认识自然、选择环境的过程中诞生的，在中国古代天人合一的观念下，人们选择环境的目的是利用好大地中的生气，使自己和后代能够享受生气的滋养。这种出发点是人类自身的利益，但也是正当的，与自然界中其他物种的生存繁衍需求并无二致。

从堪舆符号的元语言层面来说，天人合一的思想将人的主体意识限制在比较合理的范围内。首先。笃信堪舆的中国先民对于"天"和大自然抱有一定的敬畏之心，人们认为"天"对于人的命运具有主宰作用，这种情感可能来源于生产力比较低下的时期大自然展现给人类的威力。人们进而将自身是否能受到自然环境的良性影响，作为判断环境对于自己来说是吉是凶的标准，而为了自己的命运能够平顺，人们往往会千方百计地进行堪舆操作，通过对堪舆符号文本的解释倒推"天意"，并顺应"天意"。于是一旦自然界有一些灾害表现或者古人解释不了的"异象"，人们便会惯性地反省自己的行为是否违逆了"天意"，是否对大自然造成了侵害，并尝试采取一些补救的措施，来与"天"达成和解。

同时，天人合一也使人类对于自身和自然界的关系有了合理的认识。天人合一思想促使中国古代先民在人体与自然界之间建立了同理联结，先民从自身对人体机能和社会组织形式的认识出发来理解自然界，认为大地是有机的生命

---

① 彭佳：《人的主体维度：符号学对生态中心主义的超越》，《鄱阳湖学刊》，2017（4），第55页。
② 彭佳：《人的主体维度：符号学对生态中心主义的超越》，《鄱阳湖学刊》，2017（4），第58页。

体，自然界各种环境要素之间如同人体的器官组织一样联系紧密，牵一发而动全身。比如《宅经》中就有相关的论述："宅以形势为身体，以泉水为血脉，以土地为皮肉，以草木为毛发，以舍屋为衣服，以门户为冠带。"①《地理人子须知》中也运用类比思维论述龙脉的形态应当对称均匀："盖龙身肢脚，贵其对节生出，两边均匀……此可见天地间凡对生者，皆受天地之灵气。人之手足筋骨，鸟兽之足翼，皆对生者也。"② 这些论述不仅在人类与自然界之间建立了联系，更将鸟兽等其他物种囊括到自然界的普遍联系中。中国古代先民认为自然界的普遍联系依靠的是"生气"，天地万物都是由生气化成的，生气也自然成为串联万物的纽带。天人合一的思想促使人们对自然生态系统形成了整体性的认识，清楚地认识到人类是自然界的物种之一，只是生态系统的一个部分，并不能凌驾于整个生态系统之上，这种认识对于人的主体意识也就形成了约束。

本书在导论部分对堪舆进行了定义，将堪舆文化分为理论和实践两部分。堪舆符号对于人主体意识的约束也体现在了堪舆理论中。堪舆理论认为，判断某地是否有足够的生气，不仅要评判周围山川河流的形势，更要观察周围的生态环境。古人认为生态良好、植被丰茂的地方具有较强的生气，能够对人形成良好的影响。许多堪舆理论典籍中都有这方面的论述，比如前文提到的明代人缪希雍对龙脉自然环境的描述："凡山，紫气如盖，苍烟若浮，云蒸霭霭，四时弥留；皮元崩蚀，色泽油油，草木繁茂，流泉甘冽，土香而腻，不润而明。"③ 很显然这句话描述的是龙脉这样"风水"好的山脉富有生气，生态环境也十分优越。同样的评判标准在《葬书》中也有提及，本书第一章第三节中提到了《葬书》讨论的五种不可以作为葬地的山脉类型，包括童山、断山、石山、过山、独山，其中童山和石山都是指没有植被覆盖，岩石直接裸露的山。《地理人子须知》中也提到如果山脉呈现出"巉岩"的状态——"临穴处石出峥嵘，而巉岩可畏也"④，就不能作为葬地，这两种说法都说明堪舆环境选择理论十分重视生态环境，以好的生态作为环境选择的重要指标。

---

① 王玉德、王锐：《宅经》，北京：中华书局，2011年版，第75页。
② 徐善继、徐善述：《绘图地理人子须知》，郑同点校，北京：华龄出版社，2012年版，第60页。
③ 缪希雍：《葬经翼》，见佚名：《丛书集成初编》，北京：中华书局，1936年版，第39页。
④ 徐善继、徐善述：《绘图地理人子须知》，郑同点校，北京：华龄出版社，2012年版，第167页。

在重视生态的基础上,堪舆理论还强调要保护生态环境,比如《地理人子须知》中有关于山脉"破面"的论述:"纵使龙脉贵秀,朝应情来,明堂水城俱美,不幸而庸夫野人不知所以,徒以土石之便,日夕凿掘,或深入数尺,或长至丈余,而正当穴脉,发泄龙气,则不可用矣。"[1] "破面"指的是民众挖山取石破坏山的形态,堪舆理论中认为山如果"破面",就会影响山脉中的生气,整体环境也就不再适宜人居住或是作为葬地,因此民众应当对龙脉进行保护,而不应该为了取石料肆意挖山。堪舆理论指导人通过堪舆实践来因地制宜,选择合适的环境,期待通过环境中的生气滋养人自身,但不主张人向大自然过度索取资源,甚至为了人类自己的利益破坏自然生态。

固然,堪舆理论主张保护自然环境的目的与现代生态主义保护自然环境的目的并不完全相同。生态主义的目的是面对当前的生态危机,改善环境问题,维护自然界的平衡,获得自然界整体的和谐与良性发展。堪舆理论更注重借助自然生气滋养人类,其中还包含了一些具有神秘色彩的理论,这在一定程度上导致在明清时期堪舆文化发展到极盛后迅速僵化,禁锢了人的思维。本书导论部分提及郑观应在《盛世危言》中指出当时社会民众普遍反对开矿和修铁路,原因就是受堪舆理论的影响,认为这种行为会破坏龙脉中的生气。现如今国内外学者从现代视角出发对堪舆文化进行了深入发掘,证实其中关于生态环境保护的相关理论依然能够对现在的环境保护工作有所启发。

综合来说,堪舆符号从符号本身、堪舆符号产生的出发点、符号元语言、堪舆理论四个方面,对限制人类中心主义的不良影响有所启发。堪舆符号在处理人与自然的关系时,一方面承认自然界的整体性,但不抹杀人的主体意识,人类必须在发挥主体意识的基础上才能担负起保护自然生态的责任;另一方面也对人的主体意识进行了约束。堪舆符号对人类中心主义的纠偏,主要围绕着人的主体意识限度的问题进行,对当前中国生态批评的发展有所促进,也能够在实践上推动生态文明建设的进程。

---

[1] 徐善继、徐善述:《绘图地理人子须知》,郑同点校,北京:华龄出版社,2012年版,第165页。

第二节　卷入堪舆符号解释的元语言与解释漩涡

一、卷入堪舆符号解释的元语言

除了天人合一的自然观，卷入堪舆符号解释过程的还有另外一种重要的语境元语言，即传统的儒家伦理观念。

儒家伦理观念在中国古代社会中始终占据主导地位，并渗透了古人日常社会生活的方方面面。梁漱溟认为中国社会是"伦理本位"的，伦理指的是人与人之间的各种关系，"人一生下来，便有与他相关系之人（父母、兄弟等），人生且将始终在与人相关系中而生活（不能离社会），如此则知，人生实存于各种关系之上"[①]。这种与生俱来的关系是在血缘基础上建立起来的，它首先是维系家族亲情的纽带，并从家庭内部逐渐被推广至整个社会，"吾人亲切相关之情，发乎天伦骨肉，以至于一切相与之人，随其相与之深浅久暂，而莫不自然有其情分"[②]。人与人之间的关系和情分使人们对他人"负有义务"[③]，从而使整个社会被编织进一张复杂的伦理网络之中。马克斯·韦伯将儒家的伦理观念总结为"所有的社会伦理都只是将与生俱来的孝的关系转到其他与之很相似的关系上。在五项自然的社会关系里，对君、父、夫、兄（包括师长）、友的义务，包含着所有绝对具有约束力的伦理"[④]。也就是说在中国传统社会中，血亲之间的相处模式被当作所有人际关系的参照模板。综合以上的论述我们能够发现，中国传统的儒家伦理观念以血缘关系为出发点，家庭亲情受到整个社会的关注和推崇，礼仪教化也主要是为了教育人们在面对不同的伦理关系时应当具备的态度，比如子女对父母应当孝顺，父母对子女应该慈爱，兄弟之间应当友爱恭敬，等等。

儒家的伦理观念对中国古代各类文化思想都造成了重大的影响，堪舆文化也不例外。伦理观念作为堪舆文化重要的语境元语言，它对堪舆文化的影响体

[①] 梁漱溟：《中国文化要义》，上海：世纪出版社，2005年版，第72页。
[②] 梁漱溟：《中国文化要义》，上海：世纪出版社，2005年版，第72页。
[③] 梁漱溟：《中国文化要义》，上海：世纪出版社，2005年版，第73页。
[④] 马克思·韦伯：《儒教与道教》，洪天富译，南京：江苏人民出版社，2003年版，第167页。

第二章 生态主义与堪舆符号元语言

现在文化体系外部和内部两个层面,外部的影响指的是民众对堪舆文化的态度,内部的影响则指堪舆符号特有的表现形式。

在古代人的日常生活中,堪舆符号的一个重要作用是选择墓地环境,在伦理观念和由此衍生的孝道思想支配下,子女为父母选择环境良好的墓地也就格外重要。这其中有两个重要的原因,一是子女为父母选择墓地是本分,尽其所能选择好的葬地能够体现子女的孝道;二是古人认为祖先父母的葬地形势格局非常重要,它影响着子孙后代的命运祸福和整个家族的兴衰。《地理人子须知》这部著作的序言中,作者之一的徐善继对他们著书的目的进行了阐释,他指出著书的出发点即是伦理与孝道思想,"择地一事,人子慎终切务也"①。为过世的父母选择适宜的葬地是为人子女应尽的义务之一,何况"生事死葬,礼之大焉"②,更应该事死如事生,为父母寻找葬地相当于寻找故去之后的住所,必须格外重视。徐氏兄弟将著作以"人子须知"命名,说明他们认为书中的内容是为人子女都应当掌握的,他们在书中集合了明代之前众多堪舆名家关于地理形势的论述,并对其进行整理评述,是为了读者能够辨别各种堪舆理论,"不为邪说所惑"③,著书的目的就是使合理的堪舆理论和孝道思想能够普及社会各个阶层,甚至为国家以孝道治天下做一些贡献。

同时,古人普遍认为父母的墓地形势对子女后代的命运具有很大的影响。这种观念在堪舆文化发展的早期就已经十分普遍了,比如本书导论与第一章提到,司马迁在《史记·淮阴侯列传》中,对韩信母亲墓地的形势进行过评价:"其母死,贫无以葬,然乃行营高敞地,令其旁可置万家。余视其母冢,良然。"④ 据司马迁记载,母亲过世时韩信还是一介布衣,尽管家中贫穷无法厚葬母亲,但韩信还是为母亲选择了高敞的环境作为葬地,司马迁认为良好的葬地形势是韩信能够发迹的原因之一。本书第一章中提到的《晋书》中记载的"折臂三公"和"牛卧地"的故事,其中包含的核心观念也是父母葬地的形势能够对子女命运造成很大的影响。这种观念产生的内在原因是儒家伦理对于血

---

① 徐善继、徐善述:《绘图地理人子须知》,郑同点校,北京:华龄出版社,2012年版,第5页。
② 徐善继、徐善述:《绘图地理人子须知》,郑同点校,北京:华龄出版社,2012年版,第5页。
③ 徐善继、徐善述:《绘图地理人子须知》,郑同点校,北京:华龄出版社,2012年版,第5页。
④ 司马迁:《史记》,裴骃集解,司马贞索隐,张守节正义,北京:中华书局,1999年版,第2038页。

缘关系高度重视。《葬书》中从堪舆理论的角度出发对父母子女间的血缘关系进行了阐释："人受体于父母，本骸得气，遗体受荫。经曰：气感而应，鬼福及人，是以铜山西崩，钟灵东应，木华于春，栗芽于室。"①《葬书》认为人体是由生气凝聚而成的，父母与子女之间有血缘关系，因而能通过气相互感应。生气的感应关系就如同春天室外草木生长，室内的植物种子也会跟着发芽，父母的遗体如果在葬地受到了滋养，子女也会通过感应而受到良性的影响。

在伦理教化、孝道思想的支配下，中国古人格外重视为过世的父母挑选环境良好的葬地，不惜为此耗费大量的财力和心力，一是为了履行子女的义务，二是为了维护自身的利益。这种观念促使古代民众逐步重视堪舆文化，甚至笃信堪舆理论，形成了选择葬地之前一定要进行堪舆活动的习俗，这种习俗推动着堪舆文化由汉魏时期到明清时期，逐渐发展至鼎盛状态。

儒家伦理观念对于堪舆文化内部的影响，主要表现为中国传统的社会格局对堪舆符号的一些表现形式的影响。费孝通在《乡土中国》中将传统中国社会的特征总结为"差序格局"，"我们的社会结构本身和西洋的格局不相同的，我们的格局不是一捆一捆扎清楚的柴，而是好像把一块石头丢在水面上所发生的一圈圈推出去的波纹。每个人都是他社会影响所推出去的圈子的中心"②。这种社会格局从处于中心位置的人出发，根据血缘关系的亲疏画出一层一层的圆圈，与中心关系不同的人占据着不同的圈层位置，得到待遇也不同。"差序格局"强调的是中国传统社会对于血缘的重视，亲疏决定了人相对地位的不同，血缘关系类型的不同也决定了人与人之间相处模式不同，这些特征在堪舆符号体系中都有所体现。

比如在本书的第一章中提到，形势派堪舆理论对"龙"符号进行了细致的分类，分类的标准主要有两个，一个是依据山脉的形态和动势分类，另一个比较特殊，依据山脉上的山峰与穴地和山脉发源地的远近距离分类；根据这种标准，距离穴地由近到远的山峰分别是父母山、少祖山、宗山、太祖山。这些山峰对于穴地中蕴藏的生气都有影响，离穴地最近的父母山形势对穴地有直接的影响，远一些的山峰则有间接的影响。《地理人子须知》中便提到了龙符号的

---

① 旧题郭璞：《葬经》，《四库提要著录丛书·子部术数类021》，北京：北京出版社，2010年版，第82页。

② 费孝通：《乡土中国》，北京：北京出版社，2005年版，第32页。

这种分类和评判标准："故审龙之要，必于入手近穴数节内为紧……则其远祖之王侯显贵，安能庇及数十代后之子孙哉。"[①] 影响的远近有别就好像人在家族关系当中与父母、近祖、远祖的关系由近到远，连带着亲情通常也由紧密到疏远一样。另外在评价环境的形势好坏时，堪舆符号文本组合成分的一些评价标准也体现着伦理观念的影响。比如本书第一章中提到的，龙、穴、砂、水组合而成环境文本，堪舆理论中认为环抱穴地的山峰、河流应该对穴地形成向内聚拢、回环有情的状态，如同家族一样具有向心的聚合力。环境中的低山还要与高山形成君臣一样的关系，低山相当于高山的臣子，要对高山有臣服、护卫的形态，就像《地理人子须知》当中提到的："欲其有情于我，如宾之见主，臣之见君，子之奉父，妻之从夫。"[②] 这里列举了中国传统社会中主宾、君臣、父子、夫妻四种关系，地位较卑微者向较高贵者的服从是四种关系模式的共同点。由此可知，古人认为堪舆环境文本以穴地为中心，四周环绕的山川河流因距离不同而亲疏有别，都应该对环境中心表现出服从的形态，这些评价标准中都体现了伦理观念。

儒家伦理观念原本属于人类社会的组织结构和评判标准，将它作为解释堪舆符号文本的语境元语言之一，显然是在人类社会与自然界之间建立了类比关系。这种人与自然的联系方式如果放在秉持人与自然二分思维的文化环境中是无法理解的，但它建立在古代中国天人合一、人与自然同源的思想基础之上，是对天人合一哲学的一种阐发。

二、解释漩涡

除了语境元语言，堪舆符号的元语言还包括解释者的能力元语言和符号文本的自携元语言，三者搭配在一起形成了每一个堪舆符号解释者不同的元语言集合。符号的自携元语言是指符号文本自身携带的一些元语言标记，可以引导文本的解释，比如符号文本的体裁就属于自携元语言。能力元语言与符号解释者的认知水平、知识积累、文化宗教背景等因素有关，只有符号解释者本人对自己的能力元语言有所认识，其他人无法完全了解，也无法客观测定。于是每

[①] 徐善继、徐善述：《绘图地理人子须知》，郑同点校，北京：华龄出版社，2012年版，第42页。
[②] 徐善继、徐善述：《绘图地理人子须知》，郑同点校，北京：华龄出版社，2012年版，第226页。

个人在解释符号文本时都会调动这三种元语言，面对同一个符号文本，不同的解释者调动的元语言各不相同，同一个解释者每次解释文本时运用的元语言也不相同。如果同一个或同一批符号解释者在同一次解释堪舆符号文本时，使用了不同的元语言集合，那么就会出现同层次的元语言冲突，产生"解释漩涡"，解释漩涡在现代人解释堪舆文本时尤其常见。

堪舆文化作为中国文化的重要组成部分，在漫长的发展历程中留下了很深的文化印记，现代中国人与古人相比，对堪舆文化的依赖性大大降低，但也很难彻底脱离堪舆文化的影响力。随着时代发展进步，社会思想逐渐多元化，中国社会的文化语境发生了巨大变化，上文提到的堪舆文化的语境元语言已经不再是所有人的文化共识；但在现代人的日常生活中，堪舆符号依旧时常出现。许多现代人尝试以堪舆理论来解释某些现象，或是注意一些人们口口相传的堪舆禁忌。一些现代人还是和中国古人一样，希望通过堪舆实践帮助自己扭转低迷的状态，或抵抗一些未来自己无法预计的厄运。于是现今一些人依旧会在乔迁新居时请堪舆师来"指点一二"，墓园的销售广告也会频繁提到"风水宝地"之类的字眼，我们依旧时常能看到一些商铺和住宅大门上挂着"八卦镜"，一些人在客厅或者办公室墙上悬挂一幅"靠山图"，或是在家中指定的方位摆上"风水缸"养鱼，这些都是堪舆文化在我们现代生活中的体现。

尽管堪舆文化的影响力延续至今，但现代人对于堪舆文化的态度却比较复杂，容易陷入解释漩涡当中。当一个现代人面对堪舆符号文本时，常常会同时调动两套不同的元语言集合，一方面这个人受过现代科学教育，五四运动以来社会各界对于堪舆文化的负面评价对他也会有所影响，这使他对堪舆文化的理论和一些禁忌之说抱着怀疑态度，认为堪舆基本等同迷信；但另一方面中国传统文化遗留的文化记忆又使他摆脱不掉日常生活中的堪舆符号，潜移默化中认为堪舆理论中存在一定的合理因素，宁可信其有，不可信其无。以上两套元语言集合相互冲突，在解释堪舆符号文本时共同起作用，无法相互取消，解释漩涡便由此产生。这位符号解释者便会在"堪舆究竟是真是假""堪舆是否可信"这种问题上举棋不定。

在国内知名的网络问答社区"知乎"中检索关键词"风水"，综合的"风水"类目下，包含了七万余条讨论，这一类目下包含"风水"二字的话题有三十余条，其中关注量超过一千的有9条，关注量最大的是名为"风水"的话题，有多达 106212 位知乎用户关注这个话题，并提出了 7507 个问题，其中精华内容达到一千多条；"风水堪舆学"话题有 7381 位用户关注，包含 1614 个问题。社交平台"新浪微博"中"堪舆风水"话题有 28.8 万阅读量，"风水"超话有 1.1 万名粉丝和高达 4.1 亿的阅读量。以上这些数据说明，现如今堪舆文化在普罗大众当中有一定的讨论热度，但以上这些话题的具体讨论内容，一部分是堪舆具体的操作方法，另一部分是人们对堪舆可信度的疑虑。知乎有关"风水"话题的问题中，有很多提问类似"风水是真是假""你相信风水吗？为什么？""如何看待风水玄学？"[①]，这些问题的相关回答也分为彻底表示不相信堪舆、认为堪舆有合理性和不直面问题转而去谈一些堪舆现象这三个基本的类型。这些问题与回答非常鲜明地展现出现代人对文化复杂的情感态度，表示彻底认同堪舆或完全否定堪舆的人都是少数，更多人处于一种不置可否的状态，或干脆顾左右而言他，之所以产生这种态度，正是因为现代人陷入了堪舆符号的解释漩涡当中。

近十年流行的"盗墓"题材小说，也能够体现处于元语言解释漩涡之中的现代人对于堪舆文化态度。中国古人尤其是统治阶级受堪舆文化的影响，在考虑葬地时通常会通过堪舆实践来选择位置，并在墓葬中放置随葬品。如果墓主人的社会地位较高，墓中随葬品就很可能是普通民众眼中的"宝藏"，于是盗掘他人墓葬这种行为便应运而生，并且在历史上由来已久。盗墓必然要了解墓葬的方位，于是又与堪舆文化产生了联系。盗墓题材小说是网络小说的一个类型，盗墓小说的情节以冒险、惊悚为主要基调，因此作者往往会细致地描绘墓葬中的种种神秘异事。通常作者笔下的大墓都位于十分隐秘的"风水宝地"当中，从墓葬位置到墓葬内的景象都充斥着诡异的气氛，小说往往大力渲染堪舆文化中的神秘色彩，来满足读者猎奇的心理。

比如在盗墓小说的代表作品《鬼吹灯》系列中，作者于故事开篇简要交代了"我"之所以误打误撞进入了"盗墓行当"，是因为祖父辈从一位"高人"手中获得了一部《十六字阴阳风水秘术》的残卷，"我"研读残卷之后，便学习到了通过观察山川河流，"看风水"、找墓葬的本领。"我"在还是知青的时候来到内蒙古某地一处叫牛心山的山岭，相传此地有辽代太后的墓葬。"我"

[①] 以上数据和具体问题根据 2020 年 2 月 11 日检索结果。

101

通过观察山川形势，发现这里的形势与残卷中提到的风水宝地格局一致，于是越发认为堪舆文化具有一定的道理，但同时也认为堪舆没有什么实用价值，"中国自古以来有那么多的帝王将相，哪一个死后是随便找地方埋的？朝代更替、兴盛衰亡的历史洪流，岂是祖坟埋得好不好能左右的"[①]。小说主人公对于堪舆的态度便很能代表当代人对堪舆文化的理解，一方面对堪舆理论中墓葬"风水"影响后代命运这类说法持怀疑态度，另一方面也认同堪舆理论并非空穴来风，而是古代先民的经验总结。

　　盗墓小说的作者也同样身处解释漩涡当中，一方面作者描绘盗墓者或探险者根据堪舆理论寻找墓葬位置，这实际上等于在一定程度上认可了堪舆理论的实用价值，但另一方面作者也对堪舆理论和命运的关系有所怀疑，这也是无法用实验方式来证明的。当代人在解释堪舆符号时，两套元语言彼此间互不退让，不能相互取消，这就导致堪舆文化对现代人而言显得十分神秘，这种矛盾的感性体验推动现代人研究堪舆文化，或以此为主题进行文学和影视创作。

---

① 天下霸唱：《鬼吹灯之精绝古城》，合肥：安徽文艺出版社，2006年版，第16页。

第三章　生态批评视阈中的堪舆符号与文学作品分析

文学作品是堪舆符号传播的重要媒介，文学作品中的堪舆符号文本展现了不同接收者的不同解释，表达了他们对于自然环境、天人关系、个人祸福、家族命运等问题的不同态度。早在先秦时代，《诗经》中就已经出现了记录堪舆实践的诗篇，比如本书导论部分提到的记载周人祖先选择部落聚居地过程的诗歌《大雅·公刘》。

随着堪舆文化逐渐发展成熟，中国古代文学作品中出现堪舆符号的次数也逐渐增多，文学作品中呈现了形式多种多样的堪舆符号，比如许多描绘自然风光的诗文词赋中就包含着堪舆符号；一些传奇、话本小说借助堪舆符号展开对于个人与家族命运的讨论，或直接以堪舆师为故事主人公，叙述他们使用堪舆符号达到"神乎其技"境界的事迹。古代许多文学理论著作中也有堪舆符号的影子，文论家利用堪舆文化的强大影响力，以堪舆符号为喻体阐述各自的文论观点。由于中国古代文学、历史不分家，史书中也存在许多与堪舆符号有关的内容，常见的内容一类是历史上像郭璞、管辂这样有名的堪舆师被记入史传；另一类是记载某些历史名人与堪舆符号有渊源的故事，比如前文提到的司马迁讨论韩信母亲墓地的堪舆形势、羊祜"折臂三公"的故事等；还有一类是记载统治者利用堪舆符号为都城、宫殿和皇陵选址的相关事件。堪舆符号频繁见于文学作品、文论作品和史书记载，这实际上说明了它在中国古代是深深渗透于人们的日常生活当中的，下至乡野村夫，上至皇族公卿，都有可能成为堪舆符号的解释者，或使用堪舆符号进行实践活动。

从近代到当代，堪舆符号在文学作品中的作用经历了一个转向。20世纪之初，堪舆符号在文学作品中常被解释为"封建迷信"，除了少数几位作家在作品中将堪舆符号解释为故乡淳朴民风的表现,在大多数文学作品中,堪舆符号都被划归为腐朽的陋俗。20世纪90年代之后,文学作品中堪舆符号的意义开始发生转变,堪舆符号与中国人的乡土情结逐渐建立了紧密的联系,堪舆符号中包含的中国人对于自然环境的情感和态度,以及它对现代人生活的持久影响,这些都开始受到作家的关注,这一时期的许多乡土文学作品都体现了人们对堪舆符号的这种理解。

堪舆符号在自身发展的同时也在向域外传播,堪舆文化早在自身发展时期,便被东邻日本有选择性地吸收,形成了墓相和家相学说,并发展出了一种精通堪舆之学、号称能沟通阴阳的职业——阴阳师,日本文学作品中也相应出现了堪舆符号的影子。到了近现代,堪舆符号传播的范围扩大,开始为西方国家所知,这一方面是由中国移民带动的,另一方面则与生态危机有关。西方的生态学者希望借助东方文化,为西方现代性问题进行纠偏,他们开始关注堪舆文化,并进行了相关研究。一些西方人主动学习堪舆理论,并将其运用到日常生活当中,许多西方国家的市面上流行讲解住宅堪舆实践的书籍,也存在一些专门从事堪舆服务的公司。西方一些地区创立了"风水学校",甚至有的大学还设置了"风水学"的博士学位。与近年来中国出现了"风水盗墓"题材的网络小说、改编影视热潮一样,西方国家也出版了一些与堪舆相关的通俗小说,堪舆符号在文学和影视作品中的热度越来越高,反过来又推动了堪舆符号传播。

作为人类与自然之间意义活动的桥梁,文学作品中的堪舆符号体现了人与自然之间的双向互动关系,即人类受到自然的影响,并在自然影响下理解自然,同时人类的活动也无时无刻不影响着自然。本章以生态批评的视角分析那些包含堪舆符号的文学作品,重点探索这些堪舆符号中反映的人与自然的关系,即自然生态问题。同时,自然与人文交融,堪舆符号在与自然生态问题相关的同时也反映了一定的人文生态问题。堪舆文化对中国社会的影响十分深远,历经社会文化的巨变依旧给现代人留下了印记,并随着人群的迁徙、文化的交流碰撞而将影响力延伸到了西方社会。人们与自然环境的关系必然因为身处不同的文化环境而不同。这一点在文学作品中也有体现,于是本章也将对堪舆符号反映的人文生态问题进行一定程度上的探讨,进而更加深入地发掘堪舆理论中包含的生态智慧与生态价值。

第三章　生态批评视阈中的堪舆符号与文学作品分析

本章涉及的文学作品大致分为两大类：一类是直接展现堪舆文化的作品，其中描绘了堪舆实践行为，或运用堪舆符号对自然环境进行描写；另一类是以堪舆为文化背景的作品。

第一节　堪舆文化在文学作品中的直接展现

直接展现堪舆文化的文学作品在中国古典文学中尤为多见，这类文学作品中的堪舆符号比较一致地反映了古代中国人在日常生活中与自然的亲密关系，他们依赖堪舆符号认识自然、感受自然，并期待与自然达成和谐共生的状态，以此来为自身谋求更好的生命体验。文学作品中对堪舆文化的直接展现又可以分为两类形式，一类文本直接描述了堪舆择地的行为，另一类则使用堪舆符号对自然环境进行了描绘。

一、文学作品直接描述堪舆行为

文学作品中直接描述的堪舆实践行为，主要是择居和择葬。中国古代诗赋中就有这方面的描写。古代许多文人虽然不是职业堪舆师，但也通晓一些堪舆理论，还会进行堪舆实践，他们在诗中记录了自己利用堪舆符号选择住所或葬地的过程。

比如谢灵运《田南树园激流植援》中的诗句：

樵隐俱在山，由来事不同。不同非一事，养疴亦园中。中园屏氛杂，清旷招远风。卜室倚北阜，启扉面南江。激涧代汲井，插槿当列墉。群木既罗户，众山亦对牖。靡迤趋下田，迢递瞰高峰。[①]

诗人在这首诗中记录了自己"卜室"的过程，描绘了住所周围的美景。这首诗写作于诗人隐居养病期间，所谓"卜室"就是通过堪舆实践选择住址。诗人选择修建别业的地方北面依山，南面临江，别业的庭院中有山涧流过，周围群山环绕，打开门窗便能看到茂盛的树木，可见周围的自然环境非常优美，十分适合人居住。

---

① 顾绍柏：《谢灵运集校注》，台北：里仁书局，2004年版，第168页。

李白的诗作《题元丹丘颍阳山居》,诗序及原文节选如下:

> 丹丘家于颍阳。新卜别业。其地北倚马岭。连峰嵩丘,南瞻鹿台,极目汝海,云岩映郁,有佳致焉。白从之游,故有此作。

> 仙游渡颍水,访隐同元君。忽遗苍生望,独与洪崖群。卜地初晦迹,兴言且成文。却顾北山断,前瞻南岭分。①

这首诗从标题来看,是诗人李白题写在元丹丘居所中的,诗人在诗序中交代了题诗的原因,他提到自己的好友元丹丘就像谢灵运诗中描绘的一样,在颍阳通过"卜"的方式,也就是堪舆实践,选址修建了别业。别业位于嵩山之中,北边依傍马岭,南面可以远望鹿台,地势较高,让人仿佛置身于云海之中,山中的云雾、岩石与树木相互衬托。被邀请前来做客游览的李白十分欣赏别业周围壮美的景色,因此题诗来表达自己对自然之景的赞叹。

杜甫的《谒真谛寺禅师》中也提到了"卜宅":

> 兰若山高处,烟霞嶂几重。冻泉依细石,晴雪落长松。问法看诗忘,观身向酒慵。未能割妻子,卜宅近前峰。②

诗人杜甫在夔州真谛寺拜谒禅师,通过学习禅学得到了很多启发。诗人一方面向往山中的美景和与禅师论禅的机会,另一方面又割舍不下妻子儿女,于是通过堪舆实践,在靠近真谛寺的山前选择了一处地方定居。这首诗的首联与颔联,都是对真谛寺附近自然景色的描绘,由此可见杜甫选择居住的环境中,触目有高山烟霞,山中有流泉细石,松林上覆盖积雪,是一派令人心旷神怡的景色。而诗中提到的"酒""妻子"等,是诗人在向往佛法之外,对俗世生活的牵念。对于中国传统的文人来说,他们常常会在出世与入世两种追求之间举棋不定,杜甫当然也有这种纠结情绪,尤其是在他历经乱世,备感壮志难酬的落寞之后。真谛寺附近优美的自然环境首先为杜甫带来了愉悦的心情,置身于这样的自然环境当中,又有家人、佛法的陪伴,这对于他而言应当是漂泊生活中难得的快意时光。

戴复古在一首诗中也提到了"卜葬":

---

① 詹锳:《李白全集校注汇释集评》,天津:百花文艺出版社,1996年版,第3570页。
② 萧涤非:《杜甫全集校注》,北京:人民文学出版社,2014年版,第5257页。

第三章　生态批评视阈中的堪舆符号与文学作品分析

  仇香竭力奉双亲，孝感于天得此坟。众石中藏一抔土，来山面对五峰云。龟鸾远近参差见，龙虎低昂左右分。早见凌云牡丹现，他年朱紫定纷纷。①

  诗人通过诗的题目记载了王和甫通过堪舆实践，为双亲选择葬地改葬的经过，诗原本的题目极长，也有可能是诗的序："王和甫主簿卜地改葬双亲一夕梦到一处风水佳甚及到雁荡罗汉寺后山宛如梦中所见及造圹众石之中独有一穴仅可容双棺孝感如此。"②由这段文字可以分析出，改葬的过程颇具神秘色彩，王和甫想要改葬双亲，恰好在梦中看到某一处地方的"风水"很好，但并不知道此地究竟是哪里，后来他来到雁荡山罗汉寺的后山，见到了和自己梦中一模一样的环境，"龟鸾远近参差见，龙虎低昂左右分"③，这句诗中，诗人使用堪舆符号中的四灵符号来形容环境周围的山势井然有序，符合堪舆理论对理想葬地的要求；并且葬地位于高山深谷，周围山势齐整、层峦叠嶂、云霞掩映，由此可见自然环境也比较宜人。最富有传奇色彩的是，王和甫发现在众多山石之中有一处平坦土地，刚好能容下双亲的棺椁，恰好可以作为双亲的葬地。对于中国古人而言，通过堪舆实践为父母选择一处环境清幽的葬地是子女的义务，于是诗中这样的巧合被诗人称赞是王和甫的孝心感动上天的结果。

  张衡的《冢赋》通篇都是围绕"卜葬"展开的：

  载舆载步，地势是观。降此平土，陟彼景山。一升一降，乃心斯安。……高冈冠其南，平原承其北，列石限其坛，罗竹藩其域。系以修隧，洽以沟渎。曲折相连，迤靡相属。乃树灵木，灵木戎戎。繁霜峨峨，匪雕匪琢。周旋顾盼，亦各有行。乃相厥宇，乃立厥堂。直之以绳，正之以日。有觉其材，以构玄室。奕奕将将，崇栋广宇。在冬不凉，在夏不暑。祭祀是居，神明是处。……恢厥广坛，祭我兮子孙。宅兆之形，规矩之制，希而望之方以丽，践而行之巧以广。幽墓既美，鬼神既宁，降之以福，于以之平。如春之卉，如日之升。④

---

① 戴复古：《戴复古集》，吴茂云、郑伟荣校点，杭州：浙江大学出版社，2012年版，第220页。
② 戴复古：《戴复古集》，吴茂云、郑伟荣校点，杭州：浙江大学出版社，2012年版，第220页。
③ 戴复古：《戴复古集》，吴茂云、郑伟荣校点，杭州：浙江大学出版社，2012年版，第220页。
④ 费振刚、胡双宝、宗明华辑校：《全汉赋》，北京：北京大学出版社，1993年版，第470页。

这篇《冢赋》完整地叙述了作者通过堪舆实践选择葬地、营建墓葬的经过，也表达了汉代时人们对于利用堪舆择葬来惠及后代的期望。作者乘车或步行，在山间寻找适宜的环境。葬地北接广阔的平原，南部有高峻的山峰，整体的地势高且开阔，联系司马迁对韩信母亲墓地的形容可知，汉代人普遍认为葬地地势应当"高敞"，选择高敞之地下葬有利于防水，"以保证墓主及其地下居室和用物的安全"①，张衡选择的葬地便十分符合这个标准。在这种良好地形地势的基础上，葬地周围还栽植了许多树木，营造了植被丰茂、灵木戎戎的环境。当时的陵墓必须建有用于祭祀的礼制建筑，在汉代人眼中它们相当于祖先神明的居所。在文中描绘的墓园中，这些礼制建筑规模庞大、气势不凡，屋宇中冬暖夏凉，整体的自然环境和人居环境都非常宜人，于是张衡形容其"幽墓既美，鬼神既宁，降之以福，于以之平"②。汉代人认为这样良好的堪舆环境可以使逝者安宁，祖先神明由此获得良好的"居住"条件，并为后代降下福祉。这当中体现了当时人们秉持的天人合一思想，人们不单以人类身体和社会的构成来解释自然，也以在世者对生活的需求来揣度逝者、祖先神明的想法。于是在汉代人眼中，优美宜人的自然环境和人居环境不仅对在世者有益，更能令神明满意，在自然、在世者、逝者的和谐互动中，在世者才能达成平衡的状态，并获得更好的生命体验。

除了以上列举的诗赋，古典小说中也有直接描绘堪舆实践过程的片段，比如明末冯梦龙的白话小说《警世通言》第四十回《旌阳宫铁树镇妖》中，便描写了堪舆师郭璞的堪舆实践过程。在小说这一回目中，郭璞应主人公许逊的邀请，走遍江南地区为他选择一处堪舆环境绝佳的、适宜隐居的住所。小说中描述郭璞进行堪舆实践的语句有多处，如：

> 此山嵯峨雄壮，湖水还东，紫云盖顶，累代产升仙之士。但山形属土，先生姓许，羽音属水，水土相克，不宜居也。但作往来游寓之所，则可矣。③

这段文字描述郭璞在选择环境时，先观察环境中的山和湖水形势，判断山

---

① 王子今：《秦汉时期生态环境研究》，北京：北京大学出版社，2007年版，第84页。
② 费振刚、胡双宝、宗明华辑校：《全汉赋》，北京：北京大学出版社，1993年版，第470页。
③ 冯梦龙：《警世通言》，洛保生、于春媚校，保定：河北大学出版社，2004年版，第448页。

的形势对应的五行属性,再利用五音姓利说的原理,将山形的五行属性与许逊的姓氏五行属性相配,以此判断此处环境是否适宜许逊,短短几句便展现了堪舆实践的整个流程。

> 行尽江南数百州,惟有傍湖山石牛。雁鹅夜夜鸣更鼓,鱼鳖朝朝拜冕旒。离龙隐隐居乾位,巽水滔滔入艮流。后代福人来遇此,富贵绵绵八百秋。①

小说主人公许逊要寻找的是一处适宜隐居、修行的住所。对于古代中国文人而言,隐居修行是一种出世的生活选择,出世必然意味着人们主动拉近了自身与自然的距离,寻找一处自然环境良好的居所,贴近自然,感受自然环境的宁静优美,并从中获得舒畅的心灵体验。和上文提到的谢灵运、杜甫等文人一样,郭璞通过堪舆实践为许逊选择了一处"神仙宅",引文中提到了这一处环境中的"离龙""巽水""青龙""白虎""护沙""朝水",这些都是堪舆符号。这说明这处环境具备了完善的堪舆格局,且山、水的形态都很端正。更重要的是,这处环境中的植被品种多,生长茂盛,又有各类鸟兽生活其中。依照堪舆理论,这种现象说明环境中生气充足,可以滋养动植物,自然也适宜人类生存。在现代的生态主义视角下,这处环境的自然生态状况良好,树木、鸟兽活跃其中,与人的良好生活状态形成良性互动,人与自然相互滋养、共荣共生,达成了和谐状态。

这些诗赋和小说记录了通过堪舆实践选择住地或葬地的过程。堪舆实践既是中国古人主动靠近自然、认识自然、感悟自然的过程,又是古人们与自然达成和谐最主要的途径。本书第一章第三节论述了理想的堪舆符号文本中的生态因素,从宏观上分析了理想堪舆符号文本适宜人生存的原因。通过分析以上列举的诗赋小说中的堪舆符号文本,可以发现它们之间的共同点:人们选择的居所大多背山面水,地处群山环抱之中,住所或葬地左右与对面的山以及背后的主山搭配得当,左右两侧的山呈现拱卫之势,环境中植被丰富,活跃着多种生物。古人常以自然界其他生物的良好生存状态来衬托可以滋养人类的生态环境,这相当于在人类和其他物种之间建立类比关系,在适宜植物和动物生存的

---

① 冯梦龙:《警世通言》,洛保生、于春媚校,保定:河北大学出版社,2004年版,第449页。

地方，人类也应该可以较好地生活。在堪舆理论中，人与动植物之间存在相同的根源——生气，因此也具有比较平等的地位。中国古人对于自然的整体性有很深的认识，他们不会孤立地看待人类，而是将自然界的整体繁荣视为理想的状态。

以上列举的堪舆符号文本的共同点，充分印证了中国古人理想的堪舆环境是生态状况良好、人类与自然和谐共生的环境，而指导环境选择过程的堪舆理论也包含着丰富的生态价值。堪舆符号连接着人与自然，它渗透在中国古代各个阶层的社会生活中，也使自然从未从人们的日常生活中缺席，人们通过堪舆实践选择生态良好的自然环境，适度利用自然带来的生存给养，感受自然给予他们富有活力的生命体验和审美感受，更享受这样共荣共生的和谐状态。

二、文学作品以堪舆符号描绘自然环境

对于中国古人来说，堪舆文化是他们选择环境的经验总结，堪舆符号是他们认识自然、感知自然的途径，所以中国古人在描绘自然环境时常会利用堪舆符号。

比如《诗经·小雅·斯干》中有诗句：

秩秩斯干，幽幽南山。如竹苞矣，如松茂矣。兄及弟矣，式相好矣，无相犹矣。似续妣祖，筑室百堵，西南其户。爰居爰处，爰笑爰语。①

这首诗是庆贺周王朝贵族的宫殿落成的颂歌歌词，开篇先介绍了宫殿所处的环境，"干"指山涧，也就是说宫殿周围既有山涧流水环绕，同时有高大幽深的山峰，宫殿周围松竹茂盛，宫殿大门开在西南方向。这几句诗是以宫殿所处的环境来烘托宫殿的宏伟坚固。《斯干》这首诗不同于上文提到的《公刘》，诗中没有对堪舆择地的过程进行描绘，而是描写了宫殿周围的自然环境。宫殿靠山近水，坐北朝南，展现了先秦时期，也就是堪舆文化发展的萌芽时期人们的环境选择标准，更通过描绘宫殿周边的自然环境和宫殿的宏大规模，表达了民众的赞颂之情。

杨万里的诗作《东园醉望暮山》：

---

① 程俊英、蒋见元：《诗经注析》，北京：中华书局，2017年版，第416页。

第三章　生态批评视阈中的堪舆符号与文学作品分析

> 我住北山下，南山横我前。北山似怀抱，南山如鬓鬟。怀抱冬独暖，鬓鬟春最鲜。松鬣沐初净，山蕳插更妍。我来犹斜阳，我望忽夕烟。一望便应去，不合久凭栏。山意本自惜，如何许人看。急将白锦障，小隔青鬟颜。近翠成远淡，缥缈天外仙。谁知绝奇处，政在有无间。顷刻万态熊，可玩不可传。①

诗中虽然没有明确展现堪舆实践行为，但诗人杨万里描绘自己居所周围的自然环境完全符合理想的堪舆环境文本标准，是一处龙、穴、砂、水等堪舆符号搭配得宜的自然环境。诗人的居所处于群山环抱之中，北面背靠主山，主山山脉绵延，环抱着诗人的住所，南面则有案山横前与主山形成呼应，由于北方高山挡住了冬季的寒风，所以诗人在冬天夜里觉得居所周边是温暖的。而南方的山比较低矮，春季的暖风不会被挡住，使整个居住环境得到温暖湿润的南风滋养，因而能够生机勃勃，远近山脉一片苍翠。诗人感慨这样的环境是"奇绝处"，通过诗句对自然环境进行了细致的描摹，表达自己内心不可言传的美好体验。正如上文引用的《警世通言》片段，主人公许逊渴望在良好的自然环境中修炼得道一样，自古以来人们便体会到自然环境对于人的影响力，自然生态的状况对人的情感和思维状态有重要的塑造作用。处于良好自然环境中的人能够获得极好的审美体验，并感受到内心的愉悦安宁，因此也会积极融入自然之中，主动追求人与自然生态之间的和谐，这也正是堪舆符号对人与自然和谐关系促进作用的体现。

张衡在《东京赋》中描写了洛阳的自然环境：

> 昔先王之经邑也，掩观九隩，靡地不营。土圭测景，不缩不盈。总风雨之所交，然后以建王城。审曲面势：泝洛背河，左伊右瀍，西阻九阿，东门于旋。盟津达其后，太谷通其前。回行道乎伊阙，邪径捷乎轘辕。②

文中提到了汉代人在堪舆实践时使用的工具"土圭"，使用它来测算日影在地上的方位和长短，能确定环境的南北方位。洛阳处于"天地之中"的位置，所以作者以土圭侧影里的结果来佐证这里位置绝佳。"泝洛背河……回行

---

① 杨万里：《杨万里集笺校》，辛更儒笺校，北京：中华书局，2007年版，第1960页。
② 佚名：《全汉赋》，费振刚、胡双宝、宗明华辑校，北京：北京大学出版社，1993年版，第439页。

111

道乎伊阙，邪径捷乎辗辕。"① 这一句说明洛阳山水环绕、交通便利，再加上赋文中张衡多次提及洛阳曾发生的祥瑞之兆，在描绘自然环境之余附加了一定的神秘因素，综合凸显洛阳的自然环境、人文环境优势，以此来劝谏皇帝定都于洛阳。

以堪舆符号描绘古代都城形势的同类作品，还有白朴的词《沁园春·保宁佛殿即凤凰台，太白留题在焉》，词中描写金陵雄伟的地理形势："我望山形，虎踞龙盘，壮哉建康"②，金陵城自古便吸引了很多政权在这里定都，它的堪舆形势历来令人称道。"虎踞龙盘"就是描写这一形势的经典用语，是形容金陵城中的山势形态雄伟的，白朴通过描绘金陵壮阔的自然环境，表达他看到饱受战火摧残的金陵城时内心的苍凉感受。

小说《三国演义》第三十七回《司马徽再荐名士　刘玄德三顾草庐》，其中有描写卧龙岗自然环境的语句：

> 襄阳城西二十里，一带高冈枕流水：高冈屈曲压云根，流水潺湲飞石髓；势若困龙石上蟠，形如单凤松阴里；柴门半掩闭茅庐，中有高人卧不起。修竹交加列翠屏，四时篱落野花馨。床头堆积皆黄卷，座上往来无白丁。叩户苍猿时献果，守门老鹤夜听经。囊里名琴藏古锦，壁间宝剑映松文。庐中先生独幽雅，闲来亲自勤耕稼。专待春雷惊梦回，一声长啸安天下。③

求才若渴的刘备到卧龙岗拜访诸葛亮，前两次寻访都没能得见。刘备通过观察卧龙岗的自然环境和诸葛亮结交友人的品行，看出了诸葛亮的才能与品德。这段环境描写显示出卧龙岗的形势非凡，自然生态良好，诸葛亮的住处周边更有野花芬芳、猿鹤相伴。同时与诸葛亮交往甚笃的四位友人身上也有和谐敦厚的高古之风，诸葛亮的个人品格、卧龙岗的自然环境和友人的品行之间是相互凸显、相互促进的关系，可见诸葛亮的隐居生活充分体现了人与自然、人与人之间的和谐状态。学者赵庆元指出，小说中对卧龙岗自然环境和人际交往

---

① 佚名：《全汉赋》，费振刚、胡双宝、宗明华辑校，北京：北京大学出版社，1993年版，第439页。
② 白朴：《天籁集编年校注》，徐凌云校注，合肥：安徽大学出版社，2005年版，第77页。
③ 罗贯中：《三国演义》，北京：人民文学出版社，2016年版，第960页。

的描绘，是最能体现《三国演义》的和谐生态观的段落，作者在这一段中营造的良好的自然生态和人文生态，表达了他对民众生存状态的重视和对和谐的自然、人文生态的追求。①

《西游记》中多姿多彩的自然环境描写历来为人称道，体现了作者敏锐的观察力和丰富的想象力。小说中的自然环境描写往往作为师徒四人一段段惊险经历之间的过渡，渲染特定的气氛，对小说情节发展进行了必要的铺垫。这些环境描写片段或暗示故事情节走向，或暗示出场人物性格，同时普遍使用了堪舆符号。比如在《西游记》开篇，叙述石猴来历时有这样一段描写：

> 海外有一国土，名曰傲来国。国近大海，海中有一座名山，唤为花果山。此山乃十洲之祖脉，三岛之来龙，自开清浊而立，鸿蒙盼后而成。②

作者描绘孕育石猴的花果山，首先强调花果山堪舆形势优越，是十洲祖脉、三岛来龙，借助"龙"符号，突显出花果山具有旺盛的生气，能够滋养山中生灵，因此花果山便具备了孕育石猴的基础条件。在这段描写之后，还附有一首赋：

> 木火方隅高积土，东海之处耸崇巅。丹崖怪石，削壁奇峰。丹崖上，彩凤双鸣；削壁前，麒麟独卧。峰头时听锦鸡鸣，石窟每观龙出入。林中有寿鹿仙狐，树上有灵禽玄鹤。瑶草奇花不谢，青松翠柏长春。仙桃常结果，修竹每留云。一条涧壑藤萝密，四面原堤草色新。③

由此可见，花果山除了是龙脉之祖外，还生长着彩凤、麒麟、锦鸡、龙、鹿、狐、玄鹤等珍禽异兽，又有诸多仙草奇花，堪舆环境与自然生态都十分优越宜人。花果山山顶有一块仙石，这块仙石除了外形巨大，还有九窍八孔，按照九宫八卦的位置排列，"四面更无树木遮阴，左右倒有芝兰相衬"，因而在这样的环境中仙石接受天地生气滋养，孕育出了灵气非凡的石猴。小说利用堪舆符号对花果山的环境进行了铺排描绘，渲染出浓烈的神秘气氛，后文石猴出世、在花果山水帘洞成为猴王的情节，便在这种气氛下展开，作者用堪舆符号

---

① 参见赵庆元：《谈三国演义的生态观》，《淮北煤炭师范学院学报（哲学社会科学版）》，2004(6)，第77—78页。
② 吴承恩：《西游记》，北京：人民文学出版社，1955年版，第2页。
③ 吴承恩：《西游记》，北京：人民文学出版社，1955年版，第2页。

为整部小说拉开了序幕。

《西游记》中的环境描写有时也有暗示出场角色性格特点的作用，比如在取经过程的前期，师徒四人行至万寿山前，作者这样描绘万寿山的自然环境：

> 高山峻极，大势峥嵘。根接昆仑脉，顶摩霄汉中。……崖前草秀，岭上梅香。荆棘密森森，芝兰清淡淡。深林鹰凤聚千禽，古洞麒麟辖万兽。涧水有情，曲曲弯弯多绕顾；峰峦不断，重重迭迭自周回。又见那绿的槐，斑的竹，青的松，依依千载秋斗华；白的李、红的桃，翠的柳，灼灼三春争艳丽。龙吟虎啸，鹤舞猿啼。麋鹿从花出，青鸾对日鸣。乃是仙山真福地，蓬莱阆苑只如然。①

这段文字描绘的是万寿山的自然环境，突出万寿山山势峥嵘的特点，其中"根接昆仑脉""涧水有情"等语句，直接以堪舆符号展现环境特点——山脉与祖脉昆仑山相接，山中水流回环有情，主峰之外的山峦呈现拱卫之势，等等。这样的自然环境符合堪舆文化的理想标准，同时万寿山良好的自然生态还滋养出了丰富的动植物，有梅、兰、竹、松、桃、柳、虎、鹤、猿、麋鹿，等等。作者形容这里为"仙山福地"，沙僧和悟空看到这样的环境后都认为万寿山是个"好人居止""圣僧、仙辈之乡"②。

小说中的万寿山五庄观是镇元大仙的居所，镇元大仙是唐三藏前世金蝉子的故交，德高望重、仙风道骨。五庄观内的人参果树凝结了天地鸿蒙时期的灵气，具有延年益寿的奇效。师兄弟三人偷吃人参果，与大仙的徒弟清风、明月发生争执，悟空大闹五庄观并推倒了人参果树，镇元大仙因此与师徒四人产生龃龉，但最终观音菩萨救活人参果树，镇元大仙也没有不依不饶，而是与师徒四人重归于好，与悟空结成了兄弟，人参果也成了师徒四人西行路上的"助攻"。由此可见，万寿山的优越自然环境对镇元大仙的正面形象有一定的烘托作用，自然环境与人物形象协调互现。

师徒四人离开万寿山之后，自然环境发生了很大转变：

> 峰岩重叠，涧壑湾环。虎狼成阵走，麋鹿作群行。无数獐犯钻簇簇，

---

① 吴承恩：《西游记》，北京：人民文学出版社，1955年版，第294页。
② 吴承恩：《西游记》，北京：人民文学出版社，1955年版，第295页。

满山狐兔聚丛丛。千尺大蟒，万丈长蛇。大蟒喷愁雾，长蛇吐怪风。道傍荆棘牵漫，岭上松楠秀丽。薜萝满目，芳草连天。影落沧溟北，云开斗柄南。万古寻贪元长老，千峰巍列日光寒。①

这一段描写的是白骨精盘踞的白虎岭，小说中白骨精贪图唐僧肉，因而屡次幻化成村民模样借送斋饭的机会接近唐僧，并成功利用唐僧肉眼凡胎和八戒嘴碎的特点，在唐僧和悟空之间制造了误会，成功借唐僧之手支走了悟空。后来悟空"三打白骨精"也展现了白骨精的阴险狡诈、心狠手辣，因而白虎岭的环境中也处处透着诡异气氛。不同于上文万寿山的秀美，这里"峰岩重叠，涧壑湾环"，这里峰峦、山涧也不再排列有致，也全然没有提及是否为龙脉，是否具有良好的山川形势。"影落沧溟北。云开斗柄南。万古寻贪元长老，千峰巍列日光寒"，可见此处山势陡峭幽深，山中云气仿佛直逼北斗星。用堪舆符号指示方位，极言山高林密、瘴气横行，充满了不和谐因素，令人望之生畏。山中也不再是瑞兽环绕，出现的尽是獐、狐、蟒蛇等凶猛野兽，由此可见自然环境的阴森诡谲，与盘踞此处的白骨精形象相称，也为后续师徒四人与白骨精的恶斗埋下了伏笔。

学者金业焱指出："《西游记》中的环境描写，在环境与人物及小说下文内容之间形成了模式化的关联。"② 即善人善妖所处之地，堪舆环境和谐，其中的植物动物也共同呈现出一种积极和谐的面貌，反之恶妖所处的环境则充斥着不和谐因素，环境中的诡谲氛围可以说为之后师徒四人的历险情节做足了铺垫。这种模式化关联正是中国古人以堪舆符号描绘自然环境的一大特点，在上文列举的诗赋和小说中，不同作者以堪舆符号描绘自然环境，最主要的目的是借助环境表达自己的情感。这是中国古代文学中常用的写作手法，作者将人的情感投射于自然，自然仿佛也拥有了传情达意的能力，因而能与作者的情感相互启发。寄寓着人类情感的自然是人类思维的传声筒，没有自身独立的形象与价值，比较扁平也比较单一，但究其本质，借助自然来抒发情感，是中国古代人与自然之间保持亲密关系的重要表现。用堪舆符号描绘良好自然环境，以此烘托人物的形象气质，这说明人们通过堪舆符号与自然进行沟通共感，人物与环

---

① 吴承恩：《西游记》，北京：人民文学出版社，1955年版，第331页。
② 金业焱：《论〈西游记〉的环境描写》，《南京师范大学文学院学报》，2013（4），第83—84页。

境的特征相统一，人物具有良好品质则环境亦优美宁静、生机勃勃。这其中包含着整体的生态思想与人们对和谐的自然生态、人文生态的不懈追求。

第二节　堪舆作为文学作品中的文化背景

　　堪舆文化对中国人的思想观念具有深远的影响，堪舆符号连通人与自然，中国古人借助堪舆符号，希望通过顺应"天意"与自然达成和谐关系，来为自身获取好的运气。这是人们使用堪舆符号时的思维逻辑，它本身是生态性的，包含着中国古人对人与自然和谐共生境界的执着追寻。随着堪舆文化在民间传播，这层逻辑后来简化为"堪舆可以帮助人们获得好运"，成了人们对于堪舆文化的普遍印象。从古至今以堪舆为文化背景的文学作品不在少数，近代之后，随着中国与世界的文化交流，堪舆文化的传播范围逐渐扩大，甚至一些西方文学作品也以堪舆为文化背景。堪舆符号在自然与人之间建立了桥梁，符号的解释者因为各自拥有不同的元语言，因而对堪舆符号文本的解释也千差万别。除去符号文本的自携元语言，和难以客观描述、衡量的解释者能力元语言，不同文学作品中人们对于堪舆符号的不同解释，展现出不同的文化背景下、不同的文化元语言中，人们对于自然生态和人文生态的不同理解。

一、中国古代文学作品

　　中国古代有大量文学作品以堪舆作为文化背景，这些作品的诞生伴随堪舆符号系统的产生发展，共享相同的文化氛围，所以这些作品中堪舆符号表现出的人与自然关系也比较一致。中国古人普遍认为，良好的住宅环境或是墓葬周边的自然环境，能够给人的自身和其家族带来好的影响，这种影响是多方面的，涉及人的身体健康、科举功名、仕途顺畅、家族兴旺，等等；因此人们追求和自然达成共荣共生的和谐关系，期待从中获得良性的影响。

　　同时，比较特殊的一点是，中国古代以堪舆为背景的文学作品中，人们为自然环境赋予的命运主宰意味十分突出，自然时常扮演审判者的角色，主要对人的道德品质做出评价。一个人如果具有良好的品德，能够做到行为端正、待人亲善、孝敬父母，那么他通常可以通过堪舆得到自然的"回馈"。反之，如果一个人的品行不良，那么他的堪舆实践行为往往换来的是自然的"惩罚"。

第三章 生态批评视阈中的堪舆符号与文学作品分析

"回馈"和"惩罚"都是通过人的命运祸福及其后代的生活情况体现出来的。在古人的这种思维模式之下,堪舆符号类似古埃及阿努比斯神称量心脏重量的测试,将自然与社会问题串联了起来。人们认为人的品行必须要"配得上"堪舆实践选择出的环境,堪舆符号也因此对人的道德表现具有一定的约束作用。

东晋诗人陶渊明的散文《桃花源记》时常被堪舆文化研究者们提及。魏晋时期,堪舆文化得到了巨大的发展,《桃花源记》中虽没有相关语句明确提及堪舆文化,但文中描绘的桃源环境与理想的堪舆环境模式十分相近,这是堪舆文化研究者关注桃源的主要原因。

桃源是群山环抱之中的一片平地,入口是一处山洞,十分隐蔽,而进入桃源后就别有洞天,桃源近似穴地,是相对封闭的小环境。桃源的地势平坦,可以容纳其中的居民建造屋舍、开垦农田,并且这里土地肥沃,水质优良,周围植被丰茂,因而被作者形容为"良田美池桑竹之属"[1]。这说明桃源具备良好的自然生态条件。桃源中的居民虽然与外界隔绝,但日常生活与外界相似,可以耕田养蚕、蓄养牲畜、自给自足,桃源人"黄发垂髫,并怡然自乐"[2],面对外来者武陵人也能够盛情款待,这说明桃源中的人际关系十分和谐,人们生活在宁静祥和的氛围之中,内心善良纯粹,他们在与大自然交融共生过程中,获得了怡然的生存体验。像桃源这样宁静和谐、远离俗世的环境,对于身处魏晋动荡乱世的作者来说是理想的精神家园,更与民众们历来追求的安全、富足的居住环境模式相符。于是桃源理想代代相传,成了人们心中对于家园的抽象至高追求。文中的武陵人作为桃源的"闯入者",受到了淳朴的桃源人的礼遇,本应该保守桃源的秘密。在他泄密后,便再也无法找到进入桃源的路径了。武陵人的闯入破坏了桃源与世隔绝的状态,他的泄密行为则与桃源中和谐的人文生态不符。武陵人颇具神秘感的结局既具有一定的道德审判意味,也是在暗示人们桃源并不存在于现实中,桃源梦实际上是人们对和谐生态、和谐人文不懈追求的侧影。

前文提到《史记》中司马迁对于韩信母亲墓地的评价,以及《晋书》中记载的羊祜和陶侃的故事,主要的内容都是父母墓葬环境对故事主人公命运产生

---

[1] 袁行霈:《陶渊明集笺注》,北京:中华书局,2003年版,第479页。
[2] 袁行霈:《陶渊明集笺注》,北京:中华书局,2003年版,第479页。

影响。本书在导论部分提到，父母葬地对子女命运有所影响的观念自汉代起便已经出现，这种故事在中国古代以堪舆为背景的文学作品中很常见，不同历史时期都有此类故事流传。

比如，东汉人袁安的堪舆故事，在《后汉书》中有记载，也见于《幽明录》。《幽明录》是南朝时期由刘义庆等人编纂的志怪小说集，原书已经失传，其中的部分故事散见于后世文人创作的小说中。《太平广记》就引述了《幽明录》中的这段故事：

> 袁安父亡，母使安以鸡酒诣卜贡问葬地。道逢三书生，问安何之，具以告。书生曰："吾知好葬地。"安以鸡酒礼之，毕，告安地处。云："当葬此地，世为贵公。"便与别。数步顾视，皆不见。安疑是神人，因葬其地。遂登司徒，子孙昌盛，四世五公。①

《幽明录》记载的故事中，袁安在父亲过世后，带上肉食和酒请人为父亲选择葬地，他诚心款待三名行踪神秘的"书生"。书生便为袁安指出一块能让袁安及其后人发迹的"好葬地"，后来不仅袁安官至大司徒，其后世子孙也有多人成为高官。袁安的这段故事在《后汉书》中的记载比较简略，没有袁安以鸡、酒招待三书生的相关内容。② 袁安的堪舆故事说明利用堪舆实践选择葬地的现象，在当时的民间社会已经比较普及，父母葬地环境影响子女命运的观念也已经深入人心。同时，《幽明录》故事中增加的以鸡、酒款待书生情节，体现出袁安敦厚爽快的性格特点。三书生告诉袁安他们知道一处好葬地，袁安没有怀疑直接盛情款待了他们，使袁安"世为贵公"的葬地环境可以被视为主宰命运的自然通过堪舆给予他诚意的报偿。

良好的德行可以使人们通过堪舆得到自然环境的庇护，反之，如果某人的品德不端，自然环境往往会通过堪舆对其施加惩罚，包含这种内容的古代文学作品也有不少。南宋时期洪迈编纂的《夷坚志》是中国体量最大的一部志怪类文言小说集，本书在导论部分提到，唐宋时期堪舆文化的成熟与当时的科举制度有关，科举制度是中国古代推动堪舆在民间社会普及深化的重要因素。人们进行堪舆实践往往是为了自己的家族能够文运昌盛，子孙后代能够通过科举考

---

① 李昉等：《太平广记》，北京：中华书局，1961年版，第3101页。
② 参见范晔：《后汉书》，李贤等注，北京：中华书局，1965年版，第1522页。

第三章　生态批评视阈中的堪舆符号与文学作品分析

试进入仕途。据学者张玉莲统计，在目前存世的《夷坚志》篇目中，与堪舆选择墓葬环境有关的故事有十二则，"明确言及因葬中举的六则，余下六则中，有四则称墓主家人因葬而居高位"①。在《夷坚志》中有一则短小的故事《不葬父落第》：

> 陈杲，字亨明，福州人，贡至京师，往二相公庙祈梦，夜梦神曰："子父死不葬，科名未可期也"，杲犹疑未信。明年果黜于礼闱，遂遣书告其家，亟庀襄事，后再试登第。②

中国古代儒家伦理极为重视孝道，再加上堪舆文化的影响，人们通常都会在父母过世后尽力寻找一处环境优良的葬地。而本故事主人公陈杲的这种不想办法安葬父亲，或者是迁延安葬的行为，是德行不良的表现，相应的"报应"也就表现为科举落第。

《夷坚志》中还有一则名叫《姚尚书》的故事，主人公姚尚书本名姚祜，是湖州的一名寒门儒生，与自己的兄弟依傍一位富翁生活。富翁要通过堪舆实践为自家选择葬地，于是请来了一位堪舆师，这个堪舆师恰巧与姚祜比邻而居。堪舆师在富翁家的第一次堪舆活动失手了，为了不当众出丑，他暗中与姚祜联合，将一块"秀气呈露，俨然佳城"③的葬地指给姚祜，正在为父亲服丧的姚祜进而想方设法将这块原本属于富翁的地诓骗过来成了自己的。堪舆师对姚祜说这块地方原本存在两处可以作为葬地的穴。本书在第一章中提到，穴这个堪舆符号的聚合轴成分不仅与地理位置有关，而且与其在土地中的深浅有关。在这则故事中，堪舆师认为土地中较浅的这一处穴，可以庇护姚祜兄弟二人在丧期结束之后能够科举及第，却可能因此寿命不长。深一点的穴则可以使姚祜晚三十年发迹，相应地也就不会危害寿命。堪舆师还告诫姚祜，选择较浅的穴容易使他受"小人"危害，如果中途迁葬到深穴中也可以，但会因此断送他的仕途。听完堪舆师的建议，姚祜贪图眼前利益选择了较浅的穴。在自己的

---

① 张玉莲：《宋代文言小说中相墓故事的文化阐释》，《河南师范大学学报（哲学社会科学版）》，2010（5），第188页。
② 洪迈：《夷坚志》，影印杭一斋本甲志卷第七，https://ctext.org/library.pl?if=gb&file=36548&page=36.
③ 洪迈：《夷坚志》，影印杭一斋本支景卷第十，https://ctext.org/library.pl?if=gb&file=35536&page=42.

119

哥哥病逝之后姚祜又回想起早年这位堪舆师的告诫，开始为自己的性命而担忧，并常常梦见"亡父衣裳为水所渍"①，无奈选择迁葬，打开旧墓时果真发现墓中"水盈其中，其热如汤"②。

姚祜为父亲选择葬地是出于孝道，他的出发点是符合德行要求的。富翁收留他对他有恩，姚祜却为了占据好的葬地使用诡计，再加上他贪图眼前利益，为了能够尽快发迹，选择了浅穴安葬父亲。这一系列行为本想借助堪舆符号获得自然对自己的良好影响，但德行上的欠缺却最终使他受到自然环境的牵制：自己的哥哥不幸应了堪舆师的预言早逝，原本理想中的良好葬地也被水侵袭。这种结果让姚祜既愧疚又不安，可以说是自作自受。

在以上列举的陈昊和姚祜的故事中，堪舆符号也充当了道德评价的天平，表现自然对人们德行的评判。像这两则故事中破坏人文生态平衡、投机取巧或是违背道德规范的行为，必然无法获得自然的庇护。

清代文人袁枚撰写的笔记小说《子不语》中，有一则叫作《钟孝廉》的故事，讲述了钟孝廉在睡梦中受到神明审判，并因为自己前世所犯的罪行导致今世梦醒后暴毙。在梦中受审时，神明命令钟孝廉自己反省自己犯下的罪过，钟孝廉反省的第一条罪过便是"某不孝，某父母死，停棺二十年，无力卜葬，罪当万死"③。

故事中其他人对钟孝廉的评价是"先生性方正，不苟言笑"④，说明钟孝廉应该是品行比较端正的人。父母过世后他无力请堪舆师来选择葬地可能是因为贫困。在明清时期堪舆文化十分兴盛的情况下，以大量钱财请堪舆师择地，不同堪舆师说法不尽相同，因此导致子女钱财虚耗，停灵数年难以安葬的现象不在少数，可以说是当时民间的一种陋俗。钟孝廉深知不安葬父母是与当时的社会道德规范相违背的，并担心因此受到惩罚。这说明自然通过堪舆对人的品行进行审判的思维在普通民众中深入人心，堪舆不仅是一种外部的评判标准，更在人们心中内化成了一种自我约束机制，德行不良可能导致的种种严重后

---

① 洪迈：《夷坚志》，影印杭一斋本支景卷第十，https://ctext.org/library.pl?if=gb&file=35536&page=43.
② 洪迈：《夷坚志》，影印杭一斋本支景卷第十，https://ctext.org/library.pl?if=gb&file=35536&page=43.
③ 袁枚：《子不语》，天津：天津人民出版社，2016年版，第2页。
④ 袁枚：《子不语》，天津：天津人民出版社，2016年版，第2页。

果，对人们的日常行为起到了一定的约束作用。

从以上列举的这类"自然审判"情节中可以看出，人们择居、择葬等使用堪舆符号进行堪舆实践的行为，初衷是想要主动与自然环境实现和谐，期待环境能够对自身形成良好的影响；但同时堪舆符号不仅在人与自然环境之间建立起了联系，更充当了人的德行与自然环境之间的天平，将人的品行作为人与自然达成和谐关系的必备条件。人只有具备了良好品德，才有可能受到自然的良性影响。堪舆符号将自然界与社会文化串联起来，起到了一定的道德规训作用，督促人们遵守当时的社会道德规范。只有当人们的行为有助于维持社会人文生态的平衡时，人们才有资格达成自然生态的和谐，这是中国古代人与自然关系中十分独特的一面。

除此之外，堪舆文化与文学作品的交融还体现在文学批评中。中国古代文学中的一些理论术语脱胎于堪舆文化，包含了不少堪舆符号，文论学者们在阐述理论时也经常利用堪舆符号将天地自然与文学创作规范联系起来。

比如成语"来龙去脉"，现在人们使用这个成语，主要是用来形容人、物的来历或是事件的前因后果，它最早出自明代人吾邱瑞创作的传奇剧本《运甓记》中：

> 上帝鉴侃忠诚，兼欲厚庇其母，特令小圣化村老以指迷涂，见牛眠而彰吉兆。

> 老汉虽系村农，颇谙地理，此间前冈有块好地，来龙去脉，靠岭朝山，种种合格，乃大富贵之地。[①]

在这里"龙"和"脉"都是堪舆符号，"来龙去脉"是指山脉从发源到最终结成穴地的整体走向。《运甓记》主要叙述了晋人陶侃的生平故事，以上摘录的这一段是对史籍中记载的"牛眠地"故事的展现，因此《运甓记》是一部具有堪舆文化背景的传奇剧本。随着该剧的流传，"来龙去脉"一词也就此流传下来。后来这一词汇被文论学者们化用，清初学者钱谦益在评价杜甫《承闻河北诸道节度入朝欢喜口号绝句》一诗时曾化用过这一成语："本朝弘、正间学杜者，专法此等诗，模拟其槎牙突兀，粗皮老干，以为形似；而不知其敦厚

[①] 吾邱瑞：《运甓记》，清道光二十五年刊本，第53页。

隽永，来龙远而结脉深之若是也。"① 这句是将杜甫诗沉郁顿挫的特色与形势远而深的山脉类比，用"来龙远而结脉深"形容杜诗意蕴悠远、情思深切。清代文学家刘熙载在《艺概·诗概》中曾指出律诗"中二联必分宽紧远近，人皆知之。惟不省其来龙去脉，则宽紧远近为妄施矣"②，其中用"来龙去脉"一词形容律诗内容上的中心线索和诗句之间的整体联系。

在《艺概》中，还出现了另一个脱胎于堪舆文化的成语"草蛇灰线"——"律诗要处处打得通，又要处处跳得起。草蛇灰线，生龙活虎，两般能事，当以一手兼之"③。"草蛇灰线"一词原本是堪舆用语，用来形容山川中龙脉表面若隐若现，其实气脉贯通。在明代人假托古人所著的堪舆典籍《灵城精义》中便有这个词语："凡脉之行，必须敛而有脊，乃见草蛇灰线，形虽不甚露而未尝无形也。"④ "草蛇灰线"一词后来用于形容事物留下隐约可寻的线索或迹象，《艺概》中用这个成语阐述律诗应当"处处打通"，诗句隐含中心内容，又以中心一以贯之。

文学理论作品中除了化用堪舆用语，还会借助堪舆符号，用自然地理现象比喻文学创作。比如将文章视为有生命的事物，用"龙"这一符号比喻文学作品"动态连续的内部特征"⑤。学者龚宗杰指出，古人以龙脉喻文脉时具有两种使用情况，一种是在文学史层面，用龙脉的起伏变化比喻各朝各代文学的不同风格，也就是用"龙"来阐述时间向度上的变化⑥。比如明代学者茅坤曾这样论述：

> 古来文章家气轴所结，各自不同。譬如堪舆家所指"龙法"，均之萦折起伏，左回右顾，前拱后绕，不致冲射尖斜，斯合龙法。然其来龙之祖，及其小大力量，当自有别。窃谓马迁譬之秦中也，韩愈譬之剑阁也，而欧、曾譬之金陵、吴会也。中间神授，迥自不同，有如古人所称百二十

---

① 钱谦益：《牧斋初学集》，钱曾笺注，钱仲联标校，上海：上海古籍出版社，2009年版，下册第2180页。
② 刘熙载：《艺概》，上海：上海古籍出版社，1978年版，第74页。
③ 刘熙载：《艺概》，上海：上海古籍出版社，1978年版，第72页。
④ 旧题何溥：《灵城精义》，《景印文渊阁四库全书》，台北：台湾商务印书馆，1986年版，第808册第132页。
⑤ 龚宗杰：《古代堪舆术与明清文学批评》，《文学遗产》，2019（6），第110页。
⑥ 参见龚宗杰：《古代堪舆术与明清文学批评》，《文学遗产》，2019（6），第111页。

第三章　生态批评视阈中的堪舆符号与文学作品分析

二之异。而至于六经，则昆仑也，所谓祖龙是已。故愚窃谓今之有志于为文者，当本之六经以求其祖龙。而至于马迁，则龙之出游，所谓太行、华阴而之秦中者也。故其气息尚雄厚，其规制尚自宏远。若遽因欧、曾以为眼界，是犹金陵而览吴会，得其江山逶迤之丽，浅风乐土之便，不复思履崤、函，以窥秦中者已。①

在这段文字中，茅坤借助山川的不同气势，阐述了自己的文学价值取向。他将春秋时期的六经比作山川的祖龙——昆仑山，将司马迁的文风比作秦中地区的太行山和华山，将韩愈文章比作蜀地的剑阁山，将欧阳修、曾巩的文章比作金陵和吴会。与堪舆理论中认为距离祖龙越近的山川气脉越好类似，茅坤推崇六经，认为欧、曾文章已经距离祖龙较远，气势不足，不太值得人们学习了。

另一种则是用龙脉比喻一部文学作品自身结构的变化形势。比如明代学者宋僖在《文章绪论》中对唐代文学家韩愈的《送廖道士序》有这样的评价：

其文不满三百字，而局量弘大，气脉深长。至其精神会聚处，又极周密、无阙漏。观此篇作法，正与地理家所说"大地"者相似。其起头一句，气势甚大，自此以往，节节有起伏，有开合，有脱卸，有统摄。及其龙尽结穴，其出面之地无多子，考其发端，则来历甚远。中间不知多少转折变化，然后至此极外会结，更无走作。然此序末后却有一二句转动打散，此又似地理所谓"余气"者是也。②

在这段文字中，宋僖将《送廖道士序》中文字内在的气势变化比作堪舆符号"龙"，并指出该文章气势宏阔绵长，又富于变化。文章结尾将全文气势收束，更留有余韵，就如同堪舆理论推崇的起源悠远、形势灵动的龙脉一样。

明清时期，堪舆文化在当时社会的流行程度达到了顶峰。同时，堪舆符号与文学批评的交融程度也在逐渐加深。学者龚宗杰在《古代堪舆术与明清文学批评》一文中指出，堪舆符号与文学批评的交融在当时主要体现在三个方面："其一是与堪舆术相关的部分用语在清代已逐渐成为人们惯常使用的批评术

---

① 茅坤：《茅鹿门先生文集》，《续修四库全书》，上海：上海古籍出版社，2002年版，第1344册第461—462页。
② 宋僖：《文章绪论》，《稀见明人文话二十种上册》，上海：上海古籍出版社，2016年版，第6页。

语";"其二，就运用的范围而言，这些术语主要被用于文学结构论";"其三是这类本用于诗文技法和理论的术语，至明末清初开始被广泛运用于戏曲、小说等文类的批评"①。由此可见，堪舆文化在当时社会很流行，不仅表现在民众日常生活高度依赖堪舆实践，也鲜明地体现在文学作品、文学批评中。这足以说明堪舆文化具有旺盛的生命力和影响力，渗透了社会生活的各个方面，成为中国文学的重要文化背景之一。

二、中国现当代文学作品

经过数千年发展，堪舆文化对中国人的思维观念造成了深刻的影响，它作为一种文化背景在中国现当代的文学作品中有所延续。正如本书导论所说，鸦片战争后，许多学者开始对当时中国社会存在的一系列问题进行反思，并对堪舆文化提出了批判。20世纪初，尤其是"五四"时期，堪舆符号在绝大多数情况下都与落后、迷信、愚昧等词汇捆绑在一起，相应地，堪舆符号中反映的人与自然关系也就被忽视了，这一时期的不少文学作品，以堪舆文化为背景，批判当时人们落后的思想。

台静农的小说集《地之子》，收录了他在1926年到1927年间创作的乡土小说。其中《新坟》便以堪舆为文化背景，小说中的四太太是一个与鲁迅笔下的祥林嫂十分相似的人物。时局动荡之中，她的丈夫因兵变横死，她原本盼望着自己的一子一女都能顺利成人嫁娶，自己的生活也能够获得圆满，但她的子女却都死于非命，丈夫的弟弟又侵占了原属于她和丈夫的全部田产。一系列的重大打击使四太太陷入疯癫，成了一名乞丐，整日在街头巷尾高声呼喊邀请别人来参加婚宴。邻居偶尔会为她送去食物和衣物，但她最终还是在无人看管时不慎自焚而死。同乡人作为看客，将四太太的不幸归因于堪舆：

"遭这大凶险，想是坟地不好的缘故，但为什么五爷家还好好的呢？真难说！"

"也许是坟地不好，四爷家是长门，自然是先遭凶险；反正他也不会好的，我活了五十岁了，看的多，恶有恶报，你将来是看得见的。"②

---

① 龚宗杰：《古代堪舆术与明清文学批评》，《文学遗产》，2019（6），第117页。
② 台静农：《地之子》，郑州：海燕出版社，2015年版，第42页。

第三章 生态批评视阈中的堪舆符号与文学作品分析

祖先坟地的环境不好，导致后人的命运坎坷凄苦，这是信奉堪舆理论的人们的固有思维。同时"自然审判"的思维也掺杂其中，看客们既嫌弃疯癫的四太太，又疑惑为什么坏心肠的五爷日子过得好好的，四太太却遭遇这样的不幸。当时人们无法用堪舆理论解释这个疑问，只能草率地认为这一大家人最终都难免遭遇厄运，只是有先有后罢了。看客们以堪舆理论解释四太太的遭遇，既固守传统观念，又对当时动荡的时局和变革之际混乱的社会秩序视而不见。作家正是以看客的这番谈论，引发读者对于当时腐朽的社会环境和人的落后思想观念的反思。

鲁迅也曾在杂文《电的利弊》《运命》和小说《在酒楼上》中提到过堪舆符号。在《电的利弊》中鲁迅写道：

> 外国用火药制造子弹御敌，中国却用它做爆竹敬神；外国用罗盘针航海，中国却用它看风水；外国用鸦片医病，中国却拿来当饭吃。同是一种东西，而中外用法之不同有如此，盖不但电气而已。①

这篇杂文首次刊载于1933年，鲁迅借其对当时上海当权者施用电刑进行了严厉的批判，讽刺当权者没有将电力用于正途。而这种不擅长利用资源谋求发展的现象，鲁迅认为是国人所固有的，并列举了火药被用来制作爆竹、罗盘被用来看风水、鸦片被拿来当饭吃的例子。由此可见，堪舆文化在鲁迅看来代表中国文化中的落后部分。同理，在1934年发表的《运命》一文中，鲁迅也提到了堪舆，他将堪舆归入中国人迷信的多种"运命"术中，借此突出国民性亟待科学思想改造的问题。

除了杂文，鲁迅在小说中也同样将堪舆视为迷信。小说《在酒楼上》塑造了落寞知识分子吕纬甫的形象，"我"与老同学吕纬甫相遇在故乡的酒楼，饮酒交谈间，"我"发现曾经在辛亥革命时期意气风发、充满革命热血的吕纬甫，已经被生活磨砺得失去了锐气，变得有些消沉颓唐，不再坚守新思想，对于一切事情都抱着含含糊糊、得过且过的态度。小说中，吕纬甫回到故乡是为了完成母亲交办的两件事：一件是给一位有交情的女子阿顺送剪绒花，另一件是给夭折的弟弟迁坟。

---

① 鲁迅：《鲁迅全集》（第五卷），北京：人民文学出版社，2005年版，第17页。

迁坟是一种堪舆实践行为，之所以要给小弟弟迁坟，是因为家乡亲戚来信说坟已经快被河水淹没。尽管小弟弟的长相吕纬甫已经记不清楚了，但弟弟"是一个很可爱的孩子，和我也很相投"①。在堪舆文化的影响下，在世的亲人不能对坟地被水淹这样非常"不吉利"的情况坐视不理，但等到真的掘开弟弟的坟墓时，吕纬甫才发现坟中已经空无一物了，于是他只好将棺木周围的泥土包好迁葬，好向母亲交差也好自我安慰。可以说吕纬甫的迁坟行为是完全没有意义的，曾经秉持新思想的革命青年，人到中年却为了迁坟而奔波。这一转变表明吕纬甫已经变得麻木、庸常，鲁迅将堪舆作为吕纬甫由进步走向堕落的标志。

20世纪初，文学作品中的堪舆符号普遍被当作落后思想和迷信的象征。一方面是因为堪舆文化在封建社会末期已经具有了过多的神秘化色彩，对当时社会发展造成了阻碍；另一方面，当时的中国社会处于新旧交替的浪潮之中，政治、经济、文化等各方面都经历了革新，堪舆符号的语境元语言发生了改变。堪舆符号原本具有的连通人与自然，调节自然生态和人文生态的作用降低，堪舆理论原有的生态价值和其中包含的生态智慧受到遮蔽。

与上述这些作品中堪舆符号被解释为愚昧落后的陋俗不同，20世纪初也有部分作家注意到了堪舆理论的生态价值，以及其中包含的人们对于自然和社会和谐共存的追求。在沈从文的小说《边城》中，堪舆作为小说的文化背景既体现了人与自然和谐相生的互动关系，也体现出中国传统乡村生活原始、平和、宁静的一面。《边城》中的小城茶峒是这样的：

有一小溪，溪边有座白色小塔，塔下住了一户单独的人家。

小溪流下去，绕山岨流，约三里便汇入茶峒的大河。人若过溪越小山走去，则只一里路就到了茶峒城边。溪流如弓背，山路如弓弦，故远近有了小小差异。②

茶峒地方凭水依山筑城，近山的一面，城墙如一条长蛇，缘山爬去。临水一面则在城外河边留出余地设码头，湾泊小小篷船。③

---

① 鲁迅：《鲁迅全集》（第二卷），北京：人民文学出版社，2005年版，第24页。
② 沈从文：《边城》，北京：人民文学出版社，2000年版，第1页。
③ 沈从文：《边城》，北京：人民文学出版社，2000年版，第4页。

第三章 生态批评视阈中的堪舆符号与文学作品分析

茶峒是湘西的一座小城，它的格局和整体环境深受堪舆文化的影响。从文字描述来看，茶峒小城处于群山环抱当中，依山而建，面向河流，河流能够通向四川、湖南两省，于是茶峒城既能获得丰厚的自然资源又具有良好的交通条件。小说中还描绘了小城宁静优美的自然风景，展现了茶峒良好的自然生态。这样丰美的自然环境滋养了茶峒人，小说中作家着力描绘了他们朴实、善良、健美的特点。比如小说主人公翠翠"触目为青山绿水，一对眸子清明如水晶。自然既长养她且教育她，为人天真活泼，处处俨然如一只小兽物"[①]。翠翠如同茶峒山水养育出的精灵一般，独具一种灵性。同时，纯善的茶峒人共同组成了和谐的小社会，老船夫、顺顺、天保、傩送他们虽然有各自不同的人生历程，却同样恬淡、磊落、与人和善。茶峒是人与自然、人与人都达成和谐关系的理想家园。

小说中，翠翠与爷爷居住在茶峒白塔下，这座白色小塔反复出现在小说当中，它也包含着丰富的堪舆内涵。在堪舆理论中，塔通常是为了补足堪舆格局而建，也就是一种在堪舆符号文本的组合关系中起到平衡和补充作用的成分。这座白塔在茶峒的堪舆环境文本中应当具有十分重要的地位，一定程度上也凝聚了边城茶峒淳朴、天然、传统、善良的品质，茶峒城堪舆格局的平衡与传统社会状态的平衡都与这座白塔密切相关。在小说的结尾，虽然人们捐款重修了在风雨中倒塌的白塔，但翠翠却失去了祖父和爱人。尽管茶峒已经度过了千百年平静的时光，但在动乱时世的冲击下，它经久不变的和谐、原始生活状态也将随着这些变故而消逝。

堪舆作为一种文化背景，在沈从文的另一部小说《长河》中展现得更加明显与丰富。《边城》创作于1934年，《长河》创作于1937年。这一年抗日战争全面爆发，整个中国社会的动荡变迁较之先前更加剧烈，身处湘西辰河中部的小村庄也难以幸免，被裹挟进了时代洪流之中。《长河》展现的是辰河上吕家坪枫木坳萝卜溪滕氏橘园中人们的日常生活，看似风平浪静，实则如一刻不曾停歇的滔滔沅水一样，点滴积累起了生活的剧变。

洞庭湖西南，沅水流域尤其是辰河中部，自古盛产橘柚。居住在这里的人们祖祖辈辈习惯于过水上和陆上两种生活，陆上便是守着田地和橘园辛勤劳

---

① 沈从文：《边城》，北京：人民文学出版社，2000年版，第3页。

127

作；水上便是去辰河、沅水上做水手，逐渐积累财富买下属于自己的船只，来往于水上，通过运输货物赚钱养家；也有同时经营水上和陆上两种事业的。《长河》的主人公滕长顺便是这样同时经营橘园和水运的人物，且因为能力、人品、运气都不错而赚得了殷实的家业。同时，滕长顺还"认识几个字，所以懂得一点风水，略明《麻衣相法》，会几个草头药方，能知道一点时事"①。这些因素共同使滕长顺在他所居住的萝卜溪拥有较高的威望。了解堪舆文化，成为个人威信得以树立的原因，充分说明堪舆文化在湘西普通村民日常生活中十分常见，也备受村民的依赖。

在滕长顺看来，萝卜溪的堪舆环境是极好的——"总觉得地方不平凡，来龙去脉都有气势，树木又配置得恰到好处，真会有人才出来。只是时候还不到"②。他对于这片土地，对于土地上的人是抱有希望的，但事实并不乐观。

滕长顺的远房亲戚老水手满满，一生经历跌宕起伏，年轻时靠在水上行船攒钱成了家，妻子儿子却因为一场霍乱同时病逝，深受打击的老水手之后的人生始终没有什么起色。滕长顺曾收留过落魄的老水手，他的小女儿夭夭还与老水手成了忘年好友，后来老水手希望能自食其力，于是到了河对岸的枫木坳看守祠堂。老水手在祠堂门口每天看着行人来来往往，既听说了"新生活"运动在城市中进行得如火如荼，萝卜溪也马上要开始"新生活"；又听到青年男女调情时说"我们这地方去年一涨水，山脉冲断了，风水坏了"③。老水手对所谓的"新生活"一知半解，便一边传播"新生活要来了"的"新闻"，一边找当地有文化或者是消息活络的水手打听消息。其实在吕家坪这样的小镇，《申报》传递到此需要十几天时间，新闻早已变成旧闻，人们对许多时事也难以及时了解详细，老水手能问到的所有人，都对"新生活"一知半解，也都认为在乡下是无法开展"新生活"的。

萝卜溪的旧龙脉被大雨冲走，"新生活"即将到来，看似是新旧交替的表现，人们的生活却不曾好转。传统乡村的人情与世情早已在沉默中逐渐瓦解。最先呈现出来的危机是战乱带来的苛捐杂税，地方上走马灯一样轮换的部队征收钱款的名目众多。滕长顺家境殷实，但他正因为财力雄厚而常常受到地方势

---

① 沈从文：《长河》，南京：江苏人民出版社，2014年版，第62页。
② 沈从文：《长河》，南京：江苏人民出版社，2014年版，第79页。
③ 沈从文：《长河》，南京：江苏人民出版社，2014年版，第49页。

力盘剥,因此每当有人恭维他有钱有势,他便忍不住大倒苦水。不明白"新生活"具体内涵的人们一听说"新生活"就如临大敌,因为不管"新生活"本身是好是坏,人们认为自己都有可能遭到盘剥,所以还是避之为妙。

苛捐杂税的背后隐藏着地方特权势力,《长河》主要描绘了吕家坪镇的保安队长这样一个特权人物形象。这位保安队长尽管也在省城中学读过书,受过现代文化的熏陶,但城市生活却没有带给他任何好的影响,他在鄙夷滕长顺这样的乡下人的同时,还想尽方法搜刮他们的积蓄。保安队长不仅巧立名目,通过吕家坪的商会会长向百姓收取钱财,还伙同一个狡猾师爷欲敲诈滕长顺一船橘子用来牟利。被滕长顺识破阴谋之后,保安队长恼羞成怒,威胁要砍掉滕长顺的橘树。经历了不少风雨的滕长顺这次却感到格外烦闷,按照辰河一带的橘园民俗,橘子在产地附近是不值钱的,从橘园主人手里买不来橘子,主人若愿意便赠橘,若不愿意便任橘子烂掉也不在意。如今保安队长不仅破坏风俗想强买,还威胁要砍掉橘树,断了滕长顺一家的生计,这是滕长顺始料未及的。橘树不仅是滕长顺一家的命脉,还扮演着更重要的角色——萝卜溪村民一致认为,龙脉被冲走之后,滕家的橘树便撑起了整个村子的堪舆环境,如果砍树,便破坏了"风水",会影响到整个村子。

最终,商会会长居中调停,希望保安队长不要破坏村子"风水",滕长顺又送了队长十担橘子,橘树的危机才得以解除。实际上,保安队长是暗地里看上了夭夭的姿容才放弃了无利可图的橘树,他步步逼近的威压带给滕长顺的是烦闷,带给长顺儿子三黑子的则是难以抑制的对于社会地位不公的怒火。

橘园的传统延续千年,萝卜溪的人事却难以遏制地悄悄发生着转变:

> 两千年前楚国逐臣屈原,乘了小小白木船,沿沅水上溯,一定就见过这种橘子树林,方写出那篇《橘颂》。两千年来这地方的人民生活情形,虽多少改变了些,人和树,都还依然寄生在沿河两岸土地上,靠土地喂养,在日光雨雪四季交替中,衰老的死去,复入于土,新生的长成,俨然自土中茁起。①

萝卜溪村民看重的堪舆环境实际上有自然环境和人文环境两个层面。沈从

---

① 沈从文:《长河》,南京:江苏人民出版社,2014年版,第26页。

文在创作《长河》时有感于"'现代'二字已到湘西"①，实际上却没有给湘西带来良性的转变，因此着意在小说中展现湘西"这个地方一些平凡人物生活上的'常'与'变'，以及在两相乘除中所有的哀乐"②。显然萝卜溪的村民们是安心于"常"的，这里的人身处秀丽的山水之间，深谙顺自然之道，也得到了大自然的滋养，获得了丰富的物产。偶有年景不好的时候，人们便让滞销的橘子重归土地，依旧乐观处之。但千百年积累下来的世情常态都抵挡不了"变"的力量，相较于大雨冲断山脉导致的自然环境改变，传统乡村社会结构被战乱、特权群体打破而带来的人文环境改变，更令湘西社会中的普通人感到无所适从。大雨之后，自然生态似乎依旧和谐，橘园依旧年年丰产，人们依旧可以依靠熟悉的土地经营与生活，但人们遭遇的盘剥和欺压说明社会的人文生态早已失衡，人与人之间地位的悬殊、淳朴民情的消逝，必然滋长人性中的某些黑暗面，因而贪财好色、恃强凌弱、欺软怕硬、权钱交易、巧取豪夺这些风气较从前更甚。强权造成的强烈差异感，也必然会破坏人们内心世界的和谐，长顺的烦闷、老水手的忐忑、三黑子的愤怒都源于此。三黑子作为年轻一代湘西人，他的反抗精神为小说留下了一个无声却变化着的结局，或许湘西社会将由于他这一代人而深刻改变，或许这一代正是父亲滕长顺期待的因"好风水"而出的人才，但这种改变是否能够让人们复归与自然、与他人及自己内心的和谐，则未可知。

《边城》和《长河》中的堪舆符号，既连接着湘西普通百姓的内心世界与湘西自然环境，也连接着动荡变化的湘西社会；其中既承载了沈从文对当时社会新与旧、工业与自然、城市与乡村二元冲突的反思，更包含着他对于人与自然和谐共生的精神家园的期盼。

城乡的二元冲突问题始终贯穿现代中国社会的发展过程。上文提到，到了20世纪90年代，堪舆符号在文学作品中的作用经历了转向。文学作品中的堪舆符号具有了更复杂的意义，它们不再被简单地解释为愚昧落后的一种陋俗，堪舆符号与中国人群体文化记忆中的故土情结的联系逐渐被发现并放大，堪舆理论中包含的中国传统视野中的自然与人的和谐之美也进一步受到了人们的重

---

① 沈从文：《长河》，南京：江苏人民出版社，2014年版，第16页。
② 沈从文：《长河》，南京：江苏人民出版社，2014年版，第20页。

第三章　生态批评视阈中的堪舆符号与文学作品分析

视。在20世纪90年代以来的文学作品中，堪舆符号逐渐成为乡村生活的留影，一方面表达了现代中国人对逝去的原始农耕社会的复杂情感，另一方面凝结着中国人对于人与自然和谐关系的追求，更展现了现代中国人在面对堪舆符号解释漩涡时的精神困惑。

1990年，作家贾平凹发表了描绘社会动荡时期乡村生活的中篇小说《美穴地》，这部小说以堪舆文化为背景，包含大量堪舆符号，对堪舆文化进行了生动的展现。小说的主人公柳子言自幼父母双亡，被师父收留之后跟随师父学习堪舆，成了一名堪舆师，以给人"踏风水"为生。柳子言长相英俊，堪舆本领高超，但生活清贫。小说开篇，北宽坪上的地主富户姚掌柜要为父母选择一块吉地作为葬地，姚家的下人苟百都请柳子言来"踏风水"，柳子言在姚家的后山上通过查看地形和罗盘，找到一处吉地：

> 遥指山峁远处河之对岸有一平梁为案，案左一峰如帽，案右一山若笔，案前相对两个石质圆峁一可作鼓一可作钗，此是喜庆出官之像。再观穴居靠后的坡峁，一起一伏大顷小跃活动摆摺屈曲悠扬势如浪涌，好个真龙形势！且四围八方龙奴从之，后者有送有托有乐，前者有朝有应有对，环抱过前有缠，奔走相揖有迎，方圆数百里地还未见过此穴这等威风！[①]

通晓堪舆理论的柳子言在遇到形势气派的吉地时便会激动得口若悬河，但紧接着，他就发现姚掌柜其实已经请了其他四位堪舆师选定过这块吉地，请柳子言的意图是为了检验之前的堪舆成果。对于柳子言来说，如果堪舆结果不一致，那自己的"饭碗"就将不保。柳子言通过这次堪舆实践与姚掌柜的四姨太互生爱意。没过多久，姚掌柜的父亲过世并葬入选定的吉地，姚家果然比以前更加兴旺富裕。等到八年后姚母过世时，苟百都因为妒恨姚家的财富并想将四姨太据为己有，在看守墓地的过程中毁坏了姚父的墓葬，姚家因此败落，苟百都则成了土匪，强娶了四姨太。苟百都在春风得意时又找到柳子言，让他再找出一处吉地给自己母亲作为葬地。堪舆结束后，他却想杀掉柳子言断绝别人利用堪舆环境超越自己身家的可能，柳子言大难不死，却失去了一条腿。后来相传苟百都为了使墓地环境尽早荫蔽自己，将母亲推下山崖，他自己却在不久后

[①] 贾平凹：《美穴地》，广州：花城出版社，2013年版，第3页。

被雷击身亡。

姚掌柜将苟百都视为仇敌，得知苟百都死讯后便想接回四姨太，与四姨太苦恋十余年的柳子言又克服重重困难才得以与四姨太终成眷属。几十年后，柳子言为自己家也选择了一块吉地，柳子言夫妇以为这块吉地能够保佑自己的儿子做官发达，结果他为自己选的却是一块"假穴"，儿子最终走村串巷唱戏，只能在戏台上扮演大官。

在小说《美穴地》中，堪舆是贯穿始终的文化背景。作者以堪舆符号对自然环境进行了描绘，主人公柳子言堪舆师的职业建立在中国乡村对于堪舆文化有所依赖的基础上。不论是姚掌柜、苟百都还是柳子言夫妇，都希望堪舆符号能够帮助他们受到自然的庇护。小说中的北宽坪是一处风景秀丽的自然环境，有古时的战场遗迹。姚掌柜前后一共邀请了五位堪舆师为自家选择吉地，甚至设局让全然不知情的柳子言检验前四位堪舆师的成果，这种对于堪舆环境的慎重是为了让自家在原本富裕的基础上更加发达，他追求自然环境对自己的庇护已经达到了痴迷的程度。但时逢乱世，北宽坪上人与人之间已经无法回归和谐的状态。姚掌柜已经老迈，却迎娶了年轻美丽的四姨太。苟百都出身贫寒，他对于四姨太的占有欲促使他做出毁坟、反叛、夺四姨太一系列举动。而贫穷的柳子言一直被权力裹挟难以自处，四姨太则被两个男人反复抢夺，最终毁了容貌才得以与柳子言远离北宽坪。权势、财富、占有欲、暴力搅乱了北宽坪的社会生态，使人与人之间充满了矛盾对立，正如苟百都毁坏姚家墓地一样，不论人们对于堪舆符号有多依赖，社会和谐状态的崩塌使人与自然间的和谐再也难以恢复。

柳子言作为一名堪舆师是彻底浸透在堪舆文化之中的，他对于自然环境影响的信奉和依赖不言而喻，但最终却不慎为自己堪舆选择了一处假穴。这样的情节安排中隐含了作者对于堪舆解释漩涡和人与自然关系的思考。随着社会文化环境和人们思想理念的变化，通过堪舆符号与自然相联系的机制似乎已经不再可靠，现代人对于堪舆符号普遍抱有复杂的态度。既然传统的达成人与自然和谐关系的途径已经消失，现代人究竟应当与自然达成怎样的关系，如何形成适宜的关系，是小说作者想要追问的，也是生态问题面前人们都应该追问的。

堪舆符号作为乡村生活的留影，在贾平凹其他的小说中也有体现，比如长篇小说《极花》。

第三章　生态批评视阈中的堪舆符号与文学作品分析

小说《极花》讲述了一位名叫胡蝶的女性，被拐卖到偏远的西北乡村的故事。胡蝶被拐骗到的村子叫圪梁村，这个村庄的自然环境非常恶劣，严重缺水，土地贫瘠。在城市化进程的挤压下，村子里的社会生态也逐渐失衡，青壮年劳动力和年轻的女性大多离开了村庄，留下的男性大多有肢体残疾，他们很难娶到妻子，于是便通过人口拐卖来囚禁、强娶女性。但即便圪梁村的自然环境已经如此恶劣，村民们依旧希望通过堪舆来为自己的生活带来转机：

> 听他们议论，上百年了这四棵白皮松一直长着，又只栖乌鸦，白皮松就是村子的风水树，乌鸦也就是吉祥鸟。……碥畔上能看到的还有石磨和水井，石磨在右边，水井在左边。他们说这是白虎青龙。①

村民将村庄里的老松树当作风水树，将别人视为不祥预兆的乌鸦当做吉祥鸟。周遭的山水环境实在乏善可陈，人们便将石磨和水井作为村庄的青龙白虎山。在传统的、闭塞的乡村文化环境中，村民们尝试用堪舆符号来描绘自己身处的自然环境，是为了想方设法寻求与自然沟通的途径，期待与自然达成一定的和谐，以此来改善自己的生存条件。

同类的堪舆文化背景在作家陈忠实的小说《白鹿原》中也能够见到，小说中世居于白鹿原上的白家人与鹿家人，共同结成了白鹿家族。小说开篇便介绍了白鹿家族的族长白嘉轩，在年轻时接连"克"死六个妻子的骇人经历，自十六岁起，白嘉轩六次娶妻，六位妻子都在婚后不久过世，这给白家带来了很大的经济损失，白嘉轩本人也深受打击。后来白家的至交冷先生怀疑白家的遭遇与堪舆有关，提示白嘉轩应该求助于堪舆师。白嘉轩便开始计划选择地点为父亲迁葬，在去请堪舆师的路上，他在雪地中偶然发现了一株神秘植物，冰天雪地里，这株植物周围却冰雪消融。白嘉轩的姐夫朱先生暗示他这株植物形似白鹿，这让白嘉轩联想起祖祖辈辈生活的这片白鹿原上，自古就流传着白鹿降下祥瑞的传说，因此他便认定这株植物是祥瑞，这块地也可谓是"风水宝地"，可以作为父亲的葬地。但这块祥瑞之地却是属于鹿家的田产，白嘉轩为了得到这块地，自导自演了一出好戏，用自家的肥沃田地把这块埋着"祥瑞"，却收成略差一些的田地从鹿家换了过来。白嘉轩将父亲迁葬到这块祥瑞之地后，迎

---

① 贾平凹：《极花》，北京：人民文学出版社，2016年版，第8页。

娶了青梅竹马的仙草，终于成了家。

这块滋养出神奇植物的土地温暖湿润，能够消融冰雪，在传统的堪舆理论中，这些特征都说明这块地的堪舆环境很好。白嘉轩期待借助这块祥瑞葬地，与自然达成和谐，使自己的生存现状得到改善，但这种期盼最终却落空了。小说中的白、鹿两家人都各自经历了跌宕的人生，在动荡时代的影响下，单独通过敬畏自然、达成人与自然之间的和谐，已经不足以维持白鹿原上平静的生活。历史的变迁，社会秩序的打乱与重整，都对人物命运产生了重大影响。在小说末尾，白嘉轩将自己当年夺走鹿家的祥瑞地视为一生中最大的亏心事，他晚年面对已经陷入疯癫的鹿子霖，表达了自己的愧疚之情。这说明人们依旧或多或少地认为自然环境与人，尤其是人的德行之间存在互动关系，人应该保有一份对自然的敬畏，正是这种心态，让堪舆文化的影响延续至今。

随着城市逐渐发展，越来越多的乡村逐渐脱离原本的生存状态，被卷入现代化城市生活的浪潮。堪舆符号与乡土文化的联系比较紧密，它是传统农业社会的一个侧面，更是中国人深入骨髓的文化记忆之一。尽管乡村生活空间在城市化进程中被逐渐压缩，但堪舆文化并没有因此丧失活力。

在贾平凹的小说《土门》中，主人公梅梅居住在西京城边的仁厚村，该村处于城乡结合的地带，时刻面临着被拆迁的可能。梅梅亲眼见证城市轰轰烈烈的扩展运动。在新兴的城市中，人们抛弃了田野和耕作，却不能完全抛弃堪舆文化。西京城新城区的一座商业大楼，曾经发生过顾客跳楼自杀的事件，在这之后，人们难免会对这栋楼的环境有所忌惮，于是商业大楼的生意一落千丈。大楼的所有者为了维持经营，摆脱跳楼事件的影响，便请来堪舆师调整大楼的格局。堪舆师主张为这栋楼加固一层形似棺材的外壳，加固完成后，大楼的生意又重新好了起来。城市化进程并没有让堪舆文化从现代人的日常生活中消失，《土门》中的西京城新市民们依旧将堪舆符号作为人与环境连接的纽带，在受到周遭环境的不良影响时，他们也会转向堪舆文化寻求解决方法，尝试通过堪舆符号达成人与环境的和谐。

作家宋子平的微型小说《风水》，同样在堪舆的文化背景下展开。不同于上文提到的《美穴地》和《白鹿原》，小说没有对堪舆环境进行详细描绘，而是借助堪舆符号剖析人们的内心世界。主人公杜吉祥衣锦还乡，在面对自己多年未归的边城故乡时，他心里却丝毫没有欣喜，而是满心胆怯，尤其是在想到

第三章　生态批评视阈中的堪舆符号与文学作品分析

边城的堪舆环境、想到发小丁三的时候。原来杜吉祥从小就把丁三当作自己的竞争对手，甚至说丁三是自己的"克星"。丁三天资聪颖，少年时杜吉祥在方方面面都比不上他，杜吉祥既叹服丁三的才华，又因为自己处处不及他而羞恼。曾经丁三在决定回到家乡创业时，听了家人的建议，请通晓堪舆术的杜吉祥帮他的新房选址"看风水"，杜吉祥当时与朋友喝得醉醺醺的，玩闹着就为丁三的新房找到了一处堪舆格局称为"鬼门"的环境，酒醒之后杜吉祥十分后悔，但碍于面子迟迟没有向丁三说出实情，这也是杜吉祥近乡情怯的最根本原因。

杜吉祥内心的想法也不难推测，他通晓堪舆文化，便因此深信"鬼门"堪舆环境中的不和谐因素必定会对丁三的生活有负面影响。这是自己一手造成的，但这并不仅是因为当时自己喝多了酒，根本上还是因为自己心中对丁三的那一丝嫉妒和羞恼。尽管杜吉祥其实本性善良，始终担心自己会害了丁三，但他自小在与丁三的比较中积累下的那份不满，让他始终无法与发小坦诚相见，始终无法化解"鬼门"这个问题。

当杜吉祥逃离了家乡领导喧闹的招待宴，偶遇丁三和丁三的儿子时，杜吉祥发现，丁三为儿子取了个小名叫"阎王"。他突然明白，"鬼门"的乌龙没有影响到丁三，"阎王"这名字听起来煞气十足，取的也正是不怕鬼的意思，"阎王"面前，"鬼门"自然没了威力。

人作为堪舆符号的接收者，对于堪舆符号的不同解释能够反映出人的不同心境，这是符号元语言无法一概而论的个性部分。丁杜二人成长于传统乡村，自幼对堪舆文化耳濡目染，尽管二人都在城市中生活过多年，但依旧希望当自己回归家乡时能遵循老传统，借助堪舆符号达成与自然环境的和谐，受到自然生态的滋养。不过，他们二人对堪舆符号进行解释时的心境则是截然不同的，可以说人与环境层面的不和谐，没有影响到丁三，却彻底暴露了杜吉祥自己内心世界的不和谐，这道"鬼门"其实首先存在于杜吉祥的心里。丁三有大智慧，"阎王"这个乳名四两拨千斤，破除了自然环境中的"鬼门"，支持着丁三自己多年来生活平和、心境坦荡，最重要的是破除了杜吉祥的心结，帮他回归质朴的故乡人情，找回了遗失多年的和谐心境。

方方的中篇小说《万箭穿心》同样以堪舆作为文化背景，根据这部小说改编的同名电影，英文译名便是"Feng Shui"（图 3-1 至图 3-3）。小说主人公李宝莉是地道的武汉女子，自小便和父母、妹妹住在条件简陋的杂院里，丈夫马学武升任为厂办主任后,李宝莉一家有了搬进高层公寓楼的机会,李宝莉因为新房有单独的厨房、单独的水管、单独的卫生间兴奋不已,对新房窗外能看见长江这一点更加满意,她请自己的父母来看新房,父亲看见公寓楼楼下的马路呈现放射线状便大惊失色:

> 你看,你这里是个死角,条条马路都跑到你门口的转盘打转。哪条路都像箭一样,直朝你住的楼房射。这就叫万箭穿心,风水上这是顶不好的。①

图 3-1 电影《万箭穿心》中李宝莉新家"万箭穿心"的堪舆格局②

图 3-2 电影《万箭穿心》中小景告诉李宝莉新居的堪舆格局存在问题③

---

① 方方:《万箭穿心》,北京:人民文学出版社,2015年版,第203页。
② 图片截取自电影《万箭穿心》,由小说《万箭穿心》改编,导演:王竞,演员:颜丙燕、焦刚、李现等,2012年上映。
③ 电影《万箭穿心》对注释①中的相关情节进行了改编,改由好友小景向李宝莉揭示新居的环境问题。

第三章　生态批评视阈中的堪舆符号与文学作品分析

图 3－3　电影《万箭穿心》中李宝莉不愿意相信"万箭穿心"会带来负面影响①

李宝莉的母亲却说她看到的是"光芒万丈"。显然，李宝莉的父母亲对同一个堪舆符号文本的解释截然相反。母亲并不相信"风水"之说，面对人生的各种起伏坎坷，她总是十分乐观，同时也希望即将迁入新居的女儿高兴，于是将新居的环境解释为"光芒万丈"。父亲则认为堪舆文化并不是迷信，房屋的周边环境的堪舆格局是住房必须顾及的，新房楼下"万箭穿心"的格局必然会给女儿带来不良影响。

小说中李宝莉对新房堪舆格局的态度，充分展现了现代人遭遇的堪舆符号文本解释旋涡。一方面李宝莉最敬佩母亲，也把母亲视为自己最知心的人，她对新房子和未来的生活抱有热情，实在不愿意尚未迁入新居时，心里就被盖上一层阴霾，强势坚韧的性格也让她不愿意向父亲的论调低头，于是她在内心里更倾向于相信母亲的说法。另一方面，李宝莉又没有决然的勇气，她不敢说自己彻底不相信堪舆之说，于是"万箭穿心"让原本满心乔迁之喜的李宝莉倍感扫兴，这也成了李宝莉的一个心结。

不幸的是，"万箭穿心"一语成谶，预告了李宝莉日后人生历程中的疾风骤雨。李宝莉搬进了新居，生活也开始向她泼去一盆盆冷水和苦水：性格火暴强硬的李宝莉在家庭生活中总是强势一方，她认为凭着自己的强势和当年丈夫追求自己时的殷勤，自己可以掌控丈夫一辈子，却不料丈夫厌倦了婚姻生活，有了外遇并要和李宝莉离婚。当李宝莉跟踪丈夫，坐实了他的出轨，怒火和愤

---

① 电影中小景在李宝莉丈夫马学武自杀之后指出新居堪舆环境存在问题，李宝莉感到害怕却不愿意完全相信小景的说法。此时的李宝莉受到之前丈夫出轨和自杀的影响，最希望的是保持自己家庭的完整，因而决定一个人担负起抚养儿子和丈夫母亲的担子，电影改为由李宝莉将"万箭穿心"解释为"万丈光芒"，也正体现了她捍卫家庭的决心。

137

恨促使她做出了一个毁灭性的决定,她暗中报警举报了丈夫,导致丈夫失去了厂办主任的职位,在婚姻生活中更加弱势,长期忍气吞声,而眼见母亲欺压父亲的儿子小宝,也与母亲逐渐离心。小宝十岁时,丈夫因为得知当年害自己颜面扫地的举报者正是李宝莉,自己的人生污点始作俑者正是自己的妻子,绝望之下选择了跳江自杀。从此李宝莉的生活便跌入了更严酷的深渊,失去了家庭经济来源,为了供养儿子和公婆,李宝莉便去做了替人挑送货物的苦力"扁担"。

尽管她倾尽所有,用坚韧率性承担了生活所有的辛酸,却依旧摆脱不了"万箭穿心"的魔咒——儿子在成长过程中与爷爷奶奶越发亲近,对自己永远冷面相向。尽管小宝满足了李宝莉全部的期待,但在李宝莉曾经无比满意的房子里,小宝和爷爷奶奶是一家人,自己从来都是局外人。李宝莉在家庭中得不到任何爱与温暖,这种境况随着小宝长大愈演愈烈。最后小宝终于向李宝莉表明,他早就知道是母亲的举报害死了父亲,所以他认为母亲的一切付出都是在向父亲和自己一家还债。当然小宝认为的"一家人"中不包括李宝莉,还向李宝莉下了逐客令。小宝的一番的控诉,让李宝莉倍感"万箭穿心"之痛,"似乎自己住进新房那天起,每一天的日子都是万箭穿心。万箭都由心头穿过,十几年的时间,心里早已满是窟窿"[①],最终李宝莉在被亲情排斥后,也离开了让她半生煎熬的"万箭穿心"之所。

徘徊在堪舆符号解释旋涡中的李宝莉,最终不得不承认,"万箭穿心"为她的人生带来了强烈的不和谐色彩。"万箭穿心"首先是人与居住环境之间的不和谐,它让这间李宝莉原本非常满意的新居有了巨大的缺憾,同时它也将居住环境的不和谐渗透进了李宝莉的家庭生活。她与丈夫悬殊的强弱对比,让二人的婚姻在她浑然不觉时已经走向了瓦解。丈夫曾经的殷勤只剩下敢怒不敢言,尤其是李宝莉抓住丈夫出轨的把柄后,她一次次旧事重提不啻在凌迟丈夫的尊严。日日见证李宝莉压制自己父亲的小宝,在成长过程中逐渐成了自己母亲的压制者。他向母亲索取抚养费,即便在明知母亲腿受伤无法工作时也不罢休,严密监视母亲的情感状况,与此同时他竭力将母亲与自己剥离开来,拒绝向母亲付出除了恨意的任何情感。

---

① 方方:《万箭穿心》,北京:人民文学出版社,2015年版,第285页。

不和谐在更深层次上也渗透了李宝莉的内心。在小宝终于向她表明自己早知道父亲自杀原因之后，李宝莉终于意识到"自己当年在一念之间改变了许多人的命运和人生，包括她自己"①，她的"一念之间"就是当年自己举报丈夫出轨。撞见丈夫出轨的李宝莉其实深知面对这种情况需要镇静，为了让自己的家不散，绝不能大闹一场了事，但同时她也要报复丈夫，于是她选择了报警这种决绝的做法，直接将丈夫推向了每况愈下的深渊。那时的李宝莉认为丈夫当年能娶到自己是他的福气，因此一直在家庭中保持强势，也不想向丈夫付出更多的理解与爱，可以说李宝莉在丈夫去世前内心的价值天平是倾向于自己的。丈夫去世后，她则将天平彻底反转了，母亲告诫她要学着忍耐，她当"扁担"在外挣钱时，性格率直硬气，但在家庭关系中却将自己的价值放得太低，以至于被家人尤其是儿子小宝彻底忽视。

对堪舆之说不置可否的李宝莉，其实从来没有因"万箭穿心"而放弃在苦难中维持生活和内心平衡的努力。丈夫去世，她就去做苦力支撑家庭，儿子冷漠，她便反复念叨儿子的聪明帅气聊以自慰。小说的结局是开放式的，尽管彻底失去家庭根系的李宝莉依旧面对着贫苦操劳的人生，但她的母亲、挚友万小景、二十多年始终爱慕她的男人建建，还有女扁担的头目何嫂，始终给予她光芒和温暖。在与小宝坦诚相见之后，李宝莉更加笃定"人生是自己的，不管是儿孙满堂还是孤家寡人，我总得要走完它"②，对于自身价值的重视正是她内心和谐的复归，或许也是她彻底摆脱不和谐阴影的开始。

三、外国文学作品

中国传统的堪舆文化对于东邻日本有着颇为深远的影响。公元 6 世纪至 7 世纪，处于飞鸟时期的日本开始受到中华文化的影响，当时的日本经历了圣德太子主导的政治改革，并开始向中国派遣留学生，即"遣隋使"，堪舆文化由此传往日本。这一时期，自中国传入的佛教、道教、儒教、密宗等文化在日本上流社会十分风行，同时，融合了日本神道信仰和风俗文化的阴阳道开始出现，堪舆学说即是阴阳道的一个重要部分。

---

① 方方：《万箭穿心》，北京：人民文学出版社，2015 年版，第 286 页。
② 方方：《万箭穿心》，北京：人民文学出版社，2015 年版，第 286 页。

堪舆文化对于日本社会的影响散见于一些文学作品当中。当时的日本统治阶层大力推动中华文化与日本文化的交流沟通，因此也率先受到了堪舆文化的影响，在作家吉田兼好的随笔记《徒然草》中，有这样一段文字：

> 自身尊显者亦以无子嗣为佳，况碌碌之辈哉！若前中书王，九条之太政大臣，花园之左大臣皆愿以身绝嗣。染殿之大臣亦云："无子孙乃大佳事。有子孙而不肖则可悲已！"语见世继翁之故事。昔圣德太子修造御墓时亦云："此处应断，彼处应切，欲令绝子孙之后。"①

这段随笔简要描述了作者吉田兼好对于后代子嗣问题的看法。吉田兼好在抒发己见的同时还援引了历史上多位显贵的看法。在郁达夫翻译的《徒然草》选译本中，他对文中提到的历史人物进行了比较详细的考据，圣德太子是以上这些历史人物中所处时代最早的一位②，《徒然草》记述了他在生前为自己修建陵墓时说过的话。所谓"此处应断，彼处应切"中的此处和彼处指的应是堪舆符号对应的某种自然环境组成要素，比如龙或是水。这句话指的是对陵墓所处的自然环境进行改造，破坏掉陵墓周边的堪舆形势，达到自己所期望的无子嗣的目的。

在这则随笔中，吉田兼好借染殿大臣的话，解释了这些显贵人物希望自己无子嗣的初衷——子孙不肖导致的家族没落过于可悲，因而希望断绝子嗣，从根本上解决这个问题。圣德太子由自己陵墓的堪舆环境入手，希望借堪舆来干预自己的命运。受传统汉文化影响的人们普遍希望自己能够多子多福，尽管这条随笔中阐述的圣德太子对于后代问题的看法与众不同，但在当时的日本文化环境中，堪舆符号连接自然与人的作用并无变化，天人合一的文化元语言也已经渗透了当时的日本文化，人们相信堪舆环境对人的命运能够造成影响，这一点与中国古人并无二致。

2016年，中国网易公司开发的手机游戏《阴阳师》，再一次将"阴阳师"这个日本历史上特殊的职业群体带入人们的视野。在日本有许多以阴阳师的神秘经历为主题创作的文学作品和影视作品，其中作家梦枕貘创作的系列小说

---

① 吉田兼好：《徒然草》，王新禧译，北京：北京联合出版公司，2018年版，第21页。
② 参见 https://www.douban.com/group/topic/30340613/. 该网页根据新中国成立后的排印本，全文抄录了周作人和郁达夫对《徒然草》进行的选译，选译原文载于《宇宙风》，1936（10）。

《阴阳师》在中日两国都有很高的知名度，也是游戏《阴阳师》的创作蓝本。这部小说以日本历史上最有名的阴阳师安倍晴明为主角，讲述了他与好友源博雅的一系列神秘经历。

安倍晴明生活在日本的平安时代，作家梦枕貘这样形容平安时代：

> 仍然是个民智未开的时代，有好几成人仍然对妖魔鬼怪的存在深信不疑。在这样的时代，人也好鬼怪也好，都屏息共居于京城的暗处，甚至在同一屋檐下。妖魔鬼怪并没有藏身在边远的深山老林里。①

当时社会上盛行妖魔鬼怪之说，甚至平安时代的都城平安京的选址和建立也充满了神秘色彩。据说是当时的桓武天皇要躲避怨灵报复，因而迁都平安京。受到堪舆文化的影响，桓武天皇曾多次派人考察可以建立都城的环境，最终选定了一块"四神相应之地"定都。"四神相应"指的是某环境背山面水，北部依傍主山，东西部有低山拱卫，南面有河流和低山呼应，与指示四方的四神相照应，这显然是在中国传统堪舆文化的影响下产生的环境选择理念。平安京"北端刚巧是船冈山，船冈山的边上有仅供神社的御旅所，在它东面有个玄武神社。据此可知，北面配有玄武神兽。西面有双冈，东面有吉田山。曾经是湿地带的神泉苑现在在二条城的西南面。这样平安京的皇居三面环山，南面有水，是王都理想的土地环境"②。在这样的自然环境基础上，平安京整体格局仿照唐长安城营建，在城市四方还设置了相应的庙宇建筑祭拜四神（图3－4），同时，受到阴阳五行思想的影响，当时人们认为城市的东北方向是"鬼门"，西南方是"后鬼门"，人们还在平安京城外这两个方位上修建了寺庙来抵御鬼怪侵袭。小说《阴阳师》中，安倍晴明的住所就在宫廷内城的东北方位，与他的职业相契合。

---

① 梦枕貘：《阴阳师》，林青华译，海口：南海出版公司，2005年版，第1页。
② 樱井彦：《城市历史文化遗产的防灾民俗论——从日本古都京都出发的思考》，虞萍译，《文化遗产》，2009（3），第93页。

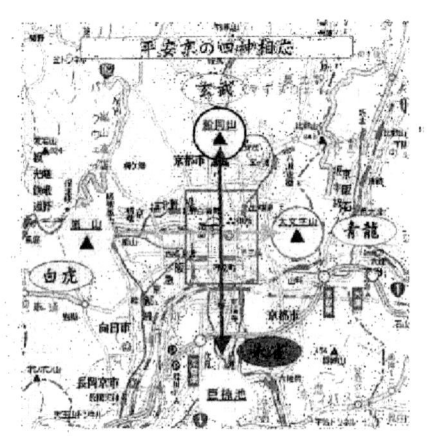

图 3—4 平安京的"四神相应"堪舆格局①

平安时代人们对于鬼神的忌惮不仅表现在都城建设上，也表现在对于阴阳师这类占卜人员的重视上，梦枕貘在小说中这样阐释阴阳师这种职业：

> 阴阳师，说白了，叫占卜师也不妨。称之为幻术师、神汉似无不可，但都不够准确。阴阳师观星相、人相。既测方位，也占卜。既能念咒，也使用幻术。他们拥有呼唤鬼怪的技术，那种力量是肉眼所不能见的——与命运、灵魂、鬼怪之类的东西进行沟通也不难。甚至朝中也设有此种职位，朝廷设有阴阳寮。②

在平安时代，阴阳师群体及他们所掌握的阴阳术是被统治阶层严格掌控的，阴阳寮就是为阴阳师集中工作、传授知识所设的官署。在阴阳师的日常职能中，堪舆实践活动是相当重要的一部分，比如梦枕貘提到的"测方位"。阴阳寮中分别有阴阳道、天文道、历道和漏刻道四大专业类目。其中历、漏刻与历法时间相关，天文道阴阳师负责观测天体，通过星象进行卜筮，安倍晴明就主要负责天文道，而阴阳道则与堪舆文化具有最密切的关联，这一类阴阳师的主要职能就是进行相地、占测土地方位吉凶这类堪舆活动。③

由此可见，平安时代的人们对于自身命运的好坏是非常关注的，但往往无

---

① 图片引自樱井彦：《城市历史文化遗产的防灾民俗论——从日本古都京都出发的思考》，虞萍译，《文化遗产》，2009（3），第 93 页。
② 梦枕貘：《阴阳师》，林青华译，海口：南海出版公司，2005 年版，第 1 页。
③ 参见葛蓓蓓：《官方占卜机构：阴阳寮》，《知日·阴阳师特集》，2018（51），第 57—58 页。

第三章　生态批评视阈中的堪舆符号与文学作品分析

力掌握命运,因而强烈地希望能够从天文、地理各个角度入手来揣测"天意",调和自然和人的关系,达成一种和谐状态,在和谐关系中谋求自身的发展。阴阳师便充当了专职调和自然与人关系的"技术人员",阴阳师这一人群的存在便充分展现出堪舆文化对于日本文化的深刻影响。

除了阴阳师群体,堪舆文化还影响了古代日本贵族的家宅营造理念。在平安时代女作家紫式部创作的长篇小说《源氏物语》中,主人公源氏营建了一处体面的大宅院——六条院,用来安置散居在各处的家人和情人。六条院借助地支符号将整个庭院分为未申（西南）、辰巳（东南）、丑寅（东北）、戌亥（西北）四个区域,并按照四时节令的不同景色,根据各区域居住者的喜好来布置庭院景物,比如源氏与妻子紫姬居住的辰巳区域布置了紫藤、踯躅等春花。秋好皇后居住的未申区域引入了流泉,栽种了红叶树,布置了众多秋日景致。花散里居住的丑寅区域栽种了绿树浓荫的夏季树木。明石姬居住的戌亥区域则布置松、竹等冬季景致。①

作为平安时代的贵族阶层,源氏对家宅不仅要求居住舒适,更具有个人的美学追求。由于六条院中居住着源氏倾心的女性,他更在基础的建设和布置中,利用堪舆指示符号将女性之美、人情之美、自然山水草木之美、四时节令之美巧妙融合在一起,达成了源氏向往的和谐之境。仿佛其中居住的女性连同六条院一起,成了源氏一手塑造的艺术品。而作者紫式部也选择以六条院作为小说中后期故事展开的一个重要背景,在这并具四时之美的庭院之中展现性格迥异的几位女性不同的命运,于美景之中渲染人物的悲剧意味,更加充分地展现了日本传统的"物哀之美"。

堪舆文化在日本社会中得到了普及与发展,这在很大程度上得益于古代日本深受汉文化影响,人们对于自然和人类之间关系的认识与中国古人相类似,因而具有相近的文化元语言。而堪舆文化在西方的传播则呈现相反的状态。堪舆文化随着东西方文化的交流冲突进入了西方人的视野,本书的导论部分对西方学者研究堪舆文化的过程进行了梳理,起初西方学者无法理解堪舆文化,认为它纯粹是一种迷信,到后来他们逐渐尝试从历史文化、人类学等不同角度对

---

① 参见紫式部:《源氏物语》（中）,丰子恺译,北京:人民文学出版社,1980年版,第383—384页。

它进行分析，再后来堪舆理论中的生态价值受到西方学者的关注，西方社会对堪舆理论及其内涵的生态逻辑经历了误解、初步感知、逐渐理解并加以运用的过程，这一点在文学作品中也得到了体现。

鸦片战争后，长期闭关锁国的中国被迫打开国门，中国人开始踏足西方国家留学或是做工。尤其在 19 世纪中叶，美国西进运动开始，引发淘金热潮，美国社会开始对广袤的西部地区进行开发，并修建了横贯美国东西部地区的铁路。此时大批华工进入美国，成为铁路工程建设的中坚力量。各个历史时期移民西方国家的中国人往往面临语言和文化上巨大的隔阂，甚至受到种族歧视。比如美国在 1882 年就曾颁布"排华法案"，对中国移民和在美生活华人的人身自由和多种权利都进行了限制。多种因素的综合限制，使在西方国家生活的华人通常采取聚居的形式，"中国城"和"唐人街"也因此诞生。华人群体保留了中国的多种古老文化，堪舆文化就是其中之一，西方作家与华人作家都对其进行过描绘。这些作品因为处于文化冲突的大背景之下，再加上华人群体在西方社会的地位几经跌宕，其中的堪舆符号除了能够反映人与自然的关系，即自然生态问题，也能反映一定的人文生态问题。

美国作家弗兰克·诺里斯（Frank Norris）在他的小说《"莱蒂夫人"号上的莫兰》（*Moran of the Lady Letty*）中对华人群体有所描绘，并提到了堪舆文化。这部小说讲述了"莱蒂夫人"号上白人船长约瑟夫·霍奇森（Joseph Hodgson）、白人女性莎拉·莫兰（Sarah Moran）与以查理（Charlie）为首的华人船员们的海上冒险历程。"莱蒂夫人"号出海的任务是捕捉鲨鱼来获取鱼翅，在危险而漫长的航程中，一行人遇到了剧烈风浪。此时中国船员非常恐慌，并开始焚香祷告，他们认为是船只无意间触怒了神明，海中此处的堪舆环境与船只不和。霍奇森和莫兰对华人船员的行为完全无法理解，因为华人船员将堪舆环境不和表达为"风水不喜欢我们"（The Feng shui no likee we）[①]，导致霍奇森以为华人船员提到的"风水"指的是某个人，但查理等华人船员自己也解释不清"风水"究竟是什么，霍奇森只能权且认为它是掌管这片海域的守护神。突如其来的风暴让华人船员非常忌惮船只与海域"风水"不和的问题，仓皇之中他们居然选择集体乘船逃离，将霍奇森和莫兰留在了荒岛上。

---

① Frank Norris, *Moran of the Lady Letty*, https://www.gutenberg.org/ebooks/321.

第三章　生态批评视阈中的堪舆符号与文学作品分析

弗兰克·诺里斯是美国19世纪末至20世纪初的著名作家，小说《"莱蒂夫人"号上的莫兰》的故事背景正是中国移民群体大批进入美国的历史时期，文化的初次碰撞交融总免不了误解，西方人对于堪舆文化的误解，在小说中有多方面的体现。首先是华人船员对堪舆的模糊认知。清朝末年是堪舆文化的神秘化色彩最为突出的时期，当时中国社会已经被笼罩于这种神秘色彩之下，于是华人船员们领悟不到堪舆理论内部的生态逻辑，只能体会到堪舆文化中包含的对自然的敬畏之情，认为自然可以主宰他们的命运，于是将这种敬畏扩大为一种恐惧。尤其当他们身在异国他乡，更加难以用合适的语言把堪舆文化描述出来。船员们对自然这种不可名状的恐慌，加剧了代表白人群体的霍奇森和莫兰对堪舆文化的误解，也体现了19世纪末东西方人对待大自然的迥异态度。小说中的莫兰非常厌恶华人船员烧香祈祷的行为，将香烛扔进了大海，甚至叱骂他们为"懦弱、迷信的老鼠"（Cowardly, superstitious rats）[1]，她显然无法理解华人船员对自然现象的恐惧，同时霍奇森最终历尽艰险回到陆地，也正包含征服自然的意味。征服自然的雄心与受自然主宰的惶恐发生了剧烈碰撞，正如"莱蒂夫人"号遭遇的风暴一样。

另外，这部小说中的堪舆符号也体现了华人群体初入西方社会时遭遇的文化生态失衡。19世纪中后期，中国由于战争被迫卷入了东西文化碰撞的大潮当中，这使中国文化在当时处于劣势，华人群体也因此饱受偏见，这种偏见在小说中也有体现。在诺里斯笔下，一群华人船员说着有口音的英语，比如"Feng shui in disa place, no likee we"[2]。作者在塑造华人船员群像时，着意突出他们令西方人费解的行为和姿态，这当中隐含了西方文化高高在上的审视目光，也说明了当时东西方文化生态失衡。

对于海外华人群体来说，堪舆文化作为一种文化记忆渗透在他们的日常生活当中，对他们有很深的影响，这一点在美籍华裔作家谭恩美（Amy Tan）的小说《喜福会》（*The Joy Luck Club*）中有所体现。小说中莹映这个人物受堪舆文化的影响颇深，在中国战乱年代原名顾莹映的江南女子跟随美国丈夫到了美国定居，成了莹映·圣克莱尔，虽然迁居异国他乡，姓氏改变，但她的许

---

[1] Frank Norris, *Moran of the Lady Letty*, https://www.gutenberg.org/ebooks/321.
[2] Frank Norris, *Moran of the Lady Letty*, https://www.gutenberg.org/ebooks/321.

多习惯和思维没有改变，尤其是在对待自己的生活环境时，莹映依旧是以自小耳濡目染的堪舆文化来衡量居所的，所以她对自己家的新房子感到十分不适和不满：

> "当有东西违背你的天性时，你就不是处于平衡状态。我们这栋房子建得坡度太陡了，从山顶刮下一阵邪风，你的全部能量就会被吹到山脚下了。所以你永远都无法进步，总是倒退"；"看到这门廊有多窄了吧，就像被人勒住的脖子。厨房正对着厕所，所以你的全部价值都会被冲走。"①

圣克莱尔家的公寓建在陡坡上，莹映认为这样的房子容易受到山顶吹来的"邪风"影响，耗散居住者的能量，甚至影响居住者的命运。将房子建在山坡上与堪舆文化中的选址理念相悖，根据堪舆文化中的一些说法，山坡上的位置会直面风力侵袭，无所遮蔽，更无法汇集大地中的生气，也就是无法做到"藏风聚气"，使居住者得到生气滋养，莹映因此会担心公寓的位置会影响一家人的命运。同时圣克莱尔一家三口挤在一套小公寓里，公寓门廊太窄，让莹映有一种窒息感。厨房门与厕所门相对，这属于堪舆文化中的一个禁忌，"理气派"的堪舆理论将这种情况归为"门煞"的一种。"理气派"认为厨房因为生火煮饭所以呈现五行中"火"的属性，而厕所则属于阴湿的性质，二者如果门对开就会相克。显然莹映受到这种说法的影响，认为公寓里"门煞"的情况会将一家人的"价值全部冲走"。

莹映对居住环境充满了不安，深受堪舆文化影响的她认为只有人与居所环境达成一种和谐关系的时候才能获得良好的生存体验，但眼下自己居住的房子布局让她感觉不舒适，也完全不符合堪舆理论中对房屋格局的要求。这使她对于整个家庭的未来都倍感不安，她只能通过不断地挪动家中家具的位置，希望能让自己感觉住得舒服一些，这种行为背后包含着她对追求人与环境和谐关系的执着，和她对家庭的强烈责任感。但莹映的这种执着是丈夫和女儿完全无法理解的，这就牵涉到文化生态的问题。

成长在西方文化中的丈夫和女儿都认为，房子只是一件物品，人的居住环境不可能对人的命运造成什么影响，因而莹映无法从家人那里得到认同。在女

---

① 谭恩美：《喜福会》，李军、章力译，北京：外语教学与研究出版社，2016年版，第108页。

第三章 生态批评视阈中的堪舆符号与文学作品分析

儿眼中,莹映的行为十分神经质,也给一家人的生活带来了许多不便,于是女儿将莹映对公寓环境的焦虑总结为"一番荒诞不经的中国式解释"[1]。家人对莹映情绪的冷处理,体现了在文化碰撞中东西方文化地位不对等的问题。一方面东方人渴望顺应天意与自然达成和谐的想法往往无法正确地被西方人理解,西方人面对自然灾害的态度和对住所环境的理解也表明,传统的西方观念更倾向于将自然作为认识的对象,而不是可以与人形成主体间性的另一个主体。另一方面由于西方文化处于优势地位,莹映对居住环境的焦虑被粗暴地归结为荒诞不经和神经过敏,这使莹映在无形之中被家人和文化环境孤立,进一步导致她本人的精神状态失衡。

堪舆文化带来的理念让莹映对陡坡公寓的居住环境缺乏安全感,怀疑自己受到了不良环境的影响,再加上陌生文化环境带给她的紧张感,这些因素都在加重她的精神失衡。最终她的第二个孩子一出生就因为先天无脑而夭折,这是压倒莹映的最后一根稻草。失去孩子后很长一段时间莹映都卧床不起,精神也处于恍惚的状态。莹映依赖的堪舆符号将她与自然环境、与家人和文化环境、与自身的内心状态这三种关系联系在了一起,堪舆符号遭遇的误解是莹映等华人群体面临的文化冲击的缩影。

现如今随着东西方文化交流的加深,堪舆文化传播的范围越来越广,影响也越来越大,许多西方人对它的看法已经有所改观。堪舆符号不再象征不可知力量,它作为人与自然沟通桥梁的特殊意义得到了重视。一些西方人开始尝试学习堪舆理论并用它来解决一些生活中的问题或解释一些现象,还有西方作家以堪舆文化为背景创作文学作品。

在奥地利首都维也纳的音乐之家博物馆(Haus der Musik)中有一块与贝多芬音乐创作历程有关的展板。展板分为两半,一半是德语,另一半是英语翻译,中间的"福""乾坤"三个汉字让这块展板显得与众不同,它的内容是一名叫作布里吉塔·特萨尔(Brigitta Tesar)的"资深堪舆顾问"(Qualified Feng Shui Consultant),从堪舆理论角度分析贝多芬居住在维也纳城内帕斯夸拉蒂公寓楼时,音乐创作成果丰硕的原因。1804年到1814年的十年间,贝多芬曾经六次在帕斯夸拉蒂公寓楼中居住,这一时期贝多芬的创作逐渐到达了巅

---

[1] 谭恩美:《喜福会》,李军、章力译,北京:外语教学与研究出版社,2016年版,第108页。

峰，同时也饱受耳聋的折磨。帕斯夸拉蒂公寓是以它的所有人命名的，帕斯夸拉蒂男爵是贝多芬的乐迷与资助人，他让贝多芬住进公寓楼中的一个套间，际遇坎坷的贝多芬在这里获得了一个比较稳定的居住和创作环境。居住在帕斯夸拉蒂的日子里，贝多芬创作出了音乐生涯中的许多重要作品，比如"费德里奥"（Fidelio）序曲、第3号"莱昂诺拉"（Leonoren-Ouvertüre Nr.3）序曲、第4钢琴协奏曲（KlavierKonzert Nr. 4）、第4、第5和第7交响曲（die Symphonien Nr. 4.5 und 7），等等。布里吉塔认为贝多芬之所以能够创作出这些作品，与帕斯夸拉蒂公寓的环境有很大关系，他主要通过对比房屋居住者的生日星座和房屋位置朝向之间不同"能量"的关系，来分析房屋是否对居住者有益，这显然属于中国传统的"理气派"堪舆实践方法。布里吉塔指出，贝多芬与帕斯夸拉蒂寓所之间形成了"地球声音能量等价"（an essentially sound earth energy parity），而且从贝多芬的生日推算他的"诞生元素"是"金"，与寓所的属性相吻合，因此帕斯夸拉蒂公寓能够给贝多芬带来有益影响，促进他的音乐创作。同时贝多芬自身还有"土"元素，在五行生克理论中，土生金，因而贝多芬能够"自给自足（support himself）"，同时也对住所形成相互补益的关系。布里吉塔认为贝多芬与帕斯夸拉蒂公寓之间达成了和谐的关系，他引用《周易》当中的观点，指出只有当人与周围环境达成和谐关系的时候，人才能产生卓越的创造能力（Not until harmony between heaven and earth exists can a perceptible creative energy come into being）。

在学者研究贝多芬的生平与创作经历的众多成果中，展板中展示的从堪舆角度入手探讨音乐创作与居住环境关系的文章，算得上是独树一帜，尤其是这段论述出现在距离中国万里之遥的奥地利维也纳，显得更有趣味。显然，随着生态思想的普及和西方社会对堪舆文化了解程度的加深，人们认识到人与自然环境之间的关系是很有研究价值的，而堪舆文化正是探讨这一关系的很好的切入角度，西方的堪舆实践者们便进行了这样有趣的研究尝试。在堪舆研究者布里吉塔的论证中，贝多芬之所以能在帕斯夸拉蒂公寓创作出大量传世名曲，正因为他达到了自身与环境和谐的状态。从这个角度来说，帕斯夸拉蒂公寓对于贝多芬而言不单是一处住所，或是他在坎坷人生中的避难所，公寓的环境对贝多芬具有显著的良性影响，公寓环境中的"能量"相当于贝多芬创作才能的催化剂，在和谐的状态下，贝多芬自身的才能与环境"能量"共同形成良性的互动，对贝多芬的音乐创作大有促进，这主要体现在他作品的高产和高质量上。

斯里兰卡作家努雷·维塔奇（Nury Vittachi）创作了一部系列小说《风水探案故事集》（*The Feng Shui Detective's Casebook*），小说主人公 CF 王（CF Wong）是新加坡一名知名的堪舆师，经营着一家私人堪舆事务所，为客户提供堪舆实践服务，比如上门帮助客户查看室内堪舆环境、研究室内装修和家具摆放等，再将室内环境与房屋主人的生日等信息相匹配，为客户撰写一份堪舆环境报告，由此可见 CF 王采用的是"理气派"堪舆实践方法。CF 王具有深厚的中国古代哲学修养，习惯从中国传统诸子典籍中获得感悟，并记成随笔。同时 CF 王还有很多有趣的性格特点，他工作严谨，胆大心细，热爱美食与金钱。他做生意十分精明，对客户的经济状况会格外留意，一旦遇到看起来资产丰厚的主顾便会尽量想办法多赚一笔。但业务老练的堪舆师 CF 王也有致命弱点，他十分不擅长与女性打交道，人到中年依旧单身，面对女性客户甚至连说话都不自在，但他的老客户偏偏把一位女大学生乔伊斯·麦克奎尼（Joyce McQuinnie）塞进了 CF 王的事务所里充当助理。乔伊斯是英、澳混血，不论从生活习惯、知识背景还是行为举止，她与深受东方文化熏陶的 CF 王格格不入。乔伊斯正在撰写一篇题为《风水：是艺术还是科学》（"Feng Shui: Art or Science"）的论文，因此与堪舆文化结缘，加入了 CF 王的堪舆工作，两人搭档进行堪舆实践的过程充满了喜剧色彩，同时也在工作中误打误撞，利用堪舆破解了许多案件。

这部小说讲述的探案故事兼具奇幻和写实两种风格，突出了堪舆文化的实用性和神秘色彩。小说的第一则故事讲述了主人公 CF 王的超市历险：一家大型超市突然出现了一只猛虎，CF 王被困在超市中，最后借助堪舆文化中的四灵方位指示符号找到了超市内的"白虎位"，他才得以成功逃脱。

第二则故事与堪舆文化中的鱼符号有关，鱼符号经常被人解释为"吸引来好运的装饰品"（ornamental devices to attract good fortune）[①]，更与招来财富有关，于是在家中或者庭院中养鱼的习俗在东亚、东南亚地区比较常见。各类名贵品种的金鱼、锦鲤等也逐渐被人们培育出来充当"风水鱼"宠物，它们普

---

① Nury Vittachi, *The Feng Shui Detective's Casebook*, New South Wales: Allen & Unwin, 2006, p. 26.

遍市值不菲。CF王在日常工作中也时常会收到关于"风水鱼"的工作邀约。一年多来，CF王了解到当地发生了几起家养的名贵观赏鱼失窃的案子，盗贼破窗而入，却对各种财物视而不见，只偷走了屋主养的金鱼。CF王因此接到了一连串关于饲养"风水鱼"的家庭该如何防盗的咨询，同类的入室盗窃发生多次，这让身为侦探的CF王颇感不安。

一次十分偶然的机会，CF王收到了老主顾蒂克先生的邀约。这位蒂克先生原本名不见经传，近来却突然暴富，搬进了豪宅，他要请堪舆师上门进行堪舆实践，帮他安排室内的陈设。CF王了解蒂克先生，这个中年人热衷养鱼，他的家里甚至因此充满了难闻的鱼腥味，但蒂克对于鱼的"囤积癖"似乎并没有帮助他提升文化品位和堪舆修养。CF王勘察了他的新居，发现室内陈设很不讲究，堪舆环境漏洞百出，有许多地方甚至触犯了堪舆禁忌，这表明蒂克先生并不擅长通过调整室内陈设来改善财运，新居的堪舆环境也并不能帮助蒂克先生突然获得大笔钱财，于是天性敏锐的CF王对蒂克发财的途径产生了怀疑。

与此同时，乔伊斯因为留错了蒂克的地址，误闯了他的旧宅，乔伊斯发现这间屋子里阴暗潮湿，几乎所有的地方都摆着鱼缸、砌着鱼池，圈养着众多名贵品种的观赏鱼，这些观赏鱼价值不菲，显然不是原本并不富裕的蒂克能够拥有的。联系新居和旧宅的情况，CF王怀疑蒂克就是近一年来几起"盗鱼案"的主谋，他向警方说明了自己的推测，警方的调查最后坐实了蒂克的入室盗窃罪名。

随着对于堪舆文化了解的加深，现代西方学者与普通民众也逐渐理解了堪舆理论内部包含的生态逻辑，并主动借为己用；同时人与自然达成和谐状态能够优化人的生存体验这一点，也正成为越来越多人的共识。在《风水探案故事集》系列中，CF王作为一名现代堪舆师，深谙堪舆理论中蕴藏的生态逻辑，他既明白人与自然环境达成和谐的重要性，也知道人们雇佣他来进行堪舆实践，大多是为了使自身能够与居住环境达成和谐，以此来获得更好的生活体验，或者是为了拥有所谓的"好运气"。其实CF王本人的想法也是一样，一方面他以堪舆为业，尝试通过自身的堪舆知识获得与环境的和谐，正如他在超市历险中通过堪舆符号逃出生天，小说中精明的CF王总能找到舒适的生活状态。另一方面他十分擅长以己度人，深谙自己的客户利用堪舆符号的初衷，堪舆符号帮助他赚取丰厚佣金的同时，也为他增添了一个独特的审视他人心理的视角，因此 CF 王在做堪舆师的同时，误打误撞把堪舆当作了探案手段，成了一名业余侦探。

结　语

当今生态环境问题是全人类都需要直面的严峻问题，地球生态在几百万年间形成并维持了平衡的状态，百余年来人类现代化的高速进程却将这种平衡彻底打破。人类为了谋求自身的发展，不断地从大自然攫取资源。人口数量激增和人类活动范围的扩张，威胁到了其他物种的生存空间，据国际自然及自然资源保护联盟（International Union for Conservation of Nature and Natural Resources—IUCN）统计数据，在 20 世纪有 110 种和亚种的哺乳动物、139 种和亚种的鸟类从地球上消失，而物种灭绝的悲剧还在不断发生。另外，环境污染和气候变化带来的一系列问题，使人类自身也面临着巨大的生存威胁。

生态主义思潮与生态批评发轫于西方，诞生于生态危机不断加剧的时代背景之下，它直面现实问题，对国内学界形成了强有力的影响；它促使人们开始反思人类与自然的关系，尝试从人类文明中挖掘引发生态危机的深层原因，以及能够促进人类可持续发展的文化资源。

堪舆是我国一项珍贵的文化遗产，虽然它的发展历程始终与争议相伴，但不可否认的是，它已经成为中国人共有的文化记忆。堪舆理论中包含了丰富的生态价值，随着生态主义和生态批评半个多世纪以来的发展，越来越多的学者开始对堪舆的生态价值进行多方面的研究。本书以生态符号学的视角对堪舆文化进行研究，希望能够搁置堪舆究竟是科学还是迷信的争执，而关注堪舆文化独有的话语模式中包含的丰富意义。首先本书在导论部分对堪舆进行了术语阐释和定义，将堪舆文化划分为堪舆理论和实践方法两大组成部分。由于堪舆文化长期以来处于一种驳杂的状态，各类与堪舆文化相关的著作，或介绍堪舆理论的著作数量庞大却参差不齐；所以本书将研究对象框定为堪舆理论著作中呈现出的堪舆文化概况，选择了八部理论典籍作为文献依托，并对研究对象的发

结 语

展史、研究现状和研究价值进行了梳理。

实际上,"堪舆符号"或"风水符号"的说法并不是由本书首次提出使用的,对现有的与堪舆有关的学术研究成果进行检索,比如以"堪舆符号"进行主题搜索,在中国知网没有搜索到相关文献,而以"风水符号"进行主题搜索,可以得到七条文献结果。[①] 细读这些文献就会发现,研究者们普遍将堪舆文化默认为一种"符号",在研究中直接使用"风水符号"作为名词。这里"符号"的含义与符号学领域对于"符号"的定义有所不同,研究者们也没有对堪舆符号系统的符号性质进行分析。

本书从生态符号学角度入手,对堪舆文化进行了研究。第一章对堪舆符号的性质、自然环境进入人类意识范畴时的片面化问题、堪舆符号衍义的过程、堪舆符号的理据性与理据性上升过程、规约性增长与失落的变化等问题进行了分析,借助"环境文本"的概念对堪舆符号文本及其双轴关系进行了分析,并尝试通过以上的分析来探究堪舆符号文本中隐含的人与自然环境的互动关系。

本书第二章从堪舆符号表意机制层面延伸到元语言层面,对堪舆符号的元语言进行了分析,堪舆符号的重要语境元语言即是中国古代的"天人合一"思想。"天人合一"思想以中国传统的气论为基础,包含人类与自然界是一个整体的观念,主张人与自然交流互动并达成和谐共生的状态,这也是生态批评所倡导的生态观。而人类中心主义则是生态批评学者们批判的焦点,现如今众多生态环境问题归结下来,都有人类中心主义思想在背后推波助澜。堪舆符号在符号本身的性质、堪舆符号产生的出发点、"天人合一"的元语言、关于环境选择的堪舆理论这四方面,对人类中心主义造成的问题有所揭示,能够引导人们摆正人类在自然界中的位置;在发挥自身主体意识担负改善生态问题责任的同时,将主体意识限制在比较合理的范围内。另外,这一章还对卷入堪舆符号文本解释过程中的元语言和解释漩涡问题进行了分析,展现了堪舆文化与中国传统文化的深厚关联,以及身处现代社会的符号解释者面对堪舆符号时复杂的心态。

本书的第三章以生态批评视角对文学作品中的堪舆符号进行了分析,文学作品是社会生活的一面镜子,堪舆文化伴随中国社会经历了数千年的发展,早

[①] 根据 2020 年 2 月 12 日检索中国知网得到的数据。

已深入人心，它与日常生活的结合十分紧密，这促使它成为文学中的一个重要主题，不仅中国古代有大量文学作品包含堪舆符号，中国许多现当代文学、外国文学作品对堪舆文化也有所涉及，本书以生态批评的视角研究不同文学作品中堪舆符号展现出的人与自然的关系，也尝试去发现、梳理堪舆理论的生态价值在古今中外的社会生活中深化与普及的历程。

现如今，不论是中国还是世界其他国家，都面临着日益严峻的生态问题。在这种情况下，关注堪舆文化、研究堪舆文化中的意义问题、发掘堪舆理论的生态价值都是十分有必要的。本书研究堪舆话语模式中蕴含的意义，为堪舆文化提供适宜的研究角度，同时探索中国古人对于自然环境的理解方式，通过三种路径发掘堪舆文化中的生态价值。首先从堪舆符号文本的组合及聚合关系入手，发现其中的生态因素。其次发掘堪舆符号元语言中与生态主义相通的部分，尤其强调堪舆符号对生态批评克服人类中心主义倾向的补充作用。最后通过对包含着堪舆符号的文学作品进行生态批评，分析堪舆符号中反映出的人与自然的关系。这些研究将有助于生态学者在文化遗产中发掘生态资源，为当今社会暴露出的各类生态问题提供一种解决思路，以促进当今社会生态文明的建设和可持续发展。

参考文献

对象文本

堪舆典籍：

卜应天，2017．雪心赋正解［G］//历代赋学文献辑刊·第一五九册．北京：国家图书馆出版社．

旧题蔡元定，1998．发微论［G］//诸子集成续编十五．成都：四川人民出版社．

旧题管辂，2015．管氏地理指蒙［M］．一苇，校点．济南：齐鲁书社．

旧题郭璞，2010．葬经［G］//四库提要著录丛书·子部术数类021．北京：北京出版社．

旧题杨筠松，1998．撼龙经［G］//诸子集成续编十五．成都：四川人民出版社．

缪希雍，1991．葬经翼［G］//丛书集成初编·葬图（及其他四种）．北京：中华书局．

王玉德，王锐，2011．宅经［M］．北京：中华书局．

徐善继，徐善述，2012．绘图地理人子须知［M］．郑同，点校．北京：华龄出版社．

文学文本：

白朴，2005．天籁集编年校注［M］．徐凌云，校注．合肥：安徽大学出版社．

陈忠实，1993．白鹿原［M］．北京：人民文学出版社．

戴复古，2012. 戴复古集［M］. 吴茂云，郑伟荣，校点. 杭州：浙江大学出版社.

范晔，1965. 后汉书［M］. 李贤，等注. 北京：中华书局.

方方，2015. 万箭穿心［M］. 北京：人民文学出版社.

费振刚，胡双宝，宗明华，1993. 全汉赋［M］. 北京：北京大学出版社.

冯梦龙，2004. 警世通言［M］. 洛保生，于春媚，校注. 保定：河北大学出版社.

顾绍柏，2004. 谢灵运集校注［M］. 台北：里仁书局.

吉田兼好，2018. 徒然草［M］. 王新禧，译. 北京：北京联合出版公司.

贾平凹，2016. 极花［M］. 北京：人民文学出版社.

贾平凹，2013. 美穴地［M］. 广州：花城出版社.

贾平凹，2010. 土门［M］. 合肥：安徽文艺出版社.

李昉，等，1961. 太平广记［M］. 北京：中华书局.

刘熙载，1978. 艺概［M］. 上海：上海古籍出版社.

刘义庆，1988. 幽明录［M］. 郑晚晴，辑注. 北京：文化艺术出版社.

鲁迅，2005. 鲁迅全集［M］. 北京：人民文学出版社.

罗贯中，2016. 三国演义［M］. 北京：人民文学出版社.

茅坤，2002. 茅鹿门先生文集［G］//续修四库全书. 上海：上海古籍出版社.

梦枕貘，2005. 阴阳师［M］. 林青华，译. 海口：南海出版公司.

钱谦益，2009. 牧斋初学集［M］. 钱曾，笺注. 钱仲联，标校. 上海：上海古籍出版社.

沈从文，2000. 边城［M］. 北京：人民文学出版社.

沈从文，2014. 长河［M］. 南京：江苏人民出版社.

司马迁，1999. 史记［M］. 裴骃，集解. 司马贞，索隐. 张守节，正义. 北京：中华书局.

宋僖，2016. 文章绪论［G］//稀见明人文话二十种. 上海：上海古籍出版社.

台静农，2015. 地之子［M］. 郑州：海燕出版社.

谭恩美，2016. 喜福会［M］. 李军，章力，译. 北京：外语教学与研究出版社.

天下霸唱, 2006. 鬼吹灯之精绝古城 [M]. 合肥：安徽文艺出版社.

吴承恩, 1955. 西游记 [M]. 北京：人民文学出版社.

萧涤非, 2014. 杜甫全集校注 [M]. 北京：人民文学出版社.

杨万里, 2007. 杨万里集笺校 [M]. 辛更儒, 笺校. 北京：中华书局.

袁枚, 2016. 子不语 [M]. 天津：天津人民出版社.

袁行霈, 2003. 陶渊明集笺注 [M]. 北京：中华书局.

詹锳, 1996. 李白全集校注汇释集评 [M]. 天津：百花文艺出版社.

紫式部, 1980. 源氏物语 [M]. 丰子恺, 译. 北京：人民文学出版社.

吾邱瑞, 清道光25年刊本. 运甓记 [M]. https://hongyeshan.com/post/4945.html.

洪迈, 夷坚志 [M]. 影印杭一斋本, https://ctext.org/library.pl?if=gb&file=36519&page=3.

Norris Frank. Moran of the Lady Letty [M/OL]. https://www.gutenberg.org/ebooks/321.

Vittachi Nury, 2006. The Feng Shui Detective's Casebook [M]. New South Wales：Allen & Unwin.

中文文献

著作：

佚名, 1985. 青囊海角经 [G] //古今图书集成·博物汇编艺术典第六百五十四卷堪舆部汇考四. 成都：巴蜀书社；北京：中华书局.

佚名, 2015. 阳宅会心集 [G] //稀见清代四部辑刊·第八辑子部50. 台北：经学文化事业有限公司.

班固, 1962. 汉书 [M]. 颜师古, 注. 北京：中华书局.

北京大学哲学系外国哲学史教研室, 1957. 古希腊罗马哲学 [M]. 北京：生活·读书·新知三联书店.

晁公武, 2011. 郡斋读书志校证 [M]. 孙猛, 校证. 上海：上海古籍出版社.

陈独秀, 1984. 陈独秀文章选编 [M]. 上海：上海三联书店.

陈鼓应，2006. 管子四篇诠释——稷下道家代表作解析［M］. 北京：商务印书馆.

陈鼓应，1983. 庄子今注今译［M］. 北京：中华书局.

陈梦雷，1985. 古今图书集成［G］. 蒋廷锡，校订. 成都：巴蜀书社；北京：中华书局.

陈泽环，2013. 敬畏生命——阿尔贝特·施韦泽的哲学和伦理思想研究［M］. 上海：上海人民出版社.

陈振孙，1987. 直斋书录解题［M］. 徐小蛮，顾美华，点校. 上海：上海古籍出版社.

程颢，程颐，1981. 二程集［G］. 王笑鱼，点校. 北京：中华书局.

程俊英，蒋见元，2017. 诗经注析［M］. 北京：中华书局.

董仲舒，1922. 春秋繁露（上海涵芬楼藏武英殿聚珍版影印本）［G］//四部丛刊初编·经部中第50—51册. 上海：商务印书馆.

房玄龄，等，1974. 晋书［M］. 北京：中华书局.

费孝通，2005. 乡土中国［M］. 北京：北京出版社.

傅洪光，2013. 中国风水史［M］. 北京：九州出版社.

何晓昕，罗隽，1995. 风水史［M］. 上海：上海文艺出版社.

何晓昕，1990. 风水探源［M］. 南京：东南大学出版社.

胡义成，2017. "乡愁"原型——中国人居理论研究［M］. 北京：科学出版社.

胡志红，2015. 西方生态批评史［M］. 北京：人民文学出版社.

金岳霖，2000. 中国社会科学院学者文集·金岳霖集［G］. 北京：中国社会科学出版社.

旧题何溥，1986. 灵城精义［G］//景印文渊阁四库全书. 台北：台湾商务印书馆.

李民，王健，2016. 尚书译注［M］. 上海：上海古籍出版社.

李鹏程，2003. 当代西方文化研究新词典［G］. 长春：吉林人民出版社.

李亦园，2002. 李亦园自选集［M］. 上海：上海教育出版社.

梁漱溟，2005. 中国文化要义［M］. 上海：世纪出版社.

刘安，2017. 淮南子译注［M］. 陈广忠，译注. 上海：上海古籍出版社.

刘大均，林忠军，2006. 易传全译 [M]. 成都：巴蜀书社.

刘沛林，2001. 风水——中国人的环境观 [M]. 上海：上海三联书店.

刘昫，等，1975. 旧唐书 [M]. 北京：中华书局.

鲁枢元，2012. 陶渊明的幽灵 [M]. 上海：上海文艺出版社.

吕思勉，1985. 中国制度史 [M]. 上海：上海教育出版社.

欧阳修，宋祁，2011. 新唐书 [M]. 北京：中华书局.

邵燕君，王玉玉，2018. 破壁书 [G]. 北京：生活·读书·新知三联书店.

脱脱，等，2011. 宋史 [M]. 北京：中华书局.

北京大学历史系《论衡》注释小组，1979. 论衡注释 [M]. 北京：中华书局.

王诺，2013. 生态批评与生态思想 [M]. 北京：人民出版社.

王其亨，1992. 风水理论研究 [M]. 天津：天津大学出版社.

王湜，2010. 易学 [G] //四库提要著录丛书·子部术数类021. 北京：北京出版社.

王子今，2007. 秦汉时期生态环境研究 [M]. 北京：北京大学出版社.

吴景明，2014. 生态批评视野中的20世纪中国文学 [M]. 北京：中国社会科学出版社.

杨伯峻，1960. 孟子译注 [M]. 北京：中华书局.

杨宽，2003. 中国古代陵寝制度史研究 [M]. 上海：上海人民出版社.

永瑢，等，1965. 四库全书总目 [G]. 北京：中华书局.

于希贤，2005. 中国古代风水的理论与实践：对中国古代风水的再认识 [M]. 北京：光明日报出版社.

余嘉锡，1980. 四库提要辩证 [M]. 北京：中华书局.

俞孔坚，1998. 理想景观探源——风水的文化意义 [M]. 北京：商务印书馆.

袁行霈，2003. 陶渊明集笺注 [G]. 北京：中华书局.

张理，2010. 易象图说 [G] //四库提要著录丛书·子部术数类021. 北京：北京出版社.

张齐明，2011. 亦术亦俗：汉魏六朝风水信仰研究 [M]. 北京：中国人民大学出版社.

张艳梅,等,2007. 生态批评［M］. 北京：人民出版社.

张载,1978. 张载集［G］. 章锡琛,点校. 北京：中华书局.

赵彦卫,1996. 云麓漫钞［M］. 傅根清,点校. 北京：中华书局.

赵毅衡,2016. 符号学：原理与推演［M］. 南京：南京大学出版社.

赵毅衡,2017. 哲学符号学：意义世界的形成［M］. 成都：四川大学出版社.

郑观应,1994. 盛世危言［M］. 沈阳：辽宁人民出版社.

郑观应,1982. 郑观应集［G］. 夏东元,编. 上海：上海人民出版社.

曾永成,2000. 文艺的绿色之思：文艺生态学引论［M］. 北京：人民文学出版社.

中国社会科学院语言研究所词典编辑室,2000. 新华字典［G］. 北京：商务印书馆.

中医辞典编委会,中医研究院,广州中医学院,1979. 简明中医辞典［G］. 北京：人民卫生出版社.

译著：

巴克斯特,2007. 生态主义导论［M］. 曾建平,译. 重庆：重庆出版社.

布伊尔,2010. 环境批评的未来［M］. 刘蓓,译. 北京：北京大学出版社.

渡边欣雄,1998. 汉族的民俗宗教［M］. 周星,译. 天津：天津人民出版社.

弗雷泽,1998. 金枝：巫术与宗教之研究［M］. 徐育新,汪培基,张泽石,译. 北京：大众文艺出版社.

弗里德里曼,2000. 中国东南的宗族组织［M］. 刘晓春,译. 上海：上海人民出版社.

何天爵,1998. 真正的中国佬［M］. 鞠方安,译. 北京：光明日报出版社.

卡森,2011. 寂静的春天［M］. 吕瑞兰,李长生,译. 上海：上海译文出版社.

参考文献

卡西尔，2004. 人论［M］. 甘阳，译. 上海：上海译文出版社.

库尔，玛格纳斯，2014. 生命符号学：塔尔图的进路［M］. 彭佳，汤黎，等译. 成都：四川大学出版社.

李约瑟，1986. 李约瑟文集［G］. 潘吉星，主编. 陈养正，等译. 沈阳：辽宁科学技术出版社.

李约瑟，1990. 中国科学技术史·第二卷［M］. 何兆武，等译. 北京：科学出版社；上海：上海古籍出版社.

李约瑟，2003. 中国科学技术史·第四卷［M］. 陆学善，等译. 北京：科学出版社；上海：上海古籍出版社.

利奥波德，1997. 沙乡年鉴［M］. 侯文蕙，译. 长春：吉林人民出版社.

利玛窦，金尼阁，2010. 利玛窦中国札记［M］. 何兆武，校. 何高济，王遵仲、李申，译. 北京：中华书局.

林奇，1990. 城市的印象［M］. 向秉仁，译. 北京：中国建筑工业出版社.

林耀华，2015. 金翼——中国家族制度的社会学研究［M］. 庄孔韶，林宗成，译. 北京：商务印书馆.

莫兰，1999. 迷失的范式：人性研究［M］. 陈一壮，译. 北京：北京大学出版社.

皮尔斯，2014. 皮尔斯：论符号［M］. 赵星植，译. 成都：四川大学出版社.

施韦泽，2017. 敬畏生命——五十年来的基本论述［M］. 陈泽环，译. 上海：上海人民出版社.

斯洛维克，2010. 走出去思考：入世、出世及生态批评的职责［M］. 韦清琦，译. 北京：北京大学出版社.

韦伯，2003. 儒教与道教［M］. 洪天富，译. 南京：江苏人民出版社.

伊格尔顿，1987. 二十世纪西方文学理论［M］. 伍晓明，译. 西安：陕西师范大学出版社.

论文

期刊论文：

蔡霞，邓娜，2010. 生态语境下《喜福会》的"环境文本"〔J〕. 江苏外语教学研究（1）.

仓林忠，2007. 关于干支的起源及其本义〔J〕. 周口师范学院学报（4）.

曹刚，2008. 环境伦理学中的元伦理难题〔J〕. 自然辩证法研究（8）.

陈爱敏，2010. 生态批评视域中的美国华裔文学〔J〕. 外国文学研究（1）.

陈旋波，2015. 20世纪中国文学中的"风水"叙事〔J〕. 华侨大学学报（哲学社会科学版）（2）.

单之蔷，2006. 风水：中国人内心深处的秘密〔J〕. 中国国家地理（1）.

党圣元，2010. 新世纪中国生态批评与生态美学的发展及其问题域〔J〕. 中国社会科学院研究生院学报（3）.

董明来，2012. 在现象学视域内对符号真值的分析——与赵毅衡老师商榷〔J〕. 符号与传媒（5）.

杜维明，2004. 存有的连续性中国人的自然观〔J〕. 刘诺亚，译. 世界哲学（1）.

渡边欣雄，1994. 民俗知识的动态研究〔J〕. 梁景之，译. 民族译丛（6）.

咄咄，1905. 恶俗篇第六篇：风水的迷信 上〔J〕. 安徽俗话报（20）.

咄咄，1905. 恶俗篇第六篇：风水的迷信 下〔J〕. 安徽俗话报（21/22）.

范春义，2009. 关于文献、逻辑推理以及指导思想诸问题的商榷——评李定信《四库全书堪舆类典籍研究》〔J〕. 文艺研究（10）.

方克立，2003. "天人合一"与中国古代的生态智慧〔J〕. 社会科学战线（4）.

盖光，2005. 中国古代风水理论的生态化与人居环境美〔J〕. 管子学刊（3）.

葛蓓蓓，2018. 官方占卜机构：阴阳寮〔J〕. 知日·阴阳师特集（51）.

龚宗杰，2019. 古代堪舆术与明清文学批评〔J〕. 文学遗产（6）.

关传友，2002. 中国古代风水林探析〔J〕. 农业考古（3）.

郭明浩，万燚，2013. 西方生态批评的激进主义之维〔J〕. 当代文坛（3）.

参考文献

郭双林，1994. 论晚清思想界对风水的批判［J］. 史学月刊（3）.

胡义成，2009. 风水包含着科学成分国内外风水研究述评［J］. 青岛科技大学学报（社会科学版）（1）.

胡壮麟，2014. 自然与文化的对立统一——谈生态符号学研究的理论核心［J］. 外语研究（4）.

季羡林，1993. "天人合一"新解［J］. 传统文化与现代化（1）.

焦海燕，2010. 汉代"堪舆"释义［J］. 安康学院学报（1）.

金身佳，2007. 五姓相宅分析与批判［J］. 周口师范学院学报（3）.

金业焱，2013. 论西游记的环境描写［J］. 南京师范大学文学院学报（4）.

库尔，彭佳，2013. 新塔尔图研究：继承、融合与推进——卡莱维·库尔教授访谈［J］. 符号与传媒（6）.

李存山，2012. 气论对于中国哲学的重要意义［J］. 中国哲学（3）.

李勇强，孙道进，2013. 生态伦理证成的困境及其现实路径［J］. 自然辩证法研究（7）.

李振纲，2006. 解读"天人合一"哲学的四重内涵［J］. 中山大学学报（社会科学版）（5）.

梁景之，2001. 日本社会人类学家渡边欣雄教授访谈录［J］. 中国都市人类学通讯（3-4）.

刘立夫，2007. "天人合一"不能归约为"人与自然和谐相处"［J］. 中国哲学（2）.

刘娜，2019. 生态批评视野中的毒性话语［J］. 江西社会科学（7）.

刘沛林，1995. 风水中的"地母崇拜"和女阴象征［J］. 自然科学史研究（1）.

刘颂颂，吕浩荣，叶永昌，等，2007. 绿色文化遗产——东莞市主要风水林群落简介［J］. 广东园林（S1）.

刘文良，2010. 生态批评的后现代特征［J］. 文学评论（4）.

蒙培元，2000. "天人合一论"对人类未来发展的意义［J］. 齐鲁学刊（1）.

孟涛，郝赤彪，2006. 论中国传统风水理论中的美学特征［J］. 山西建筑（5）.

默迪，1995. 一种现代的人类中心主义［J］. 章建刚，译. 哲学译丛（2）.

诺特，2016. 符号的增长［J］. 彭佳，译. 鄱阳湖学刊（6）.

诺特，2014. 生态符号学：理论、历史与方法［J］. 周劲松，译. 鄱阳湖学刊（3）.

彭佳，蒋诗萍，2014. 自然文本：概念、功能和符号学维度［J］. 河南师范大学学报（哲学社会科学版）（4）.

彭佳，2017. 人的主体维度：符号学对生态中心主义的超越［J］. 鄱阳湖学刊（4）.

彭佳，2014. 生态符号学：一门子学科的兴起［J］. 重庆广播电视大学学报（3）.

钱穆，1991. 中国文化对人类未来可有的贡献［J］. 中国文化（1）.

任继愈，1996. 试论"天人合一"［J］. 传统文化与现代化（1）.

汤一介，2005. 论"天人合一"［J］. 中国哲学史（2）.

王华伟，2016. 风水与身体：一种叙事的融通［J］. 当代文坛（8）.

王华伟，2017. 基于文学地理学的"风水空间"研究——以贾平凹小说为例［J］. 延安大学学报（社会科学版）（3）.

王诺，2002. 生态批评：发展与渊源［J］. 文艺研究（3）.

王新朋，王永祥，2017. 环境界与符号域探析［J］. 俄罗斯文艺（4）.

王岳川，2008. 生态文化启示与精神价值整体创新［J］. 江西社会科学（4）.

王岳川，2009. 生态文学与生态批评的当代价值［J］. 北京大学学报（哲学社会科学版）（2）.

王岳川，2015. 中国和谐文化及其当代价值［J］. 新疆师范大学学报（哲学社会科学版）（6）.

小林宏至，2013. 日本人类学的风水研究［J］. 张晶晶，译. 刘正爱，校. 宗教人类学（1）.

肖美丰，2010. 朱熹风水堪舆说初探［J］. 齐鲁学刊（4）.

杨国荣，1999. 关于中国传统林业遗存——风水林的历史文化初探［J］. 林业经济问题（6）.

杨世文，1996. 关于《发微论》的作者［J］. 文献（4）.

姚圣良，2016. 汉人的"风水"观念与汉赋的文学表现［J］. 学术研究

（10）．

尹弘基，沙露茵，1989．论中国古代风水的起源和发展［J］．自然科学史研究（8卷）（1）．

樱井彦，2009．城市历史文化遗产的防灾民俗论——从日本古都京都出发的思考［J］．虞萍，译．文化遗产（3）．

余格格，2016．郭璞《葬书》伪书考［J］．浙江学刊（5）：66—77．

余健，2000．堪舆考［J］．建筑学报（9）：66—67．

俞孔坚，2019．从"桃花源"看社会形态与景观韧性［J］．景观设计学（3）．

袁津琥，2013．试论《葬书》的作者及其成书年代［J］．中国俗文化研究（8）．

曾繁仁，2012．人类中心主义的退场与生态美学的兴起［J］．文学评论（2）．

曾振宇，2002．"气"作为哲学概念如何可能［J］．中国文化研究（4）．

张洪彬，2015．巫术、宗教与科学：重思晚清的风水批判［J］．天津社会科学（4）．

张荣翼，2018．生态批评的"两难处境"辨析［J］．广东社会科学（1）．

张世英，2007．中国古代的"天人合一"思想［J］．求是（7）．

张玉莲，2010．宋代文言小说中相墓故事的文化阐释［J］．河南师范大学学报（哲学社会科学版）（5）．

赵庆元，2004．谈三国演义的生态观［J］．淮北煤炭师范学院学报（哲学社会科学版）（6）．

赵喜桃，2011．从生态批评的视角再现人性的复杂——挖掘《白鹿原》的生态资源［J］．小说评论（5）．

赵星植，2016．"无限衍义"真的无限吗？——再论皮尔斯的解释项理论［J］．河南师范大学学报（哲学社会科学版）（6）．

赵毅衡，2010．论"伴随文本"——扩展"文本间性"的一种方式［J］．文艺理论研究（2）．

赵毅衡，2015．论区隔：意义活动的前提［J］．西北大学学报（哲学社会科学版）（2）．

165

庄守平，2018. 中国传统文化蕴含的生态文明理念因子［J］. 生态美学与生态批评通讯（73）.

学位论文：

王巧玲，2012. 道教风水与美学［D］. 杭州：浙江大学.

薛维华，2015. 边缘风景：《教务杂志》与传教士汉学知识传播［D］. 北京：北京外国语大学.

余格格，2016. 宋代风水文献研究［D］. 杭州：浙江大学.

张辟辟，2012. 宋前志怪小说与方术［D］. 长沙：湖南师范大学.

外文文献

Bennett S J，1978. Patterns of the Sky and Earth：A Chinese Science of Applied Cosmology［J］. Chinese Science（3）.

Coupe L，2000. The Green Studies Reader：From Romanticism to Ecocriticism［M］. London：Routledge.

Descartes R，1985. Selected Philosophical Writings［M］. ed. and trans，Cottingham John，Stoothoff Robert & Murdoch Dugald，Cambridge：C. U. P.

Edkins J，1872. Feng Shui：the wind and water superstition of the China［J］. The Chinese Recorder and Missionary Journal（4）.

Eitel E J，1878. Feng Shui：or，the Rudiments of Natural Science in China［M］. Hong Kong：Lane Crawford & Co.

Freedman M，1968. Geomancy［J］. Proceedings of the Royal Anthropological Institute of Great Britain & Ireland（No. 1968）.

Glotfelty C，and Harold F，1996. The Ecocriticism Reader：Landmarks in Literary Ecology［M］. Athens and London：The University Geoegia Press.

Groot J J M. de，1982. The Religious System of China，Volume III［M］. Taipei：SMC Publishing INC.

Hay P，2002. Main Currents in Western Environmental Thought［M］. Bloomington and Indianapolis：Indiana University.

Kroeber K，1994. Ecological Literary Criticism：Romantic Imagining and the Biology of Mind [M]. New York: Columbia University Press.

Xing L, 2018. The Early Semiosis of Five Phases by Zou Yan [J]. Signs& Media（符号与传媒）(16).

March A L, 1968. An Appreciation of Chinese Geomancy [J]. Journal of Asian Studies (27).

Nash R F, 1989. The Rights of Nature: A History of Environmental Ethics [M]. Madison: The University of Wisconsin Press.

Rueckert W, 1996. Literature and Ecology: An Experiment in Ecocriticism [G] //Glotfelty, Cheryll and Fromm, Harold. eds. The Ecocriticism Reader. Athens: University of Georgia Press.

White L, 1967. The Historical Roots of Our Ecological Crisis [J]. Science, New Series (155).

Yates M T, 1868. Ancestral worship and Feng-Shuy [J]. The Chinese Recorder and Missionary Journal (1).

Yoon Hong-key, 1985. An early Chinese Idea of a Dynamic Environmental Cycle [J]. GeoJournal (10).

Yoon Hong-key, 1982. Environmental Determinism and Geomancy: Two Cultures, Two Concepts [J]. GeoJournal (6).

Yoon Hong-key, 1980. The Image of Nature in Geomancy [J]. GeoJournal (4).

致　谢

　　2017年夏天，与导师赵毅衡先生交流学习情况的一封邮件，成为我研究堪舆文化、堪舆理论的契机。从那时起，我与研究对象、堪舆文化，时常陷入复杂的"爱恨纠葛"当中，堪舆文化博大精深，一方面我可以从中发掘出许多值得研究的内容，研究空间非常广阔；另一方面，我也因此面临着很大的挑战——研究资料体量庞大、阅读任务繁重、现有的资料参差不齐需要仔细甄别，等等。于是，研究的过程犹如翻山越海、坎坎坷坷的寻宝路途，困难挫折曾使我感到疲惫，但每一阶段的进展和研究过程中因为学有所得而体会到的喜悦，又让我一次次重整旗鼓。

　　在这趟注定不会一帆风顺的研究旅程中，给予我最大帮助的是我的导师赵毅衡先生。本书选题之初，老师常常会搜集与我的研究题目相关的资料、案例，并通过邮件发给我，帮我增加资料积累，开阔研究思路。在我学习符号学和叙述学的过程中，老师鼓励我积极尝试以符号学视角来分析堪舆理论，为后续的研究打下了坚实的基础。在研究推进的过程中，老师与我也时刻保持沟通，我有了新的想法或是遇到了难题，就会向老师请教，老师总能为我指点迷津，不论邮件还是电话，老师总是第一时间回复。

　　在我取得了一点进展，将稿子或是思路发给老师的时候，老师便会给予我鼓励和指正，正是老师的肯定和鞭策，推动我越过研究过程中的一道道关卡，并最终完成了这项研究。老师深厚的学养、严谨的治学态度、谦逊的待人态度始终影响着我。我希望自己能学习到老师敏锐、简洁而有力的风格，以老师为榜样时时反省自己，充实自己。

　　感谢我的家人们，尤其是我的母亲、外婆，她们一直在我身后默默支持我，温暖的家是我的力量之源。我与母亲是母女也是挚友，尽管我是如此平凡

致 谢

甚至有些怯懦，但母亲常说我是她的骄傲，她始终温柔地给予我支持和包容，分享我的快乐，也疏导我的不良情绪。外婆对我在做人做事上要求比较严格，同时无微不至地照顾着我的生活，每年与外婆相处的时间有限，如今我逐渐意识到陪伴她的时光和她教给我的那些朴实的生活道理是多么的珍贵，希望我能够尽快走向成熟，在往后的生活中回报我最爱的家人。

王雨馨

2020 年 5 月 12 日